国家自然科学基金项目"人口流动视角下城乡基本公共服务设施配置矛盾和规划策略研究"（批准号：51708350）资助

人口流动背景下的城乡基本公共服务供需研究

SUPPLY AND DEMAND OF BASIC PUBLIC SERVICE IN URBAN AND RURAL AREAS FROM THE PERSPECTIVE OF POPULATION FLOW

邵 琳 著

中国建筑工业出版社

图书在版编目（CIP）数据

人口流动背景下的城乡基本公共服务供需研究 = SUPPLY AND DEMAND OF BASIC PUBLIC SERVICE IN URBAN AND RURAL AREAS FROM THE PERSPECTIVE OF POPULATION FLOW / 邵琳著. —北京：中国建筑工业出版社，2020.12

国家自然科学基金项目"人口流动视角下城乡基本公共服务设施配置矛盾和规划策略研究"（批准号：51708350）资助

ISBN 978-7-112-25484-2

Ⅰ.①人… Ⅱ.①邵… Ⅲ.①社会服务-城乡一体化-研究-中国 Ⅳ.① D669.3

中国版本图书馆CIP数据核字（2020）第184891号

基本公共服务是满足人们日益增长的美好生活需要的基线，而在人口流动背景下完善城乡基本公共服务供需关系是一个长期的动态发展过程，涉及公共财政、市场机制和空间布局等各个方面。本书以人口流动为线索，对我国城乡基本公共服务供需状况进行了梳理和特征归纳，分析了人口流动与基本公共服务供需矛盾的逻辑关系，同时也可以为新型城镇化发展中基本公共服务均等化研究提供实证素材。

全书可供广大城乡规划师、城乡规划理论工作者、高等院校城乡规划专业师生等学习参考。

责任编辑：吴宇江
责任校对：王 烨

人口流动背景下的城乡基本公共服务供需研究
SUPPLY AND DEMAND OF BASIC PUBLIC SERVICE
IN URBAN AND RURAL AREAS
FROM THE PERSPECTIVE OF POPULATION FLOW
邵 琳 著

*

中国建筑工业出版社出版、发行（北京海淀三里河路9号）
各地新华书店、建筑书店经销
北京鸿文瀚海文化传媒有限公司制版
北京建筑工业印刷厂印刷

*

开本：787毫米×1092毫米 1/16 印张：13¼ 字数：257千字
2020年12月第一版 2020年12月第一次印刷
定价：58.00元
ISBN 978-7-112-25484-2
（36477）

版权所有 翻印必究
如有印装质量问题，可寄本社图书出版中心退换
（邮政编码 100037）

序 | PREFACE

城乡基本公共服务均等化是促进城乡融合发展的具体举措,也是新时代增进社会福祉、改善民生的重要标志,对于实现社会公平正义、提升城乡居民的获得感和幸福感均具有重要意义。

我国的经济社会发展和公共服务起点很低,且长期处于城乡分治状况。改革开放以来的经济社会快速发展和城镇化进程,伴随着大规模、周期性的城乡人口流动。人口流动对城乡基本公共服务供需格局和要求产生了巨大影响。人口流出地区和流入地区的基本公共服务和设施配置体系不断被打破,新的需求不断产生,供需矛盾日益加剧。这是一个系统性问题,需要引起各方面的重视和积极应对,首先要研究透彻。

本书基于作者的博士论文研究工作。在改革开放和制度变革的背景下,作者以城乡之间人口流动为线索,将人口流出地区和人口流入地区的基本公共服务作为对偶关系加以分析研究。作者在把握理论概念和面上发展情况的基础上,对人口流动过程两端的若干具有典型特征的地区做了深入调研。通过调研工作,作者不但掌握了丰富的资料,更为重要的是对于人口流动背景下的城乡基本公共服务供需状况有了感性认识,并对相关的体制及运作机制有了更深刻的理解。

人口流动视角的基本公共服务供需矛盾及其成因在各地具有一定共性,但不同城乡地区之间的人口流动过程,由于城镇规模、发展水平、空间距离以及社会偏好等因素,必然会呈现出较大的差异性。作者在宏观把握的基础上,依托所参与的多个规划研究课题,涉及安徽省、广西壮族自治区的市县及乡村,主要对人口流出地开展了实地调研和访谈。与此同时,根据流动人口目的地分析,对上海市、浙江省若干导入大量外来人口的街镇也进行了深入的实地调查和访谈,在当地政府和规划部门的支持下,获得了较为详细的人口流动以及公共服务供需方面的基础数据。通过对人口流出地和人口流入地的案例研究,较为完整地揭示了大规模人口流动状况下的城乡基本公共服务供需特征和矛盾,从而提出相应的规划策略和政策建议。诚然,由于我国幅员辽阔,地区发展的差异性很大,从深化和完善认知的角度看,在后续研究中还可以扩展调研范围,从而更为全面地揭示现实矛盾和发展诉求。

党的十九大报告明确了"我国社会主要矛盾已经转化为人民日益增长的美好生活需要和不平衡不充分的发展之间的矛盾",同时也要求"必须坚持以人民为中心的发展思想,不断促进人的全面发展、全体人民共同富裕"。城乡基本公共服务领域目前的状况可谓是我国社会主要矛盾的一个缩影,必须秉持"以人民为中心的发展思想"来积极加以克服。

城乡基本公共服务及设施配置状况是由供给制度和现实需求共同决定的,作者选择以"建设社会主义市场经济体制"的新时期作为时间维度,以"人口流动与城乡公共服务供需关系"为研究重点,以大规模人口流动现象为背景,考察城乡基本公共服务及设施配置中出现的矛盾和应对策略,涉及公共服务的政府责任、市场机制、社会诉求等多个方面的问题。对这些问题的深入研究,以及所选择的视角,都是合理的和必要的,体现了时代特色和人文关怀精神。本书为我国城乡基本公共服务均等化建设提供了思路和实证素材,对相关领域的研究工作及政策制定具有较好的参考价值。

赵民

2020年8月3日

前 言 | FOREWORD

农村劳动力在城乡间流动就业是我国城镇化的重要特征和长期现象。根据国家统计局发布的《中国流动人口发展报告》，2010年前，流动人口规模持续快速增长，年均增长约12%；2010-2015年，流动人口增速放缓，年均增长约2.3%；2015年以来，我国流动人口从此前的持续上升转为缓慢下降。我国流动人口在经历了长期快速增长后开始进入调整期，流动人口数量逐步呈现相对稳定的状态。长时间、大规模的人口流动深刻改变了我国城乡的人口分布状况及既有的公共服务格局，这使得计划经济时代下逐步形成的、相对稳定的基本公共服务供给制度难以满足当前快速变化和不断增长的基本公共服务需求。因此，对于新时期我国城乡基本公共服务和设施配置研究不应局限于其自身的状况和特征，而应深入探究其与二元社会结构下的经济发展、人口流动的关系。

我国正处于城镇化深入发展的关键时刻，在以"人的城镇化"为核心的新型城镇化战略导向下，我国城镇化发展从关注数量提升转向重视质量改善，而基本公共服务作为提升城镇化质量的重要内容，是统筹城乡发展、维持社会稳定、保障民生民权的关键突破点。本书的研究成果是笔者多年从事基本公共服务研究和实践的积淀，在文献研究的基础上经过大量的实地调研、部门访谈、专家咨询，从"人口流动视角"对新时期城乡基本公共服务供需状况进行分析，探讨现实中呈现出来的供需矛盾及其形成机制，并基于实证研究结论提出基本公共服务制度改革的思路和设施配置优化的路径。

我国城乡基本公共服务的制度安排和发展演进，主要经历了计划经济下的"单位制"供给阶段，改革开放后的效率优先阶段，以及党的十六大以来的均等共享推进阶段。2000年以后，我国城乡基本公共服务供给制度实现了从"单位制"向社会化的转型，地方政府已经承担了基本公共服务供给的主体责任；中央财政则加强了对地方政府的转移支付力度。与此同时，基本公共服务需求处于全面快速增长阶段，城乡居民追求优质教育设施和医疗卫生设施的热情不断高涨，社会养老需求急剧上升。但由于我国基本公共服务的获取受到户籍等制度限制，人口流动产生的基本公共服务需求趋势与实际的设施利用状况并不相符合，基础教育、医疗卫生、基本养老各类设施在人口流出地区和流入地区呈现出显著的差异化特征。

我国地域辽阔，区域发展差异很大，基本公共服务供给和利用模式必然呈现出多种模式。笔者以人口流动为线索，选取了不同类型城镇的典型案例进行调研，深入探究在人口流动的农村和城镇两端所呈现出的人口和社会经济特征、基本公共服务财政责任关系和基本公共服务设施供给和利用特征，透过案例研究深入考察并阐述现阶段我国城乡基本公共服务和设施配置中的实际运行机制与逻辑。实证研究发现现行基本公共服务供给延续了计划经济条件下"自上而下"的政府主导型路径以及"统一标准"的设施配置，这一模式适用于均质化程度较高的社会。然而随着人口频繁流动和收入水平的不断增长及阶层分化，人们对于基本公共服务有了更多差异化的选择诉求；虽然存在"制度门槛"和"流动成本"，但"自下而上"的选择已经极大地改变了基本公共服务的需求状况。因此，正视需求的变化，转变供给决策模式，让不同群体的公共服务需求和意愿进入政策制定系统已势在必行。

本书以人口流动为线索，对我国城乡基本公共服务供需状况进行了梳理和特征归纳，分析了人口流动与基本公共服务供需矛盾的逻辑关系，同时，也可以为新型城镇化发展中基本公共服务均等化研究提供实证素材。基本公共服务是满足人们日益增长的美好生活需要的基线，而在人口流动背景下完善城乡基本公共服务供需关系是一个长期的动态发展过程，涉及公共财政、市场机制和空间布局等各个方面，我们的认知拓展和深化有赖于更多的研究工作、更广泛的调研，从而不断探索创新，推动我国基本公共服务均等化事业的健康发展。

目 录 | CONTENTS

序 ·· 赵民

前言

第1章 基本公共服务设施配置：人口流动的视角分析 ·············· 1
  1.1 基本概念 ·· 1
  1.2 基本属性与价值观 ··· 4
  1.3 人口流动作为城乡发展的主要特征 ······························ 9
  1.4 人口流动与基本公共服务格局变化 ····························· 11
  1.5 人口流动与基本公共服务的相关研究 ·························· 15

第2章 基本公共服务资源配置的国际经验 ····························· 17
  2.1 支出规模与公共服务需求偏好 ··································· 17
  2.2 基本公共服务资源的政府间关系 ································ 20
  2.3 基本公共服务资源的供给模式 ··································· 23
  2.4 各国应对人口流动的公共服务资源配置的实践经验 ········ 29

第3章 我国基本公共服务资源配置的制度安排 ······················ 32
  3.1 我国基本公共服务资源配置的发展演进 ······················· 32
  3.2 我国基本公共服务供给的政府间关系 ·························· 40
  3.3 我国基本公共服务分类供给模式 ································ 41
  3.4 基本公共服务设施的建设方式 ··································· 44
  3.5 基本公共服务设施配建标准 ······································ 47
  3.6 基本公共服务设施准入政策 ······································ 50

第 4 章 城乡基本公共服务供需的总体状况（2000-2018） ········· 53
4.1 基本公共服务供需总量 ········· 53
4.2 基本公共服务供需的城乡比较 ········· 71
4.3 人口流动典型地区的基本公共服务供需分析 ········· 81

第 5 章 不同层级城镇中人口流动与基本公共服务资源配置 ········· 95
5.1 人口流入地区：大城市的案例研究 ········· 96
5.2 人口流入地区：中等城市开发区的案例研究 ········· 115
5.3 人口流出地区：中部乡镇的案例研究 ········· 121
5.4 人口流出地区：西部山区乡镇的案例研究 ········· 131

第 6 章 基本公共服务资源配置的供需矛盾与成因解释 ········· 138
6.1 基本公共服务供需矛盾的形成肌理 ········· 138
6.2 人口流动激化了资源供需的规模矛盾 ········· 141
6.3 人口流动导致资源供需的空间分布矛盾 ········· 150
6.4 人口流动形成了供需的稳定性矛盾 ········· 155

第 7 章 政策指引与地方探索 ········· 159
7.1 中央层面的专项基本公共服务政策 ········· 159
7.2 地方层面公共服务领域的实践探索 ········· 163

第 8 章 新时代城乡基本公共服务制度改革和设施配置探讨 ········· 170
8.1 构建协同互补的多元供给机制 ········· 170
8.2 统筹激励双管齐下，提高供需空间匹配 ········· 172
8.3 顺应人口流动趋势，重构设施供给体系 ········· 174
8.4 建立标准化体系，丰富设施配置模式 ········· 177
8.5 形成公众参与的科学评估保障 ········· 183

参考文献 ········· 187

后记 ········· 201

第 1 章 基本公共服务设施配置：人口流动的视角分析

1.1 基本概念

1.1.1 基本公共服务

基本公共服务概念的提出，一方面是在我国特定国情背景下，受经济发展水平所限，不能同时满足所有公共服务的均衡提供而做层次划分；另一方面也是借鉴了西方发达国家、福利先行国家如何避免落入福利陷阱的经验和教训。既要保证公平，又不能损减效益，还要在可负担的范围内，尽可能地提供良好的公共服务。于是把公共服务分为"基本"和"非基本"两部分，基本部分要均等化，非基本部分可差异化发展（石培琴，2014）。对于"基本公共服务"内涵的理解，最初没有统一的认识，因此，一般以列举式界定。例如，中共十六届六中全会在《中共中央关于构建社会主义和谐社会若干重大问题的决定》中将教育、卫生、文化、就业与再就业、社会保障、生态环保、公共基础设施、社会治安列为基本公共服务。随着学术界研究的深入，逐渐形成了3种观点。

第一种是从公共服务提供主体角度出发，认为"基本公共服务是政府必须承担和满足的公共服务，而非基本公共服务的公益性较低，且不一定完全依赖政府提供。非基本公共服务可以由政府之外的社会组织或市场来提供。事实上许多需求和产品具有混合性，政府支持和参与必不可少，也可称其为准基本公共服务"（项继权，2008）。

第二种认为基本公共服务是一定发展阶段上最低范围的公共服务，即"建立在一定社会共识基础上，根据一国经济社会发展阶段和总体水平，为维持本国经济社会的稳定、基本的社会正义和凝聚力，保护个人最基本的生存权和发展权，所必须提供的公共服务，其规定是一定阶段上公共服务应该覆盖的最小范围和边界"（陈昌

盛 等, 2007)。

第三种是从社会正义的角度，认为基本公共服务是社会正义的制度安排的重要内容。基本公共服务的作用结果是"改善社会最不利者社会文化和自然的偶然不利条件的有效工具，它带来的实质自由的扩展是最不利者获得改善自身经济条件的实质自由的可能途径"（罗尔斯，2002；阿马蒂亚，2002）。

对基本公共服务概念的不同界定反映了不同的研究视角，其基本内涵是一致的。从需求来看，源于人们基本的生存权和发展权，1948年《世界人权宣言》中明确提出包括教育、医疗、社会保障等内容在内的公共服务是每个社会成员应当平等享有的权利。从供给来看，由于政府主导提供，必然受到国家公共财政承担能力限制。人们的需求具有多样性和无限性，受经济发展水平制约，政府的能力始终是有限的，只能根据公共服务的性质、需求的紧迫性以及财政收入水平来确定政府提供公共服务的优先顺序（石培琴，2014）。

基于国内外研究的总结，《国家基本公共服务体系"十二五"规划》中对于"基本公共服务"的概念进行了较为清晰的界定，认为"基本公共服务，指建立在一定社会共识基础上，由政府主导提供的，与经济社会发展水平和阶段相适应，旨在保障全体公民生存和发展基本需求的公共服务。享有基本公共服务属于公民的权利，提供基本公共服务是政府的职责。"同时，根据我国当前发展阶段，将基本公共服务的重点放在"学有所教、劳有所得、病有所医、老有所养、住有所居"等方面，主要包括"公共教育、劳动就业服务、社会保障、基本社会服务、医疗卫生、人口计生、住房保障、公共文化等领域的基本公共服务"。

1.1.2 基本公共服务设施

基本公共服务设施是基本公共服务的物质载体和转化平台。基本公共服务设施承载了基本公共服务从资源到服务的转化过程。大部分依据法律、财政和其他政策制度所提供的基本公共服务资源和权利并不能直接到达居民，而是必须通过设施将这些资源转化为服务并在相应设施中提供给居民个人后，才能产生基本公共服务结果（韦江绿，2011）。

基本公共服务设施配置是基本公共服务资源的实体化和空间落实，包含以下特性：（1）公平优先，基本公共服务是社会正义制度安排的重要内容，因此，基本公共服务设施的配置必须将公平放在首位，优先考虑低收入人群、老年人、儿童等弱势群体；（2）政府财政主导，基本公共服务是政府必须承担和满足的公共服务，因此，基本公共服务设施的供给和维护主要依靠政府公共财政；（3）动态发展，基本公共服务的供给是由当前人们的基础生存和发展条件，以及现阶段政府财政能力决定的，因此，基本公共服务设施会随着经济发展和人民生活水平的提高而逐步扩展；（4）空间属性，基本公共服务设施是基本公共服务在空间范畴的物质载体，因此，其区位与规模将直接影响基本公共服务的空间正义与空间效率。

在《国家基本公共服务体系"十二五"规划》所界定的基本公共服务范围中，"公共教育"对应义务教育设施、"医疗卫生"对应医疗卫生设施、"基本社会服务"对应社会福利设施，这三类设施是基本公共服务设施的主要组成部分，这一观点在相关研究中已达成共识（罗震东 等，2012）。《2007/08中国人类发展报告：惠及13亿人的基本公共服务》将义务教育、公共卫生和基本医疗、基本社会保障的设施列入基本公共服务设施范畴，认为其所提供的服务直接影响人的寿命、健康、尊严和生活意义［中国（海南）改革发展研究院，2008］。樊继达认为义务教育、基本医疗卫生和最低生活保障是基本公共服务中的"基本"（樊继达，2008）。社会福利设施中养老设施为适应社会老龄化趋势，服务范围从五保老人向一般社会老龄人口扩大，从社会需求而言其覆盖范围较为广泛，而其他福利设施主要面对特殊人群。此外，"住房保障"主要面对城镇中低收入家庭和农村困难家庭，其设施的用地性质和使用特征与其他基本公共服务类型具有较大差异。"劳动就业服务、社会保障和人口计生"服务的空间属性相对较弱，而"公共文化"在现阶段是否应纳入基本公共服务并由公共财政统一供给在学术界尚有争论。

因此，基于对基本公共服务设施特征的理解，并考虑社会需求的广泛性与代表性，本文所研究的基本公共服务设施大体限定在"义务教育设施""医疗卫生设施"和"养老设施"范畴。

1.1.3 人口流动

人口流动和人口迁移在英文中都译为"Migration"。我国人口流动通常指户籍制度作用下的"人户分离"现象，而"人口迁移"则指"永久改变户籍登记地"现象（陈晨，2015）。对于流动人口的界定，应基于"时间"和"空间"两个要素（张立，2010）。我国2000年以前对"流动人口"的定义曾用"跨市县""一年""五年"等时空概念作为分界点，而2000年以后在国家统计局五普、六普、2005年1%抽样调查对"流动人口"定义为"居住地与户口登记地所在乡镇街道不一致且离开户口登记地半年以上的人口"（陈晨，2015）。本文中"流动人口"口径是基于国家统计局口径，考虑到数据的可比性和可得性，数据分析选择2000-2018年区段。

本文主要考察"人口流动"对城乡基本公共服务和设施配置的影响。我国大规模的"人户分离"是1990年以后才发生的现象，并形成了一定的区域指向，即从中部的农村地区劳动力到东部沿海的城镇地区打工（C. Fan，2005；Zhu，2007；张立，

2010）。本书对于人口流出省份和人口流入省份的确定主要参考陈晨对1995-2010年全国各省份人口流动情况分析。陈晨基于2000年、2010年全国人口普查和1995年、2005年全国人口1%抽样调查数据分析指出四川、河南、湖北、湖南、安徽、广西、重庆和江西是主要人口流出地，该类省份无论在跨省流动分析，还是全口径（含跨省流动和省内流动）分析中，流出人口均居全国前列。北京、上海、福建、浙江、江苏、广东作为主要人口流入地，该类省份无论在跨省流动分析，还是全口径（含跨省流动和省内流动）分析中，流入人口均居全国前列。2010年主要流入地和主要流出地代表了我国跨省人口流动的87.1%和省内人口流动53%的规模，我国人口流动在主要流出/流入地集中的趋势十分明显（陈晨，2015），反映了区域经济发展的巨大差异。本书将重点考察上述两类地区中所发生的公共服务供需变化和矛盾，从而反映我国人口流动对于公共服务设施配置所呈现出的影响。

1.2 基本属性与价值观

西方对于公共服务设施研究的起点主要是外部性理论和公共产品理论，我国在社会主义制度下公共服务供给最初是作为计划经济的一部分，随着市场经济的逐步发展，西方理论对于我国公共服务供给具有一定的借鉴意义。

1.2.1 外部性

公共服务如教育、医疗、公共安全等不同于一般商品，一般商品的生产根据古典政治经济学中亚当·斯密的自由放任的市场经济理论，认为是市场这只"看不见的手"操控着整个经济的运行。根据福利经济学第一定律，分散化的竞争市场可以通过个人自利的交易行为达到社会资源的最优配置，经济中没有任何一个人可以在不使他人境况变坏的同时使自己的情况变得更好，即帕累托最优，从而提出市场是追求经济效益的最佳机制。

而公共服务的生产则具有正外部性。外部性是指一个人或一群人的行动和决策对他人强加了成本或赋予利益的情况，导致了个人收益和社会收益的背离，或个人成本与社会成本的背离。庇古在《福利经济学》一书中，论证了"外部经济"（正外部性）和"外部不经济"（负外部性）（庇古，1971）。在正外部性行为中，在支付了边际私人成本的情况下获得了边际私人收益和边际外部收益；而由于行为主体没有获得边际外部收益，因此，在达到帕累托最优产量前就会停止生产，从而造成产量不足和社会福利损失。在负外部性行为中，边际个人收益是基于边际私人成本和边际外部成本的支出，由于行为主体无需支付边际外部成本，因此，实际产量会大于帕累托最优产量，从而造成生产过剩和社会福利损失。例如一个人接受教育，不仅他个人可以获得收益,而且有利于社会整体素质的提升。但如果教育成本完全由个人支付,而他无法获得社会整体素质的提升所带来的边际收益,那么他对于教育的投入在达到帕累托最优产量前就会停止,从而造成社会福利损失。可见,在公共服务供给中外部性的存在可能导致市场失灵,无法实现资源的帕累托最优配置。

针对外部性所引起的福利损失,传统福利经济学提出"庇古税"原理:在外部经济的情况下,政府应该给生产者相当于边际外部收益的补贴;在外部不经济的情况下,政府应向生产者征收相当于边际外部成本的税收。科斯在1960年发表的《社会成本问题》中对庇古学派的"外部性问题"提出了挑战;以科斯本人命名的"科斯定理"认为"假定交易费用为零,庇古关于外部性会导致市场失灵的判断是错误的,因为不管资源的权利最初是如何分配的,只要交易成本为零,当事人总会将外部效应考虑进来,通过谈判导致财富最大化"。同时,进一步提出"在交易费用大于零的世界里不同的权利界定会带来不同效率的资源配置"(Coase,1960)。科斯认为政府干预不是解决外部性的唯一办法,关键在于寻求使交易费用最低的产权界定。因此,对于公共服务的外部性问题的解决,主要有两条思路:一条是依据"庇古税"原理,对公共服务进行政府补贴体现边际外部效应,从而使公共服务供给行为达到帕累托最优,提高经济效益;另一条是依据新制度经济学的交易费用理论,通过制度设计对公共服务进行产权界定,从而降低公共服务供给中的交易费用。

1.2.2 公共产品

公共服务不同于一般商品还在于其公共产品的属性。1954年萨缪尔森从非竞争性与非排他性对公共物品进行了界定:非竞争性说明对于任一公共物品,增加一个人的消费不会影响其他人对于该物品的消费,也就是说不会增加生产公共物品的边际成本,也不会增加消费该物品的边际拥挤成本;而非排他性则说明无论消费者是否为公共物品付费,都不能排除他对该物品的消费。这些特性使得物品提供者不应或者难以对公共物品的消费进行收费,从而造成市场缺乏相应的激励机制来提供这些物品。公共服务或因本身具有公共物品的非竞争性和非排他性(如公共安全、环境治理),或因社会伦理的角度不应对其消费进行收费(如基础教育、医疗卫生),因此,市场缺乏相应激励机制来提供公共服务。

公共物品的非排他性造成普遍的搭便车行为,导致公共物品供给不足或过度利用。1965年奥尔森在《集体行为的逻辑》中论述了公共事物中搭便车行为。由于搭便车行为的存在,理性、自利的个人不会为集体利益做出贡献(奥尔森,1995)。1968年,加勒特·哈丁在《公地的悲剧》中论述了因权责不清导致的搭便车行为,即"公地悲剧"理论(Hardin,1968)。为弥补市场在公共服务供给上的缺陷,需要采取政府干预或者制度设计的方式来避免搭便车现象,从而提高公共服务供给的经济效益。

1.2.3 目标与价值观

社会公平正义是人类社会永恒的基本价值追求,向社会公众提供公共服务是促进社会公平的基本手段。然而,公平和正义的内涵始终是充满争议的,因此,1970年代以来西方政治哲学围绕公平正义的探讨(Rawls,1971),社会福利最大化和自由平等主义是当代正义理论的主要代表,代表了对于经济效益与社会公平之间关系的不同选择,对公共服务供给基本价值观具有深远的影响。

1. 社会福利最大化

1920年,阿瑟·赛斯尔·庇古在《福利经济学》(The Economics of Welfare)一书中提出社会经济运行应基于"社会福利最大化"的评判标准,即社会总福利的大小取决于国民收入总量和国民收入在社会成员之间的分配:国民收入总量越大,社会总福利越大;国民收入在社会成员之间的分配越是均等化,社会总福利越大(Pigou et al,1920)。1947年,保罗·A·萨缪尔森在《经济分析基础》(Foundation of Economic Analysis)一书中提出经济效益是最大福利的必要条件,合理分配是最大福利的充分条件。只有公平和效率问题同时得到解决,社会福利才能达到最大化。"社会福利最大化"的评判标准奠定了公共服务供给规范性分析的基础,形成了公共服务供给的"公平"与"效率"目标(Samuelson,1947)。

由于一定时期社会可利用的自然资源和社会资源总是有限的,有限资源要生产更多产品和服务,满足人们日益增长的需要,就必须实行资源优化配置,因此,经济"效率"的提升是扩大国民收入总量和实现"社会福利最大化"的物质基础。市场经济是人类社会迄今发现最优效率的资源配置方式,其中利润最大化原则是市场主体不断提高经济效益的内在动力,而激烈的市场竞争是推动市场主体不断提高效率的外在压力。市场是效率的支撑点和增长点,因此,公共服务供给中"效率"的提升难以离开市场机制。

随着市场机制参与公共服务供给程度的不断加深,基于对公共服务中"效率"侵蚀"公平"的忧虑,一些理论提出了"公平"是公共服务供给核心目标的观点。萨缪尔森在《经济学》(Economics)中提出即使完全竞争的市场实现了效率,也并不必然带来公平的收入分配,由于人们的教育、继承权、运气等一系列因素的影响,市场经济可能会产生令人难以接受的收入分配差距,产生极大的不公平(萨缪尔森,2008)。琼·罗宾逊在《现代经济学导论》中认为利润、收入与生产技术的物质条件具有直接关系，经济增长率越高，生产技术的物质装备程度越高，纯产品中归于利润的份额就越大，归于工资的份额就越小。因此，随着经济增长，收入分配就会变得有利于利润收入者，不利于工资收入者，加剧收入分配失调（罗宾逊，1982）。要实现"社会福利最大化"的目标，除了生产和交换的最优条件，必须具备福利在个人间合理分配的条件。

由于市场在分配领域无法实现公平的收入分配，因此，政府必须积极干预，通过收入再分配实现公平目标。公共服务供给制度的合理设计可以起到两次再分配的作用。公共服务的费用主要来自于政府税收，很多国家采用的按支付能力原则征税如累进制税收，是第一次再分配，公共服务均等化供给是第二次再分配。公共服务供给改变个人之间禀赋的初始分配状态，有利于提高收入均等化，实现公平目标。

2. 自由平等主义

约翰·罗尔斯的自由平等主义正义观强调基于平等的自由与基本公共物品分配平等的分配正义，罗尔斯将其自由平等主义的正义观总结为两个原则，其一是"权利平等"原则，即每个人对最广泛的基本自由体系拥有平等的权利，并且这一体系与其他人所拥有的相似自由体系是相容的；其二是"机会平等原则和差别原则"，社会的和经济的不平等应满足两个条件：依系于在机会公平平等的条件下职务和地位向所有人开放；它们应该有利于社会最不利成员的差别原则（罗尔斯，2002）。并且，罗尔斯强调第一原则优先于第二原则，而第二原则中机会平等原则优先于差别原则。可见，"平等"是罗尔斯正义观的核心。罗尔斯的正义观旨在确保个人平等自由的基础上，保障平等的机会并从最不利者的利益出发，减少贫富差异，达到事实上的平等。

罗尔斯在阐述公平和正义之间关系时指出，每个人都应当享有平等的基本权力，享有基本物品的平等性是正义的基础，任何不平等都应当使社会弱势群体受益。W.Lucy讨论了地方服务设施规划中公平概念的相关内涵（Lucy，1981），A.M.Hay强调了地理研究中公平、公道和正义概念内涵的复杂性（Hay，1995）。以弗雷德克森为代表的"新公共行政学"认为经济效益不是公共服务供给的主要目标，公共服务是共有、共治、共享的服务，公共服务供给的主要目标是社会公平，主张将"效率至上"转为"公平至上"（弗里德里克森，2003）。唐子来认为社会公平和社会正义是两个层面的发展理念：第一层面上，社会公平理念建立在各个社会群体的能力和需要是相同的基础上，因而强调人人享有平等的基本公共服务水平；第二层面上，社会正义理念则关注到各个社会全体的能力和需求是不同的，提倡基本公共服务应当向特定的社会弱势群体倾斜，因而是更有进步意义的社会发展理念（唐子来，

2015）。

3. 基本公共服务供给目标

公共服务供给的目标总体上经历了以福利国家为特征的"全面公平"型、新公共服务管理运动推动下的"效率优先"型和"第三条道路"的"兼顾政府责任和追求绩效"型。

20世纪20年代末，在凯恩斯主义推动下，美国实行"罗斯福新政"，通过一系列加强政府宏观金融调控以及扩大公共投资的新政，将美国推上了"福利国家"的道路。"二战"后英国政府依据《贝弗里奇报告》制定了"福利国家"公共服务的供给模式，其中最具有影响力的是国民保险制度和国民医疗保健制度。国民保险制度是依据1946年的《国民保险法》和《国民补助法》建立的国民保险制度，是直接在国家干预下有组织的社会保障行为，在全国范围内对所有公民一视同仁。国民医疗保险制度是依据1946年颁布的《国民医疗保健法》，以国家税收作为主要资金来源的国民健康服务体系，所有医疗服务一律免费。在这个基础上，英国真正创立了"从摇篮到坟墓"基本公平的社会福利制度（Morgan，1986），国家平等地保障了国民最低的公共服务需求。在此基础上，以瑞典、丹麦、芬兰为代表的北欧模式则将其公共服务目标进一步提升为"全面公平"，它保障的不仅是社会成员的最低生活水平，而且是对社会成员进行全面、高水准的保障，带有浓厚的收入均等化的色彩。

福利国家不断扩张的公共服务开支给政府财政造成了沉重的负担。随着1970年代整个西方国家的经济萎缩，英、美等发达国家重新调整了其公共服务供给目标，在新公共管理理论推动下转向了提高公共服务的供给效率。英国在"效率优先"导向下的公共服务制度改革，实现了从"普遍性原则"向"有选择原则"转变，包括降低了一些社会保障项目的补贴标准，并对一些社会保障项目实行了私有化。美国在公共服务供给上以市场为主导，引入竞争和激励机制。例如在医疗方面，无论是医疗服务的提供还是医疗资金的筹集都主要通过市场来调节；实行私人健康保险制度，人们自愿购买私人健康保险，消费者自行决定是购买保险还是在接受卫生服务过程中直接支付费用。这些做法使得许多贫困者被排斥在医疗保险覆盖面之外。

由于公共服务私有化改革缺失了对社会公平的追求，造成了严重的社会分化，必然会遭到很多人的反对。1997年上台的布莱尔首相提出走"第三条道路"，2001年又提出了公共服务的4条基本原则，包括：国家高标准和完善的责任；向一线下放权力，鼓励多样性和当地的创新；就业灵活，使工作人员能更好地提供现代化的公共服务；增加供应者，提供更多选择（The Serco Institute，2006）。这一时期公共服务供给的目标转向在强调政府责任的前提下注重对绩效的追求，为此建立了比较完善的政府绩效评估和改进战略机制。通过引进"最佳价值"(Midwinter et al,1999)、"地方公共服务协议"和"全面质量评估"(Audit Commission,2002)给中央政府提供用以监督绩效的工具,并提高了对公共服务供给绩效考核结果的奖励力度和惩罚力度。

1.3 人口流动作为城乡发展的主要特征

1.3.1 人口流动的总量与空间格局

随着户籍制度改革对人口流动从限制—松动—鼓励的政策调整,1990年代以后我国流动人口数量快速上升,至2015年以后流动人口规模进入调整期。根据"四普"、"五普"、"六普"的人口统计数据,以"跨市县半年"口径衡量的流动人口分别为2160万、12100万和22140万,学术界对于大规模人口流动现象具有广泛的研究。基于公共服务设施配置的视角,主要关注宏观层面人口流动的总体特征和空间格局的研究和微观层面流动人口的人口学特征研究。

从总体特征来看,有研究指出1995—2014年是农村人口大量外流阶段,大量农村人口流入城镇地区和经济发达地区,但由于户籍制度改革主要集中在放开人口流动的限制而未触及深层次的社会福利,因此,这一阶段人口流动主要体现在常住人口的地区间变化,而流动人口绝大部分保留了原有的农村户籍。2014年以后,随着政府"要求以人的城镇化为核心,促进有能力在城镇地区稳定就业和生活的农村转移人口有序实现市民化"的逐步落实,人口流动的户籍城镇化比例进入稳步上升阶段(林李月,2019)。与此同时,新生代流动人口返乡回流趋势日益显著(程晗蓓,2019),不少人口开始向中西部地区回流,中西部地区净流出人口明显减少,东部地区人口集聚的速度明显放缓①。多数回流并非回到户籍地所在的乡村,而是回流至户籍地附近的县城或镇(王利伟 等,2014;高更和 等,2017)。

同时,不少研究指出:我国人口流动具有明显的空间指向性,即从中部的农村地区劳动力到东部沿海的城镇地区打工(Fan,C.C,2005;Zhu.Y,2007;张立,2010)。从城乡关系而言,农村向城市的单向人口流动是改革开放以来人口流动的主流(彭岩富,2014),少数特大城市持续成为吸引流动人口的"磁极",吸引着越来越多的流动人口(段成荣 等,2013)。从区域指向而言,流动人口主要流向东部沿海地区,但近年流向分散化趋势逐步显现(郭斌 等,2013)。从人口流向的城

---

① 任泽平,熊柴. 控不住的人口:北京上海人口增长仍有较大潜力[EB/OL]. http://finance.sina.com.cn/zl/china/2018-09-25/zl-ifxeuwwr7849581.shtml?cre=zl&r=user&pos=1_5

镇体系而言，很多研究认为大城市是流动人口的主要集聚地（W. K. Chan，2010；Quigley et al，2008），也有研究提出流动人口在主要人口流入地向300万以上特大城市集聚，在主要人口流出地向小城市和县城及镇区集聚（陈晨，2015）。对于特大城市研究发现流动人口的空间分布出现向城乡结合地区集聚的态势，叶裕民等对于北京市的实证研究发现城市功能拓展区是北京流动人口的主要聚集地区（叶裕民 等，2012）。

1.3.2 人口流动的微观特征

从微观层面而言，已有研究发现我国流动人口在人口学特征上具有一些普遍性特征，流动人口长期保持年轻化特征且单身比例较高（段成荣 等，2008），农村外出人群的主体是劳动年龄段人口（赵民 等，2013）。流动人口在流入地居住的平均年限不断延长，例如在福建省的调查中平均年限从2012年的4.15年延长至2017年的5.27年。同时，长期居住者比例不断提高，在本地居住时间超过5年和10年的比重分别由2012年的31.9%和12.5%上升至2017年的36.7%和16.8%，这些人已成为事实上的常住人口（林李月，2019）。随着人口流动在时间和空间上的拓展，流动人口的家庭化流动趋势逐渐显现，开始进入携妻带子、携老扶幼共同流动的状态（段成荣 等，2013）。《中国流动人口发展报告（2017）》显示，流动人口家庭化流动趋势明显，2人及以上的流动人口家庭户占81.8%以上。

从个体的迁移模式来看，我国人口流动不是简单的乡—城单向迁移模式，大多数流动人口在城市中只是临时性的居住与就业，呈现"候鸟式"的周期性迁移特征，即以自然年为周期往返于城乡之间（冯邦彦，2010）。有研究指出人口长期异地流动和打工经济与我国经济社会和城镇化发展关系密切，"人口流动"和"打工经济"的现象将长期存在（赵民 等，2013）。同时，研究显示：中国城市新生代流动人口具有较强的回流意愿，不同类型流动人口在回流意愿和区位选择上存在差异。其中，劳力型回流意愿最强，其次是投资型和智力型。在回流区位选择方面，智力型回流至户籍地附近的高等级城市如省会或地级市的比例较高（程晗蓓，2019）。

从就业形式和居住形式而言，一些研究指出流动人口大部分在非正规部门就业，从事劳动密集型的、流动性较高或者不稳定的低收入工作，缺乏就业保障（段成荣 等，2009；林赛南，2018）。同时，流动人口由于其认为自己仅在城市中临时性居住，因而，他们在居住选择上往往不愿付出更多的收入来提高生活质量，同时，又由于政策限制无法享受城市居民同等住房待遇，如经济适用房、政策性租赁住房等，因而大部分居住在城郊接合部、城中村和棚户区，住房质量差、环境脏乱，居所变动频繁且呈现明显聚居特征（Li B，2009；仇楠楠 等，2015；）。

1.3.3 严控特大城市规模政策下人口流动趋势的变化

根据十八届三中全会提出的"严格控制特大城市人口规模"战略，2013年以来，北京市、上海市开始大幅加强人口调控。北京市提出以水定人、以房管人、以证管人、以业控人等政策。北京市、上海市的人口调控措施主要包括收紧落户审批，清退一般性产业特别是高能耗产业，疏解部分非核心功能，对群租房、地下空间、城乡接合部等联合执法开展综合整治等。2017年《北京城市总体规划（2016-2035年）》、2018年《上海市城市总体规划（2017-2035年）》分别要求将常住人口总量长期控制在2300万、2500万左右。在严控特定大城市规模政策下，北京市常住人口增量从2011-2013年的年均51.0万人降至2017年的-2.2万人；上海市常住人口增量从2011-2013年的年均37.5万人降至2017年的-1.4万人①。

在特大城市严控人口规模的政策下，人口向大都市区和区域中心城市集聚速度整体放缓，二线城市人口流入呈现持续上升趋势。艾普大数据根据《2017年第二季度全网移动用户全生命周期》分析发现，重庆对北上广深流出人口均具有较高的吸引力，流入总量占比最高，其次为杭州、成都、厦门、苏州、南宁、南京、长沙、武汉等。从整体上来看，特大城市溢出人口的流入地区主要以周边潜力城市为主②。

1.4 人口流动与基本公共服务格局变化

1.4.1 户籍制度改革、人口流动与公共服务

户籍制度具有鲜明的中国特色，以户口类型和户口所在地为核心的户籍制度，影响了户口所有者的粮食供应、就业机会、教育、住房、医疗和社会保障等社会福利（张立，2010）。户籍制度作为国家政策发挥着城市人口的空间调配作用（Chan et al，1994），其改革进程对我国人口流动的趋势以及公共服务供需关系有着重要影响。

1. 户籍制度逐步放开促进了人口大规模流动

经济体制改革以来，户籍制度进行了相应的改革，表现为放松了农村劳动力向

---

① 任泽平，熊柴. 控不住的人口：北京上海人口增长仍有较大潜力 [EB/OL]. http：//finance.sina.com.cn/zl/china/2018-09-25/zl-ifxeuwwr7849581.shtml?cre=zl&r=user&pos=1_5

② 艾普大数据. 大数据告诉你：逃离北上广的人最后都去了哪里？[EB/OL]. http：//www.sohu.com/a/166023999_692817

非农产业和城镇转移。受到提高收入和改善生活的动机驱动，农村劳动力跨地区流动突破了户籍对居住和就业的地域约束，同时也实现了资源的重新配置。政府先是默许、允许劳动力离开居住地，随后政策逐步转变为鼓励劳动者外出就业，乃至主动促进劳动力向城市流动，改善农民工在城市就业和居住的制度环境（蔡昉，2010）。1984年10月，《国务院关于农民进入集镇落户问题的通知》规定凡申请到集镇务工、经商、办服务业的农民和家属，在集镇有固定住所，有经营能力，或在乡镇企事业单位长期务工的，公安部门应准予落常住户口，统计为非农业人口。1990年代，北京、上海、深圳等大城市出现了蓝印户口。1997年5月，公安部发布《小城镇户籍管理制度改革试点方案》，提出了小城镇户籍改革的一揽子方案。2001年3月，《国务院批转公安部关于推进小城镇户籍管理制度改革意见的通知》发布，小城镇户籍制度改革全面推进。

这一阶段沿海地区劳动密集型产业的迅速发展增加了非农就业机会，中西部地区农村劳动力大量涌入，形成了持续的"民工潮"。据杨云彦（2003）测算，1987年中国人口迁移规模超过3000万，1994年超过4000万，1999年超过5000万。同时，"非户籍迁移"是这一阶段最为主要的迁移体制，非正式迁移人口正式成为我国社会经济发展中不可忽视的庞大社会群体（冯邦彦，2010）。

2. 户籍制度改革深入公共服务领域

由于户籍制度背后是诸多的教育、医疗、社保等社会福利和公共政策，户籍制度引发的流动人口公共服务非均等问题影响到流动人口迁移的稳定性与完整性，造成我国城镇化发展面临诸多问题与困境。从2000年开始，户籍制度改革及相关文件不仅积极支持农村劳动力流动，而且明确提出改革城乡分割体制，改善流动人口的就业、居住、子女教育和社会保障等条件，并作为鼓励劳动力流动的重要政策明确写进"国民经济和社会发展第十个五年计划纲要"和"国民经济和社会发展第十一个五年规划纲要"中。2014年出台的《国家新型城镇化规划（2014-2020年）》着力推动基本公共服务均等化，为农业转移人口市民化创造了条件；2015年两会提出3个"1亿人"（即"促进约1亿农业转移人口落户城镇，改造约1亿人居住的城镇棚户区和城中村，引导约1亿人在中西部地区就近城镇化"）。通过户籍制度改革不断深化，我国大部分城市户籍已基本"零门槛"，目前难点和困境在于Ⅰ型大城市和特大城市。特大城市、大城市聚集了大量的社会和经济资源，导致流动人口规模不断膨胀；同时这些城市普遍面临巨大的环境容量、就业容量等条件的约束，从目前的城市承载力看，不控制人口落户就会造成城市基础设施、政府财政、环境等各方面超负荷运行的情况，因而这些城市公共服务供需矛盾比较突出。

1.4.2 现行公共服务资源配置模式的危机与质疑

在人口大规模、周期性流动的状况下，原有的城乡基本公共服务体系显得很不适应；另一方面，随着我国经济快速发展，政府财政能力不断增长，客观上有助于提高教育、医疗、社会保障等基本公共服务的水平。这两方面的悖论，导致现行基本公共服务和设施的配置模式受到了越来越多的质疑。

1. 城乡差距显著，农村地区基本公共服务供给严重不足

长期以来城乡二元的公共服务供给体制，使得农村在基本公共服务设施条件和服务能力上，与城镇存在巨大差距。农村基本公共服务供给主要依靠集体经济组织和农民集资。税费改革后的农业附加税以及集资等的废除，对原有模式下的制度外供给来源造成了巨大冲击；同时，大规模的农村人口转移加上户籍制度造成的流动家庭不完整，使得许多农村聚居点出现了"空心化"现象，引发了教育、养老等一系列社会问题，"留守老人""留守儿童"等问题十分突出。公共服务筹资渠道的减少和人口结构变化使得农村地区，尤其是偏远贫困地区的一些公共服务项目的供给严重不足，甚至难以为继。例如，张姗姗在对贵州省农村中小学的调研中发现，教学设施中状况良好的只有25.8%，状况较差（17.9%）和很差（14.4%）的则有32.3%（张姗姗 等，2014）。

2. 人口高流入地区基本公共服务需求持续增长，农民工及随迁家属难以获得平等的基本公共服务

近20年来，广东、上海、北京等特大城市以及珠三角、长三角和京津冀等区域是流动人口的高度聚集之地。随着流动人口家庭化流动趋势显著，在流入地生育、就医、养老的比例不断上升，对相关公共服务和社会保障的需求持续增长，使得城市公共服务供需缺口不断扩大，突出表现在教育和卫生两方面。

同时，流动人口分布郊区化使郊区公共服务资源更为紧张。由于流动人口的住房支付能力，城市更新改造的加快推进，以及产业结构和布局的调整，大量流动人口聚居在城乡接合部和环城带地区，郊区成为流动人口增长的主要区域。部分区域外来常住人口规模已经超过户籍人口，出现"倒挂现象"，这在一些"城中村"更严重。在人口大量集聚的郊区，公共服务供给遇到了前所未有的压力，不要说优质公共服务资源，就是一般的公共服务资源也极为短缺。

由于户籍限制加上公共资源短缺形成的激烈竞争，农民工及随迁家属在就业、住房、入托上学和就医等方面，难以真正获得同等的市民待遇（杨贵庆，2014），可谓受到相当显著的制度排斥和歧视。例如，在北上广等多个大城市，若要就读全日制公办学校，需要递交包括父母双方务工就业证明、实际住所居住证明、户口本、身份证、居住证和户籍所在地没有监护证明等多项文件；由于一些农民工在非正规部门就业或租房居住，难以获得相应的证明文件，因此，不得不让孩子留守老家。

1.4.3 基本公共服务资源配置的政策转型趋势

改革开放以来，中国经历了快速的经济发展和快速的城镇化进程。从1978年到2018年，城镇化率从17.9%提升到59.58%，年均提高1.02个百分点。然而，过于注重速度和规模的经济增长以及与之相伴的"粗犷"城镇化过程，导致了社会矛盾不断累积，并且使得解决这些矛盾的综合成本变得日益高昂（罗震东 等，2012）。在城镇化深入发展的关键时刻，中央提出了以"人的城镇化"为核心的新型城镇化战略和导向，这预示着我国城镇化发展将从关注数量提升转向重视质量改善。而基本公共服务作为提升城镇化质量的重要内容，则是统筹城乡发展、维持社会稳定、保障民生民权的关键突破点（胡畔 等，2012）。

1. 政府职能从"促进经济发展"转向"公共服务和管理"

较长时期以来，我国以经济建设为中心，在政府的积极推动下实现了GDP的快速增长和国民经济的快速壮大。与此同时，一个"经济建设型"的政府模式也逐步形成。由于重视经济建设的投入回报，严重忽视社会事业的平衡发展，并不恰当地把一些本该由政府负责的公共服务推向了市场、推向了社会，造成经济社会发展的严重失衡。

要解决发展失衡问题，关键是明确政府的职能定位，将政府的基本职能从"促进经济发展"回归到"公共服务和管理"。落实新型城镇化战略，需要合理界定政府管理经济的范围，切实把政府工作重点转变为提供基本公共产品和有效的公共服务上来。

2. 外来劳动力从"就业吸纳"到实现"社会融入"

经济发展和城镇化的快速推进，吸纳了大量农村劳动力转移至非农就业。劳动力转移提高了城乡生产要素配置效率，推动了国民经济的持续快速发展。但由于受城乡分割的户籍制度影响，在工业化、城镇化吸纳了大量农村劳动力转移就业，完成"农业剩余劳动力非农化"的同时，这些劳动力仍然保持着农村户籍，作为"外来人口"无法在政治权益及社会福利等方面得到与城市居民同等的待遇，未能完成"农村人口市民化"。随着户籍人口与外来人口公共服务差距造成的城镇内部二元结构矛盾的日益凸显，过去那种主要依靠非均等化基本公共服务来压低成本而推动城镇化快速发展的模式已经不可持续。以"人的城镇化"为核心的新型城镇化建设就是要从吸引农民工进城务工转向促进其融入城市社会，有序推进农业转移人口市民化。打破城乡二元体制，主要体现在使农业转移人口享受流入地的城镇居民福利和基本公共服务；其基本任务是稳步推进城镇基本公共服务的常住人口全覆盖。

3. 推进公共资源均衡配置

长期以来，我国公共资源的配置和分配客观上一直是以"城市本位"为思路，导致了城乡居民在公共资源享用上的不公平，农村居民不能公平地享用基本公共资源。由于分享公共资源的基本权益无法得到保障，致使城乡差距进一步扩大，社会矛盾及不稳定因素突显。在逐步破除城乡二元体制的过程中，要消除阻碍城镇化健康发展的体制障碍，实现城乡利益均衡与发展一体化。国家新型城镇化战略要求推进城乡公共资源的均衡配置，加快公共服务向农村覆盖，全面建成覆盖城乡居民的社会保障体系，使得城乡居民能够公平地享用社会公共资源。

1.5 人口流动与基本公共服务的相关研究

1.5.1 人口流动对城乡基本公共服务供需关系的影响

目前将人口流动与城乡基本公共服务进行关联分析的调查研究，主要集中在外来人口聚集的大城市和人口高流出的农村地区。对于北京、上海等地的研究表明，流动人口呈现持续增长态势，部分地区出现了"人口倒挂"现象（外来人口超过常住户籍人口），从而对城市尤其是局部区域的公共服务产生了巨大冲击。流动人口的家庭化趋势使主要人口流入地公共教育资源日趋紧张，入学压力大；医疗卫生负荷日趋沉重，公立医院门诊量不断攀升（刘颖，2013；刘玉博 等，2011）。而对于农村地区的调研则发现，由于外出人口大部分为教育程度较高、素质较好的青壮年劳动力，导致人口外流严重的农村地区公共服务供给的决策与筹资往往受到严重影响（周波，2010）。在义务教育方面，人口流动带来了城镇与农村基础教育的对比效应，使得农村家庭主观上更愿意让子女进入城镇学校，以享受更优质、资源相对集中的教育服务（刘晓菲 等，2015）。而大量"留守老人"则使得农村地区老龄化程度和提高的速度全面超过城市，农村的养老问题陷入困境（邹湘江 等，2013；李华红，2008）。总之，大规模的人口流动对地区之间、城乡之间乃至城市内部的公共服务产生了巨大的影响，这必然影响到原有公共服务设施的配置格局和效率。但目前这方面的研究还不多见，并且研究成果大部分都是孤立地针对单一地区进行的。

同时，还有一些研究注意到人口流动对现行财政转移支付制度的冲击，刘尚希认为现行转移支付制度是以人口不流动为假设前提，以户籍人口为依据，这构成了转移支付均等化效果不理想的重要因素（刘尚希，2012）。刘大帅认为考虑到人口流动因素和户籍的福利分配功能之后，我国现行转移支付的均等化效果明显减弱（刘大帅 等，2013）。陈仲常等认为人口流动改变了地区间的抚养比，使得中央对东部地区的转移支付力度相对而言大于西部地区，加剧了非均等化（陈仲常 等，2011）。随着流动人口总量规模的增加，相关研究开始将人口流动与公共服务供给中财政转移支付的均等化效果联系起来考虑，但总体来说数量还比较少。并且现有涉及公共财政领域的研究绝大多数是基于宏观计量分析。本文希望能进一步通过案例研究的方式，深入探讨转移支付对于主要人口流入／流出地区公共服务供需关系的作用机制和现实效果。

1.5.2 城镇外来人口的基本公共服务设施使用状况

目前有大量关于流动人口享受公共服务状况的调查研究，主要关注不同群体在城镇享受公共服务方面的均等化状况。研究大部分是基于单个城市的案例，普遍认为外来人口与户籍人口所享受的基本公共服务存在较大差距，子女教育、医疗保障是外来人口面临的主要问题。现有城市的公共服务资源难以满足外来人口大量导入带来的需求，外来人口在多个领域的需求远未得到满足（刘玉博 等，2011；许丹虹，2013；刘静，2012）。彭震伟指出农民工的城市社会保障缺失，享有的城市设施服务水平低下（彭震伟，2013）。黄耀志等针对外来人口集中的开发区、集宿区进行研究，发现公共服务设施规模不足、配置类型缺乏针对性等问题很突出（黄耀志 等，2009）。

针对关注度最高的基础教育、医疗保障和养老领域，一些学者展开了专项调查。研究结果表明，在随迁子女进入流入地公办学校的比例逐步上升的同时，在外来人口集中的大城市随迁子女呈现总量大、高度集中的特点，公办学校学位严重不足，随迁子女就读民办学校的比例较高（吴开俊 等，2011）。学生就读公办学校的最大障碍是繁杂的入学手续，学生往往因为教育质量差和父母工作流动而转学（陶红 等，2010）。城乡接合部的城市化改造往往造成随迁子女频繁转学，随迁子女学校不断迁徙（谢宝富，2013）。在医疗卫生方面，外来人口对城市医疗卫生资源的利用率普遍较低，其中使用频率最高的小区诊所也低于人均每年2次（王德 等，2010），主要反映医疗费用高、卫生服务效果质量差，外来人口对卫生服务满意度较低（邵爽 等，2012；栗潮阳 等，2012）。李宏在对广东省流动人口民生满意度调研时发现，流动人口对于各项公共服务满意度大多低于本地人口，尤其是在医疗卫生和养老保障方面担忧度较高。相对而言，文化程度较高的流动人口，其满意度较高，对于医疗卫生和养老保障的担忧度较小（李宏，2019）。

第 2 章 基本公共服务资源配置的国际经验

2.1 支出规模与公共服务需求偏好

2.1.1 公共支出规模趋势理论

诺贝尔经济学奖得主约瑟夫·斯蒂格利茨认为公共支出具有长期上升的趋势，其原因主要包括公共支出的收入弹性大于1，人口增长，参与公共管理活动的人数和成本增加，利益集团的游说活动频繁，政府机构膨胀、职能增加，行政等级制的成本递增，再分配支出范围扩大等（斯蒂格利茨，2009）。阿道夫·瓦格纳通过对19世纪欧洲各国及日本、美国的相关数据分析发现，一国公共支出与本国工业发展正相关，即随着工业化进程中人均国民生产总值（人均GNP）的提高，公共支出占GNP的比例也相应提高。其中公共服务供给规模的增长起到了重要作用：一方面工业化引起城市人口日趋密集，产生环境污染、治安恶化等现象，增加了政府解决外部性问题的公共服务支出；另一方面教育、医疗卫生、文化等公共服务需求收入弹性较大，工业化进程促进了人均收入增加，引起上述多项公共服务需求的更快增加，导致公共服务支出增加（Wagner，1958）。马斯格雷夫和罗斯托提出对应于经济发展的早期、中期、成熟3个阶段，公共支出的主要用途也表现为3个阶段。在经济发展的早期阶段，基础设施建设占公共支出份额最大，在中期阶段该份额逐步下降，而在成熟阶段，公共支出中用于教育、卫生、社会福利等公共服务支出不断增加（Musgrave，1989）。

另一方面，黄少安认为公共福利支出具有刚性特征，易升不易降，不依赖经济周期而波动，呈现不断上升的长期趋势，具有"福利刚性"。Hercowitzh和Strawczynski的实证研究发现，OECD国家的公共支出呈现长期增长的趋势，对于该类国家，即使公共支出负担已经很高，主张削减公共福利的政策建议却一再受到抵制。福利刚性导致对于公共福利制度的路径依赖，抑制了政府灵活调整支出结构；当经济衰退和财政收入下降时，如果政府不能减少福利支出，就只能通过加税、缩减公共投资支出或举债来维持，进而拖累经济，掉入"福利陷阱"，这一情况在发展中国家发展到中等收入水平时尤其显著。发展中国家进入中等收入水平时，民众在公共福利方面对政府有更多的期望，但往往受到经济增速放缓的影响，政府财力处于不充分且不均衡发展状态，容易陷入两难境地。在某种程度上，福利刚性是落入"中等收入陷阱"的重要影响因素。

2.1.2 最优规模和公共服务需求偏好

对于一个时期公共服务供给的最优规模，林达尔认为可以通过"自愿交换模型"进行测度。每个人都依据自己对公共产品的评价确定公共产品价格，并按照自己确定的价格购买并消费公共产品总量；每个人愿意并支付的公共产品价格之和等于公共产品的供给总成本，即公共产品供给总成本在全体消费者之间分摊。个人对于公共产品效用评价之和等于全社会交纳的税收总量，即公共产品的需求价格；政府生产或购买公共产品的公共支出，即公共产品的供给价格；需求价格与供给价格的均衡点是公共产品的均衡产量，即最优供给规模（Musgrave，1958）。林达尔模型是理想化的公共产品资源配置的帕累托最优，但"搭便车"现象的普遍存在使人们往往会掩饰其对于公共产品的偏好，对于公共产品效用给予低于实际的评价，从而造成公共产品供给规模不足。

因此，最优供给规模在理论上可行，但在实际生活中往往难以实现。在不同的社会发展条件下，产生了不同的机制来确定公共服务供给规模，关键在于揭示人们对于公共服务的真实偏好，相关理论包括公共选择理论、"俱乐部产品理论"。

1. 公共选择理论和"用手投票"机制

人们对于公共服务偏好的表达，最为普遍的方法是"用手投票"：按照一定的规则对公共服务基本问题的意见表达，包括对"谁来决策"（选举政府领导人）的意见表达。它的实质是政治民主，其形式包括直接投票方式和间接方式，也包括赫希曼所说的"呼吁"——当居民对政府组织的服务难以令人满意时，任何试图改变这种状态所做的种种尝试或努力，包括投诉、请愿、上访、抗议、建议、协商、讨论等多种形式（汪永成，2008）。公共选择理论运用理性经济人的经济学基本假设，把经济市场分析方法运用于非市场抉择的政治领域，分析了选民、政治家、政治官僚等政治市场主体的行为。把选民的目标设定为以较低成本消费更多更好的公共产品，政治家的目标设定为获得选民更多的选票，官僚的目标设定为追求政府预算的最大化（阮守武，2007）。

在这一民主政治过程中，基于不同的投票规则、投票方法将出现不同的投票结果。Wildasin和Inman等根据中位数投票人定理将公共服务决策模型转化为标准的中位投票人效用最大化问题（Wildasin，1986；Inman，1987）。公共服务供给作为一项公共政策，其制定过程是公共选择或集体决策过程，本质是各种特殊利益群体之间的博弈或"缔约"过程，选民、政治家、政治官僚都以各自利益最大化作为公共选择依据。信息不完全、公共选择议程的偏差、投票人的"近视效应"、沉没成本以及各种投票规则的缺陷等可能造成最后制定的公共服务供给方案与政策目标弱相关性的公共政策失误（钟裕民 等，2005）。公共服务供给过程中，由于政府官僚追求预算最大化的行为动机、公共服务供给的部门垄断、缺乏公共服务社会效益的衡量标准和可靠的估算方法及技术，以及由于公共服务产权所有者虚位、与代理人的契约不完全、信息不对称造成实际上缺乏有效的公共服务供给监督机制，导致公共服务供给成本高、供给周期长、供给过剩等低效率的现象。

2. 俱乐部理论与"用脚投票"机制

在萨缪尔森对于公共产品的定义中，公共产品具有非竞争性与非排他性。由于非排他性使得公共产品的供给方无法对其服务进行收费，因而市场缺乏供给的激励机制。而现实生活中大部分公共服务都介于纯公共物品与纯私人物品之间，属于"准公共产品"。根据1965年布坎南提出的"俱乐部产品理论"，"准公共产品"通过俱乐部方式供给可以引入市场机制，达到帕累托最优。即由若干责任、权利相同的成员组成的俱乐部提供，由俱乐部全体成员共同消费。因为俱乐部产品虽然具有非竞争性，但通过设置俱乐部的"门槛"形成了消费排他性。布坎南认为俱乐部产品的帕累托最优是由俱乐部产品的最优供给量和最优成员数共同确定；而这一机制下所确定的公共服务规模即俱乐部产品的最优供给量，是生产最后单位产品时所消耗的边际成本等于所有使用者同时消费时所获得的边际收益（Cowen，1965）。

1956年，蒂伯特（Charles Tiebout）最早在《地方支出的纯粹理论》一文中提出"用脚投票"模型。"用脚投票"就是在公共服务与自己所缴纳税费进行比较的基础上选择投资、居住的地区，如果认为自己缴纳税费与所享受服务不对等或政府所提供服务不能满足其需要，可能会迁移到其他地方政府辖区，即企业、居民用"脚"对公共服务进而对地方政府进行选择（投票）（Tiebout，1956）。"用脚投票"模型中社区公共服务可以看作以空间为边界的俱乐部产品，"用脚投票"对于消费者而言是一种对于公共服务的偏好显示机制，有利于提高地方性公共服务供给的效率。但

"用脚投票"这一机制的实施基于一系列严格的假设,包括:

(1)居民具有完全的流动性,并会为了所偏好的公共物品进行迁移。

(2)居民对于不同社区的税收和公共开支具有完全的了解。

(3)有大量提供不同水平公共服务的社区供居民进行选择。

(4)不考虑就业机会的限制。

(5)不存在社区间公共服务供给的外部性。

(6)每个社区根据原有居民的偏好供给公共服务,社区规模具有最优值。

(7)低于规模最优值的社区通过吸引新的居民入住降低平均成本,高于规模最优值的社区则恰恰相反。

Reschovsky基于蒂伯特模型所做的大都市之间家庭流动性的实证研究发现,公共服务水平影响高收入家庭的迁移决策,但不影响低收入家庭的迁移决策(Reschovsky,1979)。

2.2 基本公共服务资源的政府间关系

2.2.1 公共服务资源的事权划分

理查德·A·马斯格雷夫在其经典著作《公共财政理论与实践》中提出多层级的治理有利于提高公共服务的分配效率。不同的公共服务空间受益范围不同,因此,公共服务的供给应根据受益范围居民的偏好决定,并由该范围的居民分摊成本(Musgrave,1989)。

财政联邦主义认为中央政府能够运用财政政策进行均等化的公共服务供给,实施收入再分配职能;同时可以将给所有或者若干社区的成员带来收益的公共服务的产出维持在一个经济上的有效水平,而地方政府由于经济的高度开放性和免费搭车行为的激励无法完成上述任务。而地方政府可以更好地针对不同消费者群体的不同偏好提供某些公共服务产出的不同组合,从而提高公共服务资源的配置效率;而中央政府的缺陷则在于,往往会对不同社区居民的各种偏好熟视无睹。在公共服务供给中,为实现资源供给效率和公平的目标,中央政府应履行公平的收入分配的职能,以及提供某些对全社会所有成员福利有重大影响的公共产品;地方政府负责提供那些主要与辖区居民利益相关的公共产品和服务(奥兹,2012)。

公共财政理论进一步提出,有些公共服务虽然是由地方政府供给,但具有全国性的价值(比如教育)或者多数原则会剥夺个体最低供给,因此,从国家层面要求保证最低服务水平。要实现这一目标,可以有多种政策手段。例如高层级政府有权干涉低层级政府财政支配,可以在不提供财政鼓励的情况下,要求地方政府提供最低服务水平。再如利用补贴手段，补贴金额足以达到期望水平。有时希望在全国提供统一的服务，例如基础教育以实现"机会起点均等"；这种情况下就需要集中化供给的方式。但不同的政策目标应采取不同措施的组合。

2.2.2 公共服务资源的财权划分

分税制是市场经济国家普遍实行的财政税收体制，在事权划分的基础上，在中央政府和地方政府以及地方各级政府之间对全部税种进行划分，让地方政府享有一定的独立的财政权利。财权和事权相匹配是分税制的主要原则，包括界定好各级政府的责任、权利、义务及公共收支范围。

分税制是市场经济体制下，对于不同层级政府实施其公共服务职能的财政保障。从财权与事权相匹配的原则来看，每一级政府公共服务的支出责任应与其收入能力相匹配。但从各国实践来看，大部分国家中央政府税收收入大于其支出责任；而地方政府的自有收入则远远小于其支出责任，即中央政府和地方政府在支出责任和自有收入上存在着严重的纵向财政不平衡，需要通过财政转移支付来加以弥补。因此，地方政府用于公共服务的财权主要包括两方面，一是根据划分的税种来源所获得的自有收入，二是转移支付收入。并且近20年来，世界各国事权分权化趋势明显，而地方政府的税收在总财政收入中的比重并没有相应上升，甚至在一些国家出现了下降（张永生，2008）。地方政府支出责任与筹资能力的不对称，使得政府间转移支付对于地方政府维系公共服务供给起到了越来越重要的作用。

2.2.3 公共服务资源准入政策制定的复杂性

根据公共服务资源的事权和财权划分，地方政府负责提供那些主要与辖区居民利益相关的公共产品和服务，并且该部分的公共服务供给由该范围的居民分摊成本，通过划分的税种来源成为地方政府的自有收入。因此对于地方政府而言，"辖区居民"的范围既是公共服务供给范围，也是获得自有收入的税基范围。准入政策的制定是对于"辖区居民"范围的确定，地方政府作为相对独立利益的"经济人"，在财政压力和政绩冲动下，往往在准入政策的制定中存在着控制人口减少地区公共服务供给压力的动机；同时存在着设法吸引富裕人口和高禀赋的人口，借以扩大税基的倾向。

2.2.4 各国基本公共服务供给的政府间关系

国外基本公共服务供给的政府间关系一般都有明确的法律法规加以规定，各级政府依法承担相应的公共服务责任。在联邦制国家中，宪法对联邦与州政府之间的公共服务职责划分大都有原则规定；在单一制国家，一般以专门法来界定各级政府公共服务的职责范围。政府间职责分工的改变也要通过立法来进行。如英国1972年的《地方政府改革法》、法国1982年的《权利下放法》和1992年的《地方行政指导法》、日本1995年的《地方分权法》等法律法规，为政府间的公共服务职责划分提供了法律依据。

1. 美国

美国是联邦制国家，政府体系分为联邦、州、地方3级。联邦政府的收入主要依赖于所得税——包括个人所得税和公司所得税；然后以"联邦补助金"的方式，通过向各州以及地方政府提供财政拨款和补助，鼓励和监督各州发展社会福利、改善公共服务、建设公共项目，并与联邦政府保持合作关系。地方政府是州政府的下级政府（或自治体），州和地方政府的职责划分没有统一的模式，根据不同州的相关法律进行具体配置。州的收入来源主要是销售税和个人所得税，大部分州采取鼓励地方自治的理念，并采取公共服务职责下移的原则，将许多公共服务职责交给地方政府负责，并保留相应的监督权。地方政府的收入来源主要依赖财产税。

联邦政府的专有职责包括国防、老年社会保障等；联邦和地方政府的共有职责包括医疗卫生、社会保障和福利、重大灾害的社会救济、环境保护等。州政府的专有职责包括州的公共服务事务，向地方提供财政援助等。州政府与地方政府共有职责，包括地区治安、医疗卫生、社会福利、灾害援助等。地方政府承担着直接向社会公众提供公共服务的责任，具体职责包括地方性的治安、公共福利、住房、基础教育和保健医疗。在美国的行政体系中有一类是以提供单一公共服务为核心而成立的行政机构，其中对应于"学区"有一个专为管理某一地区的公立教育事业而设立的政府机构，其他还有诸如垃圾处理、水土保持等专门机构。学区和其他专门行政机构均有一定的管辖范围，甚至还有权征税。

2. 英国

英国是一个"地方自治"的单一制国家，实行3级政府设置，即中央政府、地区政府和地方政府。其中英格兰地区的地方政府直接对中央政府负责。在布莱尔政府时期大胆实行了中央与地方分权，给予了苏格兰和威尔士较大的地方事物管理权，如在法律、司法、经济、交通、卫生和教育等领域拥有决策权，甚至还有权浮动3%的所有税。根据1998年的《贝尔法斯特协议》，北爱尔兰也获得了类似的自治权。中央政府和地方政府之间的改革，使两者形成了一种平衡，政策的制定被牢牢地控制在中央政府手中，公共服务的提供则被下放到地方政府第一线，形成多层次、多样化的地方服务机构；地方上的资金来源方式由此变得更加灵活、多样、有效（曹现强，2009）。

英国中央政府支出在全部政府支出中占绝大部分，最主要的支出项目是"社会保障""医疗""国防"和"教育培训"。中央对地方的转移支付只拨付到地区一级，再由地区政府按照自己的偏好下拨给各个地方政府。而英格兰地方政府直接对中央政府负责，因此，中央的转移支付直接测算和拨付到地方政府。地方政府的公共服务职责还要在郡和区两级政府间进行划分，郡主要负有教育、消防、高速公路等具有一定规模或战略目标的职责，区则承担住房、停车、娱乐、垃圾收集等对当地居民有直接影响的职责；部分职责属于双方共同承担，例如大型文体设施建设、发放执照等。

3. 日本

日本是一个典型的中央集权的单一制国家，政府体系分为3级：中央政府；都、道、府、县政府；市、町、村政府。"二战"前日本的政府模式借鉴了德国模式，实行中央高度集权的行政体制，许多行政事务由中央负责，少部分委托地方办理。"二战"以后地方政府模式受到美国地方政府自治的影响，赋予了地方一定的自治权。日本宪法规范了政府间关系，强调保持中央集权，防止中央专权，加强地方自治。《地方自治法》《地方分权法》扩大了地方自治权并强化了中央的监督作用。

日本大部分公共服务职责是按照各级政府的管辖范围和服务项目的等级规模划分，基本原则是地方政府有能力处理的事务一律由地方政府处理。日本将中央政府提供的全国性公共服务作为"国家事务"；中央职责在地方上的履行，通常由中央政府及其部门提出政策要求和承担全部费用，委托给地方政府完成，称为"法律授权职责"。中央政府以下各级政府提供的公共服务统称为"地方自治事务"，地方自治法详细规定了地方政府的32项职权，并规定了这些职权的应用方向和应用程度。日本中央对地方的行政干预非常普遍，虽然基础教育、警察、消防等事务都由地方政府负责，但出于全国公共服务均等化的考虑，中央常常以正式或非正式的行政方式对地方政府的公共事务加以干涉。干涉的法律依据来源于《地方自治法》，法律赋予中央各部门主管对地方事务进行行政干涉的权利。

2.3 基本公共服务资源的供给模式

传统福利经济学观点认为政府是公共服务的唯一供给主体，但随着西方经济理论和行政理论的创新，实践也在发生变化。事实上目前政府、私人部门、非营利组织等都可以参与公共服务供给。在公共服务供给中，政府和市场、第三部门各自拥有比较优势。政府的比较优势在于通过政治过程确定公共服务的目标、标准及规则，并运用监管、补偿等方式保证其顺利实施；同时具有强制权利，能够组织市场不能自动提供的纯公共服务生产并实施收入再分配职能。私人部门的比较优势在于公共服务的生产上的竞争和效率，包括敏捷的市场反应与回应能力、分散决策、服务的效率、成本节约及要素的聚集。非营利部门的比较优势在于"非分配约束"，如不会为追求利润而降低品质、更能有力保护弱势群体的利益和更好地体现公平。

相应的主要供给模式包括政府垄断供给公共服务、政府与社会合作供给公共服务和多元主体互动供给公共服务。

2.3.1 政府垄断供给模式

传统福利经济学理论认为公共物品具有非竞争性和非排他性，公共服务的生产者和提供者是不可分割的，政府应是公共服务生产和提供的唯一主体，因此，逐步形成了以政府垄断为主的公共服务供给模式。这种供给模式将政府假定为一个全能的理性者，主要采取官僚制组织体系。官僚制（bureaucracy）是由德国社会学家马克斯·韦伯提出，是权力依职能和职位分工和分层、以规则为管理主体的管理方式和组织体系，亦称科层制。主要特征包括：

（1）权利建立在共同认可和严格履行的正式规则基础上；

（2）组织权利按照横向职能分工和纵向职位层层授权，形成金字塔形的等级结构；

（3）管理非人格化，任职资格通过考核和任命，依靠单纯的责任感和无个性的工作原则客观合理的处理组织事务。官僚制体系组织周密、执行迅速、目标明确，其过程具有统一性和连续性的优势（韦伯，2004）。

但政府垄断模式也存在两个方面的问题，一个是政府管理成本过高导致的财政压力。政府通过创办企业生产的公共服务越多，也即意味公共财政支出越多。作为提供公共服务的政府企业，其目的虽然不是营利，但却需以利润作为指标去衡量，在此标准下企业多数亏损，要靠政府投资和补贴来维持。另一个是过高的政府成本和政府部门固有的官僚主义导致的公众对政府信任的下降。公共服务的高度垄断破坏了稀缺资源的最优配置过程，丧失竞争使得政府机构缺乏激励机制去改善工作效率和提高质量，而是转向机构和预算的扩张，使得政府机构不断扩张臃肿、财政压力过大而公共服务供给效率低下，以至于导致"政府失灵"，引起了公众对政府的不满，从而出现信任危机。

2.3.2 政府与社会合作供给模式

1965年，布坎南基于"俱乐部产品理论"提出通过排除非付费者消费公共产品，使得私人生产者的竞争市场可以有效地提供公共产品（Cowen，1965）。1970年，德姆塞茨在《公共物品的私人生产》一文中主张竞争性市场可以生产公共产品，将具有非排他性的公共产品与具有排他性的私人产品搭配提供，则同时提供的公共产品和私人产品都可以实现供给和需求相等的竞争性均衡（Demsetz，1970）。1974年，科斯基于交易费用理论指出，在一定的技术条件和制度安排下，公共服务由私人提供不仅可行而且更有效率。他通过对英国灯塔制度的脉络分析，证明了这一观点（Coase，1974）。

在上述理论的支持下，一些国家的公共服务供给逐步转向以"市场化"为导向的新公共管理模式。新公共管理模式将市场机制引入公共服务供给领域，采用商业管理理论，以"政府外包""政府业务合同出租""竞争性招标"等方式，鼓励私人投资和经营公共服务行业，引入市场竞争机制，提高公共管理水平和公共服务质量。主要方式包括：

（1）私人部门生产，政府购买并供给。政府通过合同外包的形式，把公共服务的生产承包给私人部门；私人部门依据合同进行生产，政府运用财政拨款向私人部门购买并提供给社会。

（2）私人部门生产并低价或免费向社会提供，政府给私人部门以补贴。政府通过财政拨款、价格补贴、低息贷款、减免税收、低价或免费供给土地等形式，鼓励私人部门生产并向社会提供。

（3）私人部门生产并按市场价格或政府规制价格向社会供给，政府给消费者以补贴。

（4）私人部门生产，在规定期限内按市场价格或政府规制价格向社会提供，期满后改为免费提供。采用BOT方式，政府部门通过特许经营权，授权私人部门融资建设、经营和维护；在规定期限内，私人部门拥有使用权，按市场价格或政府规制价格向社会提供；期满后，无偿移交给公共部门。

新公共管理模式下的公私合作通过灵活的产权制度激发了私人部门的参与热情，极大地节约了供给成本。但由于政府和私营部门的"利己主义"动机，两者之间的"交易点"很容易成为滋生腐败和不道德行为的土壤，契约履行中的"信息不对称"则会产生私人部门坑害公众利益的"契约失灵"现象，因而在西方发达国家非营利组织迅速发展起来。因为非营利组织不受"分配约束"，不会为追求利润而降低品质，公共服务若由非营利性质的第三部门供给，生产者的欺诈行为可以得到有效抑制。杨的分析认为政府和第三部门的合作关系有三种，即对抗关系、补充关系和合作互补关系（Young，2009）。但第三部门在资金和政策上对政府的依赖，往往以丧失自主性为代价，因此，两者的合作常会陷入"官僚化"危机而缺乏应有的活力（周燕，2005）。

2.3.3 多元互动供给模式

新公共服务理论认为,政府与社会合作供给的模式中,政府扮演的角色是所谓的"为社会掌舵",但现代生活的复杂性,使得这种角色看起来不恰当也不可能实现。政府所提供的公共服务项目和政策实际上导致了许多不同组织和群体的矛盾和冲突,混淆了不同的观点和利益。丹哈特夫妇提出政府的角色应该是帮助公民清晰、明白和满足他们共享的利益,而不是试图控制和为社会发展方向掌舵(Denhardt et al, 1999)。

新公共服务理论认为在公共服务供给中政府的角色应从控制者转变为议程的安排者,将多元参与供给主体聚集起来进行交流、磋商和谈判,形成一个责任共享、利益共担的机制。在面对多元化的公共服务需求时,政府不是说"行"或"不行",而是说"让我们共同寻找解决问题的途径,然后一起去实现它"(珍妮特·V·丹哈特 等,2010),从而形成政府、市场、社会多元互动的新模式。

政府、企业、第三部门应各自发挥优势并弥补相对劣势:政府通过自上而下的具有强制性的指令发布与执行来保障公共服务供给,但在具体生产服务上行动迟缓,缺乏回应性,需要市场和社会力量予以弥补;企业具有极强的运营能力、生产服务效率高,但其贪婪的盈利本性需要政府的规制和第三部门的积极监督予以约束;第三部门能更好地体现公平并保障弱势群体利益,但它的"类官僚化"运作需要通过政府监管和市场竞争加以规范。政府、市场、社会多元互动模式有利于解决公共服务供给中政府与公民之间的权利结构失衡问题;通过功能互补、权利依赖的合作,有助于实现参与各方的"多赢"。

2.3.4 各国基本公共服务资源的供给模式

1. 基础教育供给模式

美国的基础教育投入主要依靠州和地方政府,占经费投入的90%以上。由于教育的主要税源是地方居民的财产税,各地贫富差异导致教育收入不同直接影响公立学校的办学条件。为解决义务教育不均衡问题,许多州用均衡拨款的方式分配其对地方学区的拨款补助,从而保障不同学区获得大致相同的生均教育经费。美国的基础拨款公式法规定,州政府确定生均经费基础水平,要求当地通过最低的财产税率来提供该费用的一部分,地方财政拨款和基础水平之间的差额则由州政府弥补。目前州级政府承担的义务教育经费已超过地方政府承担比例。美国联邦政府教育拨款在整个基础教育经费中所占比重小,自2001年《不让一个孩子掉队法》(No Child Left Behind Act, NCLB)颁布以来,联邦政府增加了教育经费投入。新的教育改革计划注重帮助改进处境不利学生的教育，并加强了对经济不发达地区的教育经费投入（U.S Department of Education，2002）。

日本中央财政负担了全部义务教育半数以上的经费，包括教师工资、学生补助和奖励、学校基本建设费、设备设施图书经费等，还承担了全部的教科书经费。日本教育经费通过较高程度的统筹，促进不同地区、不同阶段的教育得到均衡化发展。同时在学校的设置上，从教育经费到学校设施、教学设备、班级编制、师资配备等方面都制定了相关的法律法规，以统一的规格保证全国各地的中小学均达到一定的办学条件。公立学校教师属于国家公务员，学校教职人员的费用由中央财政和地方财政共同负担，教师工资逐年增加。为保证各校师资水平和管理水平的相对均衡，政府管理机构对教师和校长进行岗位轮换。

英国教育经费由中央财政、地方教育资金和民间捐款三部分组成，中央政府在义务教育投入中发挥着主导作用，是义务教育正常进行的保证，义务教育经费投入占教育经费总额的75%。撒切尔执政时期，将新自由主义引入教育领域，1988年《教育改革法》确定了校本管理体制，加强学校自治。所有中学和大部分小学的学校财务权属于校董事会和校长，家长具有择校权，学校可决定脱离地方教育局管辖和接受中央的直接拨款。同时让私人企业或基金参与教育，把教育投资上的政府"单主体"改为公私并存的"多元化"。

2. 医疗卫生供给模式

美国实行的是私人健康保险制度，人们自愿购买私人健康保险，美国政府只为军人和退伍老兵建立医疗机构并直接提供服务，为老年人和穷人提供健康保障。美国主要由私立医疗机构和私人医生提供医疗服务，1965年颁布的《老年人医疗保险法》和《穷人医疗照顾法》规定政府通过税收和社会保险工资税筹集购买服务。联邦政府在政府医疗费用支出中占2/3，州和地方政府承担1/3。那些无力或不愿购买私人健康保险，又不符合政府保险条件的人，按服务直接向医院和医生支付费用，由此许多贫困者实际上被排斥在医疗保险覆盖范围之外。

英国在医疗卫生领域实行国民医疗服务制度。国民医疗服务制度源于1946年颁布的《国民医疗保健法》，以国家税收收入统一支付初级卫生服务、社区卫生服务和医院专科医疗服务。实行家庭医生制度，自由开业的家庭医生（全科医生）与政府签订合同，按照所照料的人数计算报酬；所有医疗机构实行国有化，需住院患者由家庭医生负责与医院联系。国民健康服务制度保证全民免费享受所有医疗服务，同时保留公民选择私营医疗服务的权利。这种以政府机构负责筹集卫生资金，直接提供服务的国民医疗服务制度，从20世纪70年代开始相继在丹麦、芬兰、意大利、澳大利亚等国家推行。在撒切尔执政时期医疗机构逐步私有化，由政府与私人医疗机构进行费用结算。1980年代以后英国强调发展社区卫生服务，将预防保健服务从医院扩展到社区，甚至转移到家庭。通过社区卫生服务，低成本地给予社会脆弱人群以优先、综合和连续的服务，有利于控制医疗卫生费用并提高整体的健康水平。

日本实行的是全民健康保险制度。由私立医疗机构和私人医生提供医疗服务，国家通过推行强制性健康保险计划筹集大部分的医疗费用，为全民提供基本的卫生服务。同时允许人民自愿购买私人健康保险，获得更好的医疗服务。通过雇主和雇员缴纳保险费筹集资金，由相对独立的医疗保险机构进行管理，保险机构根据与医院和医生协会签订的合同以某种方式支付费用。国家负责医疗保险机构的管理费用，并对军人、老年人、低收入者、农民和残疾人以及部分严重疾病的治疗费用进行补助。德国、法国、瑞士、韩国等均采用了此类医疗卫生制度。日本由于老龄化严重，因此积极推进社区老年保健，1992年《老年保健法》规定开设以65岁以上老人为对象的社区护理站；1994年《地区保健法》规定向所有在家养老的老人提供护理服务。

从各国医疗卫生服务经验来看，各国或地区公立医疗机构病床数占病床总数的比例在20%~90%之间，公立医疗机构病床比例与筹资模式明显相关。在以税收为主要模式的国家医疗保障体制下，公立医疗机构的病床比例一般在90%以上，如英联邦国家；以医疗保险筹资为主的国家，其公立医疗机构的床位比例一般在70%左右，以保持一定的市场活力和竞争性，如德国和法国；以商业保险为主的国家，其公立医疗机构的床位一般低于40%（王书平 等，2015）。

3. 养老服务供给模式

美国老年人与子女生活在一起的很少，老年人的养老问题主要由政府和社会承担。养老经费主要来源于社会基本养老保障、私人养老金计划和个人储蓄。社会基本养老保障经费来源于社会保障基金，是根据1935年美国国会的《社会保障法》，由联邦税务部门征收12.4%的社会保障税，形成资金积累，退休后可领取。政府出资兴建养老机构，或者给予技术支持和政策优惠，如免地税、营业税等方式鼓励社会力量兴办养老机构（严晓萍，2009）。主要养老服务机构分为两类，一类是传统福利养老院（Nursing home），要有政府颁发的执照，由政府管理并达到一定标准，可以获得医疗保险机构和公共医疗补助制度的资助。主要服务对象为有严重行为障碍、生活不能自理的老人。另一类是由各州和当地政府监管的老年护理中心（Long term care），这类养老机构，完全自费，是市场需求的结果。现在，越来越多的老人选择在居住地附近的养老辅助设施（Aging in place）养老，如日间托护中心、协助生活、连续照料退休社区等，老人可根据自身的经济状况、健康状况选择不同性质、不同层次的养老服务。对于一些收入低下的老人，政府以公共救助的方式收养。

英国的养老服务由完善的法律和标准体系支撑，包括《国民健康服务法》《国民保健法》《全民健康与社区照顾法案》《国家老年服务框架》等，同时通过《国家黄金标准框架》对服务标准和服务质量制定了详细、具体的标准体系。养老服务主要由中央政府卫生部和地方社会服务部门管理。1974年之前，中央政府卫生部门负责主要的长期照护服务，随着20世纪70年代英国"去机构化"呼声的提高，以及"社区照顾"理念的倡导，老年人的社会服务责任逐渐由中央健康单位转移到地方社会服务部门。从职能划分上来看，卫生部主要负责老年人的卫生服务体系，社会服务的政策和标准制定、监督与管理等职能；地方政府主要承担对老年人的服务评估、服务信息发布、养老资源配置、服务购买等具体工作。养老服务包括居家养老服务、日间照料服务、老年公寓和养老院（王莉莉　等，2014）。1990年代以来，英国在社会服务领域建立了"准市场"机制，目前养老服务主要依靠私营部门和慈善机构充当直接服务提供者。养老社会服务实行"契约制"，政府花钱从服务机构购买服务，然后提供给相关需求者。购买养老服务的资金由政府和老年人共担，政府根据老年人家庭年收入确定补贴金额和共担比例。

"二战"前日本处于传统农业社会，家庭养老是当时的主要养老方式。"二战"以后外部雇佣劳动力的增加使年轻人向劳动力集中和发达的地区流动，而老人则留在家中，导致了家庭代际关系分离（童欣，2005）。为应对家庭养老方式的瓦解，日本开始大力发展社会养老保险，建立"国民皆年金"的社会养老制度与强调"家庭关系"的护理保险。当时日本主要有厚生年金保险、共济组合（主要适用于公务员，公共企业和教师）、国民年金等制度组成的养老保险体制，各种养老制度相互独立，相互不衔接，不利于对流动人口的养老保障。因此，1985年日本将三类年金全部纳入统一的年金系统，建立全体国民共有的基础年金。年金以缴费为前提获得领取权利，基础年金给付额的二分之一由中央财政支付。这笔支出不是来自政府财政经常收入，而是由社会保险特定财源安排。2000年日本出台《护理保险法》，护理保险服务的内容主要由护理、社会福利与医疗保健等综合性指标构成。这些服务按两个系列进行，一个是对居家养老服务，另一个是在养老院的服务。居家养老服务包括"访问护理服务""日间护理服务"和"短期托付服务"等。

2.4　各国应对人口流动的公共服务资源配置的实践经验

2.4.1　欧美应对人口流动的公共服务资源配置的实践经验

英国历史上的劳动力迁移与工业革命有着密切关系，15世纪末到19世纪中叶是英国农村劳动力向本国城镇非农产业转移的主要时期。由于工业化前期大规模的圈地运动，迫使大部分农村劳动力向城市迁移，而城市不能提供充足的就业机会，造成大量流动人口充斥城镇，导致了社会的巨大动荡。1601年，伊丽莎白一世颁布了《济贫法》，对在饥饿线上挣扎的贫民实施救济；1897年，英国议会通过了《工人赔偿法》，规定在某些工作危险较大的特定行业，雇主应对因工伤或丧失工作能力者给予赔偿。"二战"以后，英国开始建立"福利国家"。依据1946年的《国民保险法》和《国民补助法》建立的国民保险制度，是直接在国家干预下有组织的社会保障行为，在全国范围内对所有公民一视同仁。英国实行"普惠型"公共服务，基本养老保险、国民健康服务、基础教育、国民救助等涵盖包括"外来劳动力"的全体国民，并规定了具体的实施标准和细则（Morgan，1986）。

美国的劳动力迁移主要指本国的洲际迁移，同时也涉及国际移民和非法移民。美国没有城乡户籍差别，主要采用"社会保障号"进行人口管理。每个美国公民自出生就注册一个属于自己的社会保障号，它记录了个人的各种信息，包括工作、居住、纳税、信誉、奖惩情况等。即使暂居美国的外国人，也需要申请一个社会保障号。与生活密切相关的各种公共服务获得，如医疗补助、失业保险、就业等都需要出示该号码；年幼的子女拥有的社会保障号，可以表明其为父母抚养，可享受基础教育、医疗卫生等相关社会福利。若是美国的合法公民，只要其生活状态符合迁入城市的卫生及相关法律规定，如有一定的住房面积，有稳定的收入，就可以迁移，并享受迁入地的公共服务。若是非法移民，在基础教育方面，可以在其暂居地附近选择学校让子女接受教育，学校不得以地域、肤色等为借口歧视（黄忠净，2008）。在医疗方面，由于美国实行私人健康保险制度，保费昂贵，大部分非法移民不买健康保险，小病坚持不治疗；大病需要急诊时，根据美国法律规定医院不可以将病人拒之门外，治疗后无力承担的大笔医疗费，由政府通过对于贫困人群和弱势群体的保障政策进行免除。其他公共服务依据《非法移民改革与移民责任法案》规定，非法移民无法获得包括退休金、救济金、医疗健康和残疾人福利、公共住房补贴、高等教育、食品补贴等在内的各种社会福利和公共服务。

2.4.2 东亚应对人口流动的公共服务资源的实践经验

东亚发达经济体如日本、韩国等与我国有着相似的农耕文化传统和小农经济特征，他们较早进入了快速城镇化过程。韩国1970年代左右城镇化人口为41%，现在是90%左右；而日本20世纪60年代初是63%，现在达到90%以上。快速城镇化过程中大量农村人口涌入城镇就业，导致传统农村社区"空心化"，这与我国当前的状况非常相似，它们的实践经验和规律对我国非常有借鉴价值。

在日本高速城镇化时期，农村劳动力大规模向城市非农产业部门迁移，其中绝大部分从事建筑业和制造业。日本户籍制度规定了自由迁徙，可以通过在居住地登记而成为当地的居民，享受当地的社会福利。教育方面，1947年的《基本教育法和学校教育法》规定了9年制义务教育；就学没有地域限制，每个学生可以在任何地方享受同等的教育待遇和升学待遇。医疗方面，推行全民医疗保险制度，外来人口可加入当地的医疗保险，外来人口与本地居民同等享受医疗保障基本服务；家庭中只要有一个人参保，家属同时享有医疗保险权利。养老方面，推行"国民皆年金"，外来人口大部分参与国民年金和厚生年金；同时对于经济困难的外来人口，日本政府给予适度的财政补贴。日本通过实施统一的全民保险制度，使迁移的劳动力获得了公共服务保障，同时政府严格要求企业对员工实施雇佣保障，采用近乎"终身雇用制"的方式，确保迁移劳动力不会随便失业，避免了进城者失地再失业的社会问题。

在人口大量流出的农村地区，日本和韩国同样经历着农村社区趋于解体、大量公共服务设施闲置的过程。为了振兴农村、保持农村健康发展，日韩政府和民间投入了很大的财力和精力。首先，政府支持在农村地区发展中占据重要地位。政府支持占农村收入的比例，日本达到58%，韩国达到63%。依靠中央财政预算和转移支付，日韩两国农村地区居民在公共服务上享受公平的国民待遇，地区间、城乡间公共服务水平没有大的差异。其次，非常重视公众参与，社会组织发挥了重要作用。韩国的新村运动非常具有代表性，开始是政府大规模地开展村落支援工作，政府投入压力大而成效并不显著；2005年以后更多的是由农村提出申请，政府部门加以筛选，然后再提供支持。通过自上而下的经济援助和技术支持与自下而上地申请和实施互动，努力调动起村庄自身的积极性。但从日韩两国农村地区发展的总体趋势来看，即使是在巨大的财力支持下，实施了种种振兴计划，日韩农村地区人口仍在持续减少，老龄化愈加严重，传统农业地区衰退趋势难以逆转；同时也导致了大量公共服务设施闲置乃至废弃。

第 3 章　我国基本公共服务资源配置的制度安排

3.1　我国基本公共服务资源配置的发展演进

城乡分割的二元体制是我国基本公共服务体系中最具"中国特色"的制度安排。以户籍制度为核心，在义务教育、医疗保健等方面衍生出的许多具体规定，形成了我国城市—农村两套相互隔绝的基本公共服务运行模式，持续影响着中国基本公共服务体系的改革和发展路径。在城乡分割的二元结构框架下，中华人民共和国成立以来，我国基本公共服务供需状况主要可分为3个历史阶段：计划经济阶段的"单位制"供给、改革开放后的效率优先阶段以及十六大以来的均等与共享推进阶段。下文通过详细描述各阶段的总体特征以及义务教育、医疗卫生和养老服务三方面的制度安排，对中华人民共和国成立以来，我国城乡基本公共服务概况进行阐述。

3.1.1　"单位制"供给阶段

1. 计划经济体制下的"单位制"供给

中华人民共和国成立后，随着生产资料公有制的建立，开始实行高度集中的计划经济体制。在恢复和发展经济的同时，也逐步加强了公共服务事业的建设，建立起与集权的计划经济体制相一致的公共服务财政管理体制，这一时期的公共服务供给呈现平均主义、政府包办的"集权化"特征。

城市地区主要采取"单位制"和"企业办社会"的方式提供基本公共服务，职工和其家属都具有"单位"归属；城市政府及其管辖的各种企事业单位同时具有经济生产和公共服务供给的功能，向所有职工免费提供同质化的各项公共服务，包括基础教育、公费医疗、退休工资等。1952年，《政务院关于全国各级人民政府、党派、团体及所属事业单位的国家工作人员实行公费医疗预防的指示》及其后修订的《劳动保险条例》确立了城镇地区以公费医疗和劳保医疗为主的免费医疗制度。另外，根据当时制度规定，职工家属也可以享受部分医疗费用保障，因此，当时的城镇医疗保障制度实际覆盖了绝大部分城镇人口。1958年，中共中央国务院《关于教育事业管理权利下放问题的规定》规定了城市、县镇基础教育办学经费由地方财政负担；厂矿、企业创办的学校的办学经费由企业负担。

农村地区的居民则都归属于某一集体组织，亦是一种"单位"；农村集体经济作为基本公共服务的主要融资和供给主体，提供以小学教育、集体养老、合作医疗为主的基本公共服务。根据20世纪60年代初教育部和财政部关于教育经费管理文件"农村社办中小学，公社可从公益金中抽出一定比例，也可向学生收取杂费或分摊工分"，社队办学主要通过农民的物力、人力投入和采取记工分聘用民办教师的形式发展起来。医疗卫生方面，这一时期"赤脚医生"是农村医务人员的主力，他们接受短期培训，以不脱产的方式在村医疗卫生机构向村民提供预防、保健和一般医疗服务，是亦农亦医的卫生人员，缓解了当时农村地区紧迫的医疗卫生事业需要。同时充分利用简单医疗技术，坚持中西医结合的方针，积极发挥中草药易得、价廉的优势，发动广大农民自种、自采、自制、自用中草药，以较低的成本取得了较好的效益。医疗保障主要采取合作医疗的模式，实质是农村社会通过集体和个人集资，为农村居民提供低成本、低费用医疗保健服务的一种互助互济制度。农村合作医疗制度以集体经济（公社、大队）为依托，由集体承担大部分的医疗费用和"赤脚医生"的工资（工分），个人就医少量付费，政府则提供有限的政策支持和财政拨款。至20世纪70年代末农村合作医疗制度覆盖了农村大部分的人口。这一时期农村地区养老保障从家庭保障占绝对主导地位转向以农村集体经济为依托，同时国家也给予一定的扶助。人民公社时期实行口粮分配制度，农民年老没有劳动能力时也可以通过集体分配获得口粮。这种平均主义的分配是集体养老保障的主体内容（有饭吃）；此外还有五保供养、社会救济和优抚安置等辅助性养老保障。1956年，国家开始执行"五保"制度；1958年，兴建敬老院，集中供养缺乏劳动能力、生活没有依靠的鳏寡孤独老人。

2. 高度统一和平均主义的公共服务和保障体制

这一时期基本公共服务供给以政府和集体包办为主，这种高度统一和平均主义的公共服务和保障体制，在国家财力困难的情况下，有利于按照需要配置有限的公共资源，实现了基本公共服务的普遍可及和均等化。尤其是在医疗卫生方面，政府在控制药品、医疗设备和基本医疗服务价格的计划经济体制基础上,在城乡初步建立起以覆盖城乡居民三级医疗预防保健网络(黄树则 等,1986)。但同时,由于国家和集体财力有限,公共服务供给呈现总体短缺和水平较低;而且政府垄断的供给方式也造成了一定程度的资源浪费和效率低下。据有关研究,20世纪50年代中期,国家每年只能为50%的适龄儿童提供上小学的机会,为20%的适龄儿童提供上中学的机会。

3. 以户籍制度为基础的城乡二元模式及其影响

这一时期也是我国进入城乡分割二元体制的开始。1958年颁布的《中华人民共和国户口登记条例》及其配套制度,从法律上严格限制农民进入城市,限制城市间的人口流动。适应于当时的社会经济制度安排,城乡基本公共服务供给以城市"单位制福利"和农村"集体福利制度"为主体(郁建兴,2011)。这一时期形成的以户籍制度为基础的城乡二元模式,对我国城乡基本公共服务的供给产生了长期影响。

3.1.2 效率优先阶段

1. "以经济建设为中心"实施以效率为导向的改革

1978年,中共十一届三中全会确立了"以经济建设为中心"的指导思想。1980年,《国务院关于实行"划分收支、分级包干"的财政管理体制的通知》和《国务院关于实行"划分收支、分级包干"财政管理体制的暂行规定》发布,至此便开始实行中央与地方财政分级管理体制。新的政策提升了地方政府的财政能力和治理地方事务的自主性和积极性。与此同时,随着经济建设中心地位的不断强化,地方政府逐步演变为"发展型政府";政府积极参与招商引资和开发项目,政府财政最大化地被用于生产性投资,甚至充当了投资主体(Wong,2004),而公共服务职能则相对弱化。1994年的分税制改革界定了中央与地方的主要事权和财权,但未对公共领域的事权做合理清晰的划分,事实上形成了财政收入上收而公共服务供给责任下放的状态。在延续城乡二元结构的基础上,为适应经济社会发展的新需求和新形势,这一阶段基本公共服务供给呈现出供给主体地方化和供给方式社会化、市场化的特征。

教育方面,1985年发布了《中共中央关于教育体制改革的决定》,提出我国基础教育实行"分级办学、分级管理,地方各级政府成为基础教育的办学主体和基础教育经费的负担主体,地方可以征收教育费附加帮助解决地方教育经费的不足。同时允许地方在自愿的基础上,鼓励单位、集体和个人捐资助学。"1993年中共中央、国务院印发的《中国教育改革和发展纲要》提出我国要逐步建立以国家财政拨款为主,辅以征收用于教育的税费、校办产业收入、社会捐集资和建立教育基金等多种渠道筹集教育经费的新体制。在此基础上，1995年《中华人民共和国义务教育法》以法律形式确定了这一新的筹资体制，明确了"三个增长""两个比例"和"一个制度"。"三个增长"是"中央和地方政府财政预算中教育拨款的增长要高于同级财政经常性的收入增长，在校学生人均教育费用要逐步增长、保证教师工资和学生人均公用经费逐年有所增长"；"两个比例"是"国家财政性教育经费支出占国民生产总值的比例在20世纪末达到4%和各级财政支出中教育经费所占比例随国民经济发展逐步提高"；"一个制度"是"教育经费执行情况监测制度"。在新的教育财政体制下，中央和省级财政的预算内教育经费主要用于高等教育，对基础教育的拨款十分有限。根据《中国教育经费统计年鉴》，1999年，中央政府财政预算内教育经费投向中小学的比例仅为0.4%。地方基层政府是实施义务教育的主体，承担着实施义务教育90%以上的经费。

医疗卫生改革始于20世纪80年代，政府相继推出了一系列鼓励扩大卫生服务供给的政策；1980年，国务院批转卫生部《关于允许个体医生开业行医问题的请示报告》；1985年，国务院批转卫生部《关于卫生工作改革若干政策问题的报告》；1989年，《国务院关于扩大医疗卫生服务有关问题的意见》。其后进行医疗机构改革，重点是调整医疗服务价格体系，进行药品生产流通体制改革。总的导向是引入市场竞争机制。医疗卫生事业改革使医疗卫生机构成为实行独立经济核算、具有独立经营意识和营利目标的主体。事实上，政府只是充当了公立医疗机构开办者，医疗机构的运营和发展主要是基于营利来实现的。

2. 供给主体地方化和供给方式社会化、市场化

这一时期的基本公共服务供给改革在城乡间呈现不同的实施途径。城市地区由于企业改革和政府财政分灶吃饭，由企业提供公共服务在财力上已经难以承受。此外，非公有经济及从业人员数量快速增长，"企业办社会"的模式难以为继。新的改革措施包括：基础教育方面逐步从企业负担转向由市、区财政负担，乡镇的基础教育投入纳入地区财政预算，投入以财政来源为主。1992年，中央提出建立与社会主义市场经济相适应的社会保障制度，主要面对城市正规就业人员建立社会化融资、社会化管理服务的社会保险体系，包括养老保险、医疗保险、失业保险、工伤保险和生育保险。1990年代开始进行医疗保险制度改革，1998年，《国务院关于建立城镇职工基本医疗保险制度的决定》颁布，社会统筹与个人账户相结合的体制开始实施。

农村地区由于家庭联产承包责任制的实施和人民公社制度的废除，以集体经济为依托的基本公共服务供给相应瓦解。实际上基础教育的举办和管理基本上采用的

是"县办高中,乡办初中,村办小学"的做法;经费上除国家拨给的教育事业费外,主要来源于农村乡统筹中的教育费附加和农民教育集资,由乡人民政府组织征收,用于本乡范围内乡、村两级教育事业。由于许多地区的乡镇经济基础薄弱,义务教育投入长期处于极端短缺的状态,办学条件落后。农村地区的合作医疗制度出现了大面积的滑坡甚至解体,农民"因病致贫、因病返贫"现象日益严重。鉴于集体养老功能不断弱化,1992年,中央政府开始试点农村社会养老保险(俗称"老农保")。但由于缺少国家财政投入,导致筹资水平和保障水平过低,农村参保积极性低,至1998年进入了停滞和整顿状态。

3. 公共服务供给的城乡差距和区域性差距

这一时期基本公共服务的供给效率和服务质量较以往有较大提高,从根本上改变了计划经济时期供给总体短缺的状况。但基本公共服务供给财政责任的地方化使公共服务水平与经济发展实力形成了紧密联系,导致了基础公共服务资源分配的不平衡,造成了比较显著的公共服务供给的城乡差距和区域性差距。同时以效率为导向的改革,客观上也降低了基本公共服务的普及性,经济发展与公共服务管理相对失衡,社会公平状态不断加剧甚至恶化,"上学难、上学贵""看病难、看病贵"等社会问题日益突出。

3.1.3 均等与共享推进阶段

1. 十六大以来推动基本公共服务均等化,扩大覆盖范围

2002年党的十六大以来,我国政府的公共政策导向发生了从以经济建设为重心向完善社会管理和公共服务的转变,在坚持效率优先的同时更为注重均等和共享。在义务教育、医疗卫生、养老保障等方面集中出台了一系列社会政策,重点关注广大农村地区和弱势群体,着力提高基本公共服务的普遍性、可及性、公平性和均等化水平。与此同时,户籍制度也有所改革,城乡人口迁移的限制进一步减少,但基本公共服务供给仍然延续着计划经济体制下城乡分割的二元体制,在人口流动的背景下,大量非户籍城镇人口游离在基本公共服务之外。

2001年国务院颁布的《关于基础教育改革与发展的决定》以及2006年修订的《义务教育法》对义务教育管理体制做了新的改革,推出了"在国务院领导下,由地方政府负责、分级管理、以县为主"的体制。在基础教育投入方面,要求国务院和省、自治区、直辖市人民政府规范财政转移支付制度,加大一般性转移支付规模和规范义务教育专项转移支付;此外,还明确县级人民政府对本地农村义务教育负有

重要责任,要抓好中小学的规划、布局调整、建设和管理,统一发放教职工工资。

2003年,"非典"危机暴露出当时公共医疗卫生体系的诸多弊病,政府开始大力投入城乡基层医疗卫生设施建设,至2010年基本建立起全覆盖的三级医疗卫生服务网络。养老服务在这一时期也获得了较快的发展,2006年出台《关于加快发展养老服务业的意见》以后,各地逐步建立以居家养老为基础、社区服务为依托、机构养老为补充的养老服务体系。

这一时期城市地区的基础教育基本延续市、区财政负担的供给模式。医疗卫生改革重点是城镇贫困群体,2007年起国务院开展城镇居民基本医疗保险试点,为城镇非从业居民和灵活就业人员提供医疗保障。养老保障方面主要巩固城镇企业职工基本养老保险制度,逐步"做实个人账户";城镇居民养老保险尚处于试点阶段,仅在上海、北京、天津等地推出,大部分灵活就业人员、农民工和城乡居民仍缺乏基本养老保障。

在农村地区,基础教育体制改革强化了政府对农村义务教育的保障责任。2006年出台了《国务院关于深化农村义务教育经费保障机制改革的通知》,该政策文件明确要求逐步把农村义务教育全面纳入公共财政保障范围,建立分项目、按比例分担的农村义务教育经费保障机制,并大幅度提高农村义务教育经费保障水平;规定了全面免除农村义务教育阶段学生学杂费,提高农村义务教育阶段中小学公用经费保障水平。落实该项改革的中央与地方财政分担比例,西部地区为8∶2,中部地区为6∶4,东部地区除直辖市外按照财政状况分省确定。此外,该文件还提出了要建立农村义务教育阶段中小学校舍维修改造长效机制,中央地方分担比例,中西部地区为5∶5,东部地区主要由地方承担,中央给予适当奖励;对贫困家庭学生免费提供教科书,中西部地区由中央全额承担,东部地区由地方自行承担;补助寄宿生生活费,由地方承担。

农村医疗卫生方面,2003年《国务院办公厅转发卫生部等部门关于建立新型农村合作医疗制度意见的通知》要求各省、自治区、直辖市抓好先行试点,至2009年要全面建立新农村合作医疗制度,以此为农村基本医疗保障制度。而农村养老方面,2009年国务院试点建立"新型农村社会养老保险",实行基础养老金与个人账户相结合的养老金模式。"新农合"和"新农保"均采取个人缴费、集体补助和政府补贴的筹资模式,明确了各级政府的筹资责任。

这一时期基本公共服务供给改革努力平衡公共服务供给的公益与效率目标,取得了很大成就:城乡义务教育基本实现全免费,全国范围建立起城镇职工基本医疗保险、城镇居民基本医疗保险和新型农村合作医疗在内的医疗保障体系,实现了基本医疗保障的制度全覆盖。但城市-农村公共服务供给仍是两个独立运行的体系,在各项公共服务供给的筹资水平、政府投入力度以及相应的服务质量等方面存在较大差距。

2. 城乡流动人口规模的扩大"倒逼"二元公共服务体制改革

随着城乡人口流动规模的不断扩大，流动人口的公共服务供给对现有二元体制的改革形成"倒逼"之势。2006年，国务院发布了《国务院关于解决农民工问题的若干意见》，明确了以权利保护为中心的农民工公共服务均等化的总体方向[1]。2012年的《中国共产党第十八次全国代表大会报告》在基本公共服务供给的城乡关系上，提出要"加快改革户籍制度，有序推进农业转移人口市民化，努力实现城镇基本公共服务常住人口全覆盖。加快完善城乡发展一体化体制机制，着力在城乡规划、基础设施、公共服务等方面推进一体化[2]。"2013年召开的"中央城镇化工作会议"提出了"城镇稳定就业和生活的常住人口有序市民化"问题，要求建立财政转移支付同农业转移人口市民化挂钩的机制[3]。

最先启动的也是最受关注的主要是基础教育、医疗卫生两方面。基础教育方面，2003年《国务院办公厅转发教育部等部门关于进一步做好进城务工就业农民子女义务教育工作意见的通知》明确了"两个为主"（以流入地区政府管理为主，以全日制公办中小学为主）[4]的政策方向，并对民办打工子弟学校提出了管理要求[5]。2005年的《国务院关于深化农村义务教育经费保障机制改革的通知》首次提出农村义务教育的免费问题，并明确流动儿童享受同城待遇[6]。2010年发布的《国家中长期教育改革和发展规划纲要（2010-2020年）》，强化流动儿童接受义务教育的平等权利，提出要"研究制定进城务工人员随迁子女接受义务教育后在当地参加升学考试的办法。"[7]

2016年，《国务院关于统筹推进县域内城乡义务教育一体化改革发展的若干

---

[1] 国务院.国务院关于解决农民工问题的若干意见[EB/OL]. http：//www.gov.cn/zhuanti/2015-06/13/content_2878968.htm

[2] 胡锦涛在中国共产党第十八次全国代表大会上的报告[EB/OL]. http：//www.gov.cn/ldhd/2012-11/17/content_2268826.htm

[3] 中共中央政治局.中央城镇化工作会议[EB/OL].http：//www.mof.gov.cn/pub/nczhggbgs/zhuantilanmu/xcjssd/bf/201401/t20140121_1037854.html

[4] 国务院.关于基础教育改革与发展的决定[EB/OL]. http：//www.moe.edu.cn/publicfiles/business/htmlfiles/moe/moe_16/200105/132.html

[5] 国务院.关于进一步做好进城务工就业农民子女义务教育工作的意见[EB/OL].http：//www.moe.edu.cn/publicfiles/business/htmlfiles/moe/moe_40/200309/147.html

[6] 国务院.国务院关于深化农村义务教育经费保障机制改革的通知[EB/OL].http：//www.gov.cn/zwgk/2006-02/07/content_181267.htm

[7] 国务院.国家中长期教育改革和发展规划纲要（2010-2020年）[EB/OL]. http：//www.china.com.cn/policy/txt/2010-03/01/content_19492625_3.htm

意见》建立了以居住证为主要依据的随迁子女入学政策，坚持以公办学校为主安排随迁子女入学，对于公办学校学位不足的可以通过政府购买服务的方式安排在普惠性民办学校就读；利用全国中小学生学籍信息管理系统数据，生均公用经费和"两免一补"可以从户籍地随着学生转移到父母工作、居住地。

2018年，《国务院教育督导委员会办公室关于补充全国中小学校责任督学挂牌督导创新县（市、区）评估认定内容的函》规定符合条件的随迁子女在公办学校和政府购买服务的民办学校就读的比例不低于85%。

医疗卫生方面，《中共中央国务院关于深化医药卫生体制改革的意见》及《2009—2011年深化医药卫生体制改革实施方案》，将医疗保障范围扩大"覆盖全体农村和城镇居民的基本医疗卫生体系"，提出"与雇主签订劳动合同并且建立了稳定的劳动关系的农民工应当被纳入城镇职工基本医疗保险。雇主应该在医疗保险费用上做出实质性的贡献。没有被纳入城镇职工基本医疗保险的农民工可以参加户籍所在地的'新农合'或工作所在地的城镇居民基本医疗保险。"[①②]。但目前按基本医疗保险制度仍以县、市为统筹单位，当医疗服务发生地点与参保地点不在同一个统筹地区时，不仅医疗保险报销比例较低，且需要在异地定点医院就诊，并存在各种烦琐的报销流程。这种制度层面上的地域区隔，在一定程度上抑制了参保者的卫生服务利用。而这一现象对流动人口的影响尤为明显，国家统计局数据显示，2017年中国流动人口达2.45亿人，其中约69.9%（1.7亿）的流动人口医疗保险的参保地点与居住地点不一致[③]。

3. 城镇规模差别化的户籍制度改革和公共服务

在户籍制度改革深入推进基本公共服务均等化的过程中，考虑到不同规模城镇综合承载能力和经济社会发展，采取了户籍制度分类改革。2012年2月，《国务院办公厅关于积极稳妥推进户籍管理制度改革的通知》提出了户籍制度分类改革的指导意见；2014年，《国务院关于进一步推进户籍制度改革的意见》提出"全面放开建制镇和小城市落户限制，有序放开中等城市落户限制，合理确定大城市落户条件，严格控制特大城市人口规模"；《2019年新型城镇化建设重点任务》进一步取消了城市

---

① 国务院.中共中央国务院关于深化医药卫生体制改革的意见[EB/OL].http：//www.gov.cn/test/2009-04/08/content_1280069.htm

② 国务院.国务院关于印发医药卫生体制改革近期重点实施方案（2009-2011年）的通知[EB/OL]. http：//www.gov.cn/gongbao/content/2009/content_1284376.htm

③ 2017年流动人口规模数据来自《中国流动人口发展报告2018》（http：//www.gov.cn/xinwen/2018-12/25/content_5352079.htm）。69.9%的比例根据2017年中国流动人口动态监测调查数据计算得出。

落户限制：在此前城区常住人口100万以下的中小城市和小城镇陆续取消落户限制的基础上，城区常住人口100万～300万的Ⅱ型大城市全面取消落户限制；城区常住人口300万～500万的Ⅰ型大城市全面放宽落户条件；超大特大城市的积分落户政策要确保社保缴纳年限和居住年限分数占主要比例。也就是说300万人以下城市已全面放开落户限制，而对于特大城市如北京、上海、广州等，主要依据"以居住证为载体、以积分制为办法"的机制，按积分高低享受公共服务。

3.2 我国基本公共服务供给的政府间关系

我国是单一制国家，设有中央、省、市、县和乡镇五级政府。改革开放以后，中央政府为了充分调动地方发展经济的积极性，逐步下放经济社会管理职能，实行统一领导、分级管理的体制。根据宪法规定，中央政府负责全国性的政策制定，承担中央本级管理的教育、文化、卫生、科学等事业支出；地方各级政府管理本行政区域内科教文卫等事业。政府层级越高，政策制定的责任越多；而层级越低，组织提供的责任越多。但实际上由于各级政府间事权缺乏明确而正式的划分，地方政府的事权几乎是中央政府事权的翻版，具有"上下对口、职责同构"的特征；同时中央与地方政府的事权划分存在讨价还价的空间，上级政府往往通过考核、一票否决等程序将事权层层下移，实际上基层政府承担了绝大部分基本公共服务供给的责任。

我国在中央和地方政府财权的划分上主要依据1994年分税制改革，将收入大、辐射影响范围广、维护国家权益、宏观调控强、易于中央征收的税种划为中央税；将税种分散、辐射影响范围小、不宜统一征收管理、便于因地制宜、发挥地方优势的税种划分为地方税；将征收面宽、收入弹性大、涉及中央和地方共同利益的税种划分为中央与地方共享税。2002年，中央对分税制财政体制进行了较大调整；调整后，除铁路、邮政、银行等少数中央企业所得税仍归属中央外，企业所得税和个人所得税实行中央与地方按比例分享（魏陆，2008）。按照中央和省级之间的分税制财政体制的原则，各级地方政府在本级和下级政府之间再进行各自的收入划分。

分税制改革后财政收入层层上收，而事权则层层下移，这在一定程度上造成了公共服务供给财权与事权、收入权与支出责任的非对称现象。基于这一特点，我国加强了中央对地方政府的转移支付力度，一方面，补充地方保留事权和分税制改革造成的财政缺口；另一方面，落实地区间的均衡发展与国家战略。我国目前转移支付主要包括一般性转移支付、专项转移支付、税收返还和体制补助，一般转移支付和专项转移支付具有均等化功能；其中一般转移支付在国际上为均衡性转移支付，而税收返还和体制补助不具有均等性。

对于我国公共服务供给中的政府间关系，相关研究普遍认同1994年分税制财政体制改革确定了当前我国中央政府与地方政府财政关系的基本框架。一些研究认为当时的改革主要是对政府间的财权进行了划分，但对于决定公共服务供给责任的政府间事权并未进行明确的划分，而是以渐进的方式逐步推进，事权不清晰的状态一直没有得到妥善解决（杨雅琴，2015）。进而一些研究提出了目前地方政府事权与财权不对称的问题，很多地方出现了财权上收、事权下移的现象，造成县级政府财政困难，无力提供基本公共服务，因而提出增加下级政府的税收自主权来实现匹配的观点（沈荣华，2011）。但也有研究认为支出责任的分权化和地方政府自有收入份额的下降是各国政府间财政收支关系的普遍趋势，地方政府支出责任和筹资能力不对称有利于加强中央政府对地方政府的控制权，可以通过有效率的转移支付制度，达到公共服务供给中政府的支出责任与财力相匹配（张永生，2008）。还有研究认为公共服务中政府间转移支付总量逐年增加，这对提升农村公共服务的供给质量（周飞舟，2006），缩小东中西部地区公共服务差距具有一定作用（曹俊文 等，2006），但总体而言均等化效果并不理想（尹恒 等，2007）。

总体而言，目前的研究大部分是基于财政制度安排和收支的总体状况进行分析并提出建议；基于现实的财政制度和收支不相匹配状况，对于地方政府实际公共服务供给政策的制定和实施状况的调查和研究尚不多见。本论文将借助典型案例地区的调研来探讨这一问题。

3.3 我国基本公共服务分类供给模式

3.3.1 基础教育供给模式

2001年，国务院在《关于基础教育改革与发展的决定》中明确了我国基础教育供给模式实行"在国务院领导下，由地方政府负责、分级管理、以县为主"的体制。县级人民政府对地方义务教育负有主要责任，担负本地教育发展规划、经费安排使用、校长和教师人事等方面统筹管理的责任。中央和省、自治区、直辖市人民政府通过一般性转移支付和义务教育专项转移支付纳入县财政收支预算，保障地方义务教育投入的能力。对于进城务工子女的义务教育问题，明确"以流入地政府管理为主、以公办中小学为主"，保障进城务工就业农民子女接受义务教育的"两为主"原则。

除了政府供给的公立学校外，基于社会经济快速发展过程中多样化、多层次的教育需求，在政府规制下越来越多的私营资本和社会力量参与到教育设施的建设管理之中，促进了教育设施供给模式的多样化。2010年，《国家中长期教育改革和发展规划纲要（2010—2020年）》中提出的义务教育阶段民办学校定位为"在保证适龄儿童少年就近进入公办学校的前提下,发展民办教育,提供选择机会"(国务院,2010)。

义务教育阶段城市地区民办教育主要办学模式有"民办公助""教育储备金""公办学校转制"和"民有民办"模式。民办公助以上海为典型代表,是指由个人或企业出面筹集资金办学,区县教育局根据不同的情况提供一定的校舍和启动资金。"教育储备金"模式主要分布在经济发达的珠江三角洲地区。这类学校投入高、硬件好、面向高收入家庭。学生入学时家长向办学单位存入一笔资金作为基金,学校建设时向基金贷款,存期内的利息支付给学生作为生活费,学生毕业时将存款退还给学生,但不支付利息。"公办学校转制"是指将公办学校中的薄弱学校和新建住宅小区配套学校转制为民办学校,固定资产产权为国家所有,经营管理权承办给社会团体或者企业。"企业办学"模式经费来源于企业、私人出资和学生学费,政府几乎没有补贴。这类学校既包括部分房地产企业为提高房产吸引和价值,建立高水准、高收费的"贵族学校",也包括一些私营企业和个人开办的简易学校,规模小质量低,以吸纳外来人口随迁子女为目标的民工弟子学校。近年来,在城市地区还出现了公办学校委托民办机构管理的教育管理模式,在公办性质和九年制义务教育不改变的情况下,政府向民办机构购买服务,由政府承担教学成本,引入民办教育管理机制。

农村地区民办教育主要办学模式有集团办学模式、滚动式办学模式和简易型办学模式。集团办学模式多由实力雄厚的企业举办,办学经费相对充裕,硬件设施先进,质量较高。"连锁式"办学模式容易形成品牌效应,收费较高。滚动式办学模式,前期投入较少,学校运转基本依靠学费维持,通过较高的办学质量或特色的教育服务吸引更多的生源。逐步实现积累和滚动发展。以上两种模式多位于县城和镇区,辐射范围广、质量相对较好。简易办学模式的学校规模不大,教育质量不高,但满足了农村中小学布局调整后部分家庭"就近入学"的需求,以相对较低的收费存活下来。

3.3.2 医疗卫生供给模式

1990年代我国进行了医疗体制改革,重点是调整医疗服务价格体系;同时也进行药品生产流通体制改革,引入了市场竞争机制。医疗卫生事业改革使医疗卫生机构成为实行独立经济核算、具有独立经营意识和营利目标的利益主体。事实上政府只是充当了公立医疗机构开办者,医疗机构的运营和发展主要通过营利实现。

除公立医疗机构外,随着医院管理体制改革的发展,民营医院逐步成为医疗卫生设施的重要组成部分。2009年,《中共中央国务院关于深化医药卫生体制改革的意见》提出"鼓励和引导社会资本发展医疗卫生事业,积极促进非公医疗卫生机构发展，形成投资主体多元化、投资方式多样化的办医体制。"

主要建设管理模式有"民营企业投资建设民营医院""投资机构并购国有医院""公有医院托管给民营企业"和"村办民营医院"。"民营企业投资建设民营医院"最早出现在民营企业发展较快的浙江省；考虑到医疗市场不受季节性变化影响，且有优惠的发展政策，民间实业资本跨行业进入了医疗领域。"投资机构并购国有医院"的主要是专业从事收购医院的民营集团，一般选择二级以上亏损的国有医院，通过收购、市场化管理、专科建设等措施使医院扭亏为盈。"公有医院托管给民营企业"主要指将医院所有权与经营权分离，国家保持医院固定资产，民营企业进行市场化管理。"村办民营医院"主要指一些富裕农村地区，因外来流动人口较多，村民自筹自建起民办医院（杨宝贵，2006）。

3.3.3 养老服务供给模式

传统中国社会的养老保障是一种"土地+家庭"保障模式（孟祥林，2005），土地是最主要的保障手段。中华人民共和国成立后计划经济体制下，城镇退休人员的住房、医疗乃至精神文化生活等养老需求均由所在单位提供，形成单位养老模式。农村地区养老保障从家庭保障占绝对主导地位逐步转向了以农村集体经济为依托，国家给予恰当扶助的社会保障。人民公社时期实行的口粮分配制度，农民年老没有劳动能力时可以通过集体平均分配获得口粮，这种分配的平均主义是集体养老保障功能的主体；此外还有五保供养、社会救济和优抚安置等辅助性养老保障。1956年国家开始实行"五保"制度，1958年兴建敬老院，集中供养缺乏劳动能力、生活没有依靠的鳏寡孤独老人。

改革开放后，经济体制改革使得单位制解体、农村集体组织经济弱化，单位和集体经济组织所承担的社会事务需要回归社会。1978年以来，全国多数乡镇和城市街道均建立了敬老院，由国家出资、民政部统一管理，主要服务对象是城市"三无"人员和农村"五保户"，低保或低收入家庭中孤寡、失能或者高龄老人，政府"优待"对象，"失独"家庭中70周岁以上或失能老人等四类老人。随着我国快速老龄化，社会养老越来越受到关注。全国公办养老机构进行改革试点，在优先保障孤老优抚对象的基础上，向社会开放剩余床位。由于城区公办养老院靠近居住区，医疗、交通等配套设备齐全，加之收费很低等，导致很多地方出现"一床难求"现象；而城郊地区和农村地区设施较差的养老院则闲置严重。

2000年以来，国家陆续出台了《关于支持社会力量兴办社会福利机构的意见》《国务院关于加快发展养老服务业的若干意见》等文件，推动养老机构投资主体的多元化。目前，除了公立养老院外还有民营养老院和"公办民营"养老院两类模式。

2013年,《国务院关于加快发展养老服务业的若干意见》明确指出,积极推进医疗卫生与养老服务相结合,推动医养融合发展,推进"医养结合"。在政策推动下,山东、江西、云南、湖南、四川、江苏、浙江温州等省市进行了"公办民营"的新尝试,即由政府投资建设,企业负责管理,提供专业的养老服务。这一类养老院将医疗服务面向社会,医疗利润一部分转到养老中来,以实现"以医养老"的目的。

3.3.4 我国公共服务供给模式的相关研究

对于我国公共服务供给模式的研究,主要是通过借鉴新公共管理理论、治理理论以及西方发达国家公共服务多元化供给的经验,提出打破公共服务政府供给垄断现状,构建我国多元化公共服务供给模式(邹晓东,2007;尹华 等,2011;邓明辉,2013)。

针对不同的公共服务类型,有关学者对目前公共服务多元化供给的效果进行了实证研究,发现不同类型的公共服务市场化供给的效果具有较大差异。叶庆娜、丁若沙等的调查发现农村民办中小学以多元化的办学模式和灵活的办学机制满足了农村家庭差异化的教育需求,即使在免费义务教育政府实施的背景下,农村民办中小学仍保持着增长的发展态势(叶庆娜,2012)。戈文鲁等提出虽然近年我国民营医院快速发展,医院数量不断增加,但由于大部分民营医院难以获得社会医疗保险定点资格,即使部分医院成了社保定点机构,在医疗费用项目和额度等问题上也存在对民营医院新的歧视,因此难以获得与公立医疗机构平等的竞争地位(戈文鲁 等,2011)。向前等提出由于多数民营医院直接移植民营企业的经营管理模式,难以避免资本的趋利性,其医疗水平和服务质量还没有被患者广泛接受(向前 等,2013)。据赵剑云等调查由于城区寸土寸金,土地和硬件的成本使得民营养老院大部分分布在城郊,且相对价格较高,造成大部分民营养老院空置率较高,使其陷入举步维艰的境地(赵剑云 等,2012)。

多元化的公共服务供给模式的一个重要基础是公共服务需求多样化,而人口流动过程很大程度促进了区域人口的同质化向异质化的转变,并在转变过程中触发了公共服务需求的多样化发展。本文认为现有研究忽视了人口流动对于公共服务多元化供给的推动作用,以及对于不同类型公共服务多元化供给的影响程度。

3.4 基本公共服务设施的建设方式

3.4.1 城市基本公共服务设施建设

我国公共服务设施配置决策高度集中于政府部门,计划经济时代高度集中于中央政府,改革开放后,中央政府向地方政府下放财政权利和行政管理权利,使地方政府成为城市规划和城市发展的主要决策者(吴缚龙,2002)。城市基本公共服务设施的建设主要涉及公共服务设施建设主体与资金筹措问题。

计划经济时期,国家在城市实行福利分房制度,企事业单位是建设或购买住房的主体,然后再分配给自己的职工,职工对住宅只有使用权。许多城市建造了大批的新村住宅,职工按单位所属集中居住在一起。由于当时我国实行低工资制和工资差别小的政策,导致不同的"单位"社区人口群体之间具有相当程度的均质性。由于经济发展水平低,居民对于公共服务的需求层次也低,且表现得较为单一。公共服务设施投资和建设的一般程序是国家根据企业、单位的等级及性质,按照相关规范的人均指标,统一进行编制和规划。各企业、单位将公建配套的任务列入部门年度基本建设计划,在获得上级部门的拨款后,由单位内部的专门机构建设和分配与住宅对应的公建配套(孙立平,2004;刘方,2004),以福利的形式提供给居民使用。

改革开放后,随着市场经济逐步确立并占据我国资源配置的主导地位,市场化运作的房地产开发公司成为住房商品的供应者,福利分房中止,居民作为购买者参与住房市场行为。本着"谁开发、谁配套"的原则,市场开始进入到公共服务设施配套的资金供给和开发建设环节。根据土地出让方式可以将公共设施的配套条件分为"毛地"出让和"净地"出让两类,"毛地"出让专指在居住区开发的土地出让条件中,由开发者承担所有配套设施建设的出让方式(如北京);"净地"出让则指在居住区开发的土地出让条件中,由政府而不是开发者承担诸如中、小学等主要公共服务设施建设的出让方式(杨震 等,2002)。"净地"出让中公共服务建设的资金来源又可分为由市财政统一支付、从土地出让金中提取建设资金和单独收取居住配套公共服务设施建设费(何剑枫,2006)。

3.4.2 农村基本公共服务设施建设

农村地区基本公共服务设施建设方式按时间主要可以划分为人民公社时期、改革开放至税费改革前和税费改革后3个时期。

人民公社时期(1958—1978年):中华人民共和国成立后历经几度演进,至1958年确立了"政社合一"的人民公社体制;1962年中央制定《人民公社六十条》规定,把人民公社管理体制概括为"三级所有,队为基础"。这一时期农村公共服务设施的建设是以县级政府为主体,以农村人民公社为载体,职责明确,涵盖"大而全"。公共服务设施建设的筹资渠道包括制度内和制度外两种。前者是通过税收来筹资,但由于县级财力很紧,对农村公共服务的投入非常有限,所以主要依靠后者这种制度外集资的方式保证各项公共服务设施的建设需求。例如农村医疗卫生方面,卫生室的建立筹资主体是村集体，资金来源主要是极为有限的集体公益金补助。这一时期公共服务设施建设处于低水平供给的状态。

改革开放初至税费改革前（1979—2000年）：自1978年底农村实行家庭联产承包责任制以来，建立在人民公社体制上的公共服务链条断裂，农村公共服务设施建设主体和筹资主体都显得缺位。农村公共服务设施的建设一度只能依赖制度外渠道筹集资金，包括由乡镇政府、村委会直接向农民索取"三提五统"或劳力。村镇自筹成为这一时期公共服务设施建设的主要方式。

税费改革后（2000年至今）：从2000年中央率先在安徽进行农村税费改革试点，逐步取消了乡统筹、农村教育与集资等专门向农民征收的行政事业性收费，也取消了统一规定的义务工和劳动积累工，改革了村提留使用办法，直到2006年彻底取消农业税，意味着从根本上改变了农村公共服务的筹集制度。农村公共服务设施建设逐步回归到政府主导的轨道，以县级地方政府为筹资和建设主体。同时根据税费改革方案，中央和省级财政给县、乡财政以一定的财政转移支付，作为农村税费改革后地方财政收入不足的补偿。

3.4.3 基本公共服务设施建设的相关研究

对于城市基本公共服务设施建设的研究主要集中在不同的土地出让方式和不同的设施建设资金来源对公共服务设施建设成效所造成的影响。我国土地一级市场基本是政府垄断的市场，地方政府将城镇国有土地或将农村集体土地征用为国有土地后出让给使用者。相关研究提出采用"毛地"出让，公共设施配置环节发生在土地出让后，开发者拥有土地开发权，同时也是配套公共服务设施的出资主体和建设主体，政府根据不同的项目制定相应的补偿措施。在现实操作中，由于商业开发的逐利性本质，往往是项目开发用地先行，公共设施建设滞后。在这种情形下，如果监管不到位，就会出现城市公共服务严重不足的现象。采用"净地"出让，将公共设施配置全部纳入公共开发的环节，使得地方政府既拥有土地一级开发权，又负有公共设施的建设责任。由此，可确保土地出让后的开发与公共设施配置相同步；通过公共设施配置来落实政府的城市空间发展规划，具有引导城市开发的作用；同时，公共设施的建设费用可通过土地出让环节的增值和征收社会公共服务设施配套费用等途径得以回收。在土地出让和开发中，充分发挥我国土地制度的优势，可实现公共设施建设与土地开发的联动，以及公共设施建设外部效应的内部化（杨震　等，2002；邵琳，2016）。

同时，相关研究认为不同的设施建设资金往往会对公共服务设施建设的工期和建设质量造成实质性影响。市财政统一支付在市财政能力充足的情况下，适用于公益性公共服务设施，有利于明晰政府、开发商和居民的责任和权利，但财政投入巨大，实际政府财力可能无法满足建设要求。国土资源部门在居住用地招标拍卖时，土地出让金中包含居住配套公共服务设施中公益性公共服务设施的建设资金；政府可通过统一建立专项账户，实行专款专用。这类方式拓展了建设资金来源，但实际建设方案与招标投标方案常出现差异，可能产生专项资金比实际费用少的情况。按照实际建设方案，单独收取居住配套公共服务设施建设费。研究认为这类方式有利于保证充足的建设资金，但开发商资金压力较大，可能引起耽误工程的情况（何剑枫，2006）。

对于农村地区基本公共服务设施建设的研究大部分以农村公共产品的供给需求为出发点，提出当前农业型地区的地方财政依然紧张，财权小而事权多，地方政府无力为农民提供较完善的公共服务设施。而且现在某些专项拨款往往需要乡村两级配套资金，而公共服务设施最缺乏的地方往往贫困落后，由于无力配套，往往得不到资金。而有能力配套的地方，公共服务相对完善一些，客观上会导致不同地区公共服务质量差距进一步扩大（贺雪峰 等，2008）。还有研究基于公共产品最优供给的经济学理论，提出农村地区公共产品的有效供给制度问题（李雄斌，2004），并开展了对公共产品供给的制度框架建设（黄丹，2007）等的探索。

3.5 基本公共服务设施配建标准

基本公共服务设施的规划配置一直是城乡规划工作的重要内容，由于我国长期以来存在城乡二元结构，相应的配置指标与规范均主要针对城市地区，城乡一体的、体现区域统筹和区域公平的配置标准尚未出现。涉及基本公共服务设施内涵界定的国家规范、标准主要包括：（1）《城市规划基本术语标准》GB/T 50280—98中公共设施用地是指城市中为社会服务的行政、经济、文化、教育、卫生、体育、科研及设计等机构或设施的建设用地；（2）《城市居住区规划设计规范》GB 50180—93（2002年修订版）中的居住区公共服务设施（也称配套公建），包括教育、医疗卫生、文化体育、商业服务、金融邮电、社区服务、市政公用和行政管理及其他八类设施；（3）《城市公共设施规划规范》GB 50442—2008中的城市公共设施用地，指在城市总体规划中的行政办公、商业金融、文化娱乐、体育、医疗卫生、教育科研设计、社会福利共七类用地的统称；（4）《镇规划标准》GB 50188—2007中的公共设施用地，包括行政管理用地、教育机构用地、文体科技用地、医疗保健用地、商业金融用地、集贸市场用地；（5）《城市用地分类与规划建设用地标准》GB 50137—2011中用地分类扩大涵盖城乡地区，其中城市公共服务设施所涵盖的用地主要包括城市建设用地中的居住用地（R类）中的服务设施用地和公共管理和公共服务用地（A类）。农村公共服务设施用地包含在镇建设用地（H12）、乡建设用地（H13）和村庄建设用地（H14）中，未进行进一步划分。规范标准对于公共服务设施内涵的阐述主要从"用地"的角度给予列举式的界定。

3.5.1 城市基本公共服务设施配建标准

在计划经济背景下，1950年代我国城市公共服务设施配建基本套用原苏联的模式，此后在颁布的有关城市规划文件中逐步对定额指标做了规定，主要基于用地分类标准和居住区规划设计规范，制定了公共服务设施用地及设施建设标准和配套规定。与公共服务设施规划相关的用地分类指标经历了3次调整，1950年代—1970年代隶属于"生活居住用地"的公建用地，20世纪80年代从"居住用地"分类出来"公共服务设施用地"。现行2012年版的《城市用地分类与规划建设用地标准》GB 50137—2011中将C类"公共服务设施用地"细分为A类"公共管理与公共服务用地"和B类"商业服务业设施用地"（国家技术监督局，2012）。

1993年，建设部发布的《城市居住区规划设计规范》GB 50180—93包含了居住区公建设施分级配套的标准，2002年进行了修订。2008年，建设部发布的《城市公共设施规划规范》GB 50442—2008主要包含了市级、区级公共设施配套标准，不包括居住区内配套公共设施（国家技术监督局，2008）。除国家标准外，各地也针对地方特性在国标的基础上进行了调整，制定了地方性公共设施配套标准。如《北京市居住公共服务设施规划设计指标》（2006）、《上海市城市居住地区和居住区公共服务设施设置标准》DGJ 08—55—2006、《天津市居住区公共服务设施配置标准》DB 29—7—2008等。

无论国家标准还是地方规定，其制定的总体思路和依据都是按照基本公共服务设施的功能性质划分大类和小项，并根据居住人口规模分为居住区、居住小区、居住组团3级，即公共服务设施的"分级配建"标准。随着城镇化发展和城市人口压力增加，土地资源紧缺，提高了对土地集约利用的要求；居住区的人口规模容量普遍增加，公共服务设施的分级规模呈现扩大的趋势。在分级的基础上基于中心地理论，以功能定位与服务半径为依据确定各级住区应配置的公共服务设施项目。在指标配置时，均以"千人指标"为核心对各项公共服务设施的建筑面积和用地面积进行控制，同时对居住区内的住宅用地、公建用地、道路用地和公共绿地进行平衡。随着社会发展的差异化需求以及对资源配置效率的关注，一些地方在指标的设置上采用了规定性和指导性两种指标，以增加指标的弹性。如《上海市城市居住地区和居住区公共服务设施设置标准》DGJ 08—55—2006中公共服务设施的建筑面积指标分为控制性指标和指导性指标，但用地指标均为控制性指标。

3.5.2 农村基本公共服务设施配建标准

公共服务设施建设标准存在明显的城乡二元性,现行的各类基本公共服务设施配置规范标准基本都是针对城市地区设置的,而专门针对农村地区的设置规范比较少见。现阶段,农村地区公共服务设施规划主要参照国家标准《镇规划标准》GB 50188—2007和各省规划建设主管部门公布的村庄规划技术导则和标准。最常见的是依据县、镇、村行政等级分级设置,并在镇的层面细分为中心镇和一般镇;在村庄层面细分为中心村和基层村。目前,在村庄层面的划分上是以行政村还是自然村为单位来划分中心村和基层村并未完全形成一致认识和规定(栾峰 等,2014)。国家标准和各省的导则中均对公共服务设施用地的总量制定了控制要求,在分级的基础上将不同类型公共服务项目划分为应设项目、可设项目和不设置3类。部分地区以地方标准或导则等形式对村镇公共服务设施的配置规定做了进一步细化。如《上海市郊区新市镇与中心村规划编制技术标准(试行)》DG/TJ 08—2016—2007参考城市公共服务设施配建标准,提出了镇级主要公共服务设施建设规模在用地面积和建筑面积两方面的千人指标和一般规模指标;《上海市村庄规划编制和管理导则(试行)》(2014)对村庄的公共服务设施配置规模提出了千人指标和服务半径的控制要求,并对邻镇型和远郊型村庄提出了差异化配置要求。

3.5.3 基本公共服务设施配建标准的相关研究

对于城市基本公共服务设施配建标准的研究主要集中在刚性的指标规定与市场多样化、动态化趋势的关系方面。以"分级配套"和"千人指标"为核心的居住区公共服务设施配建指标体系,在计划经济时代可有效地解决居住区的设施配套问题,保证了居住生活的基本质量。政府供给、统一规划布局与均质的社区人口使公共服务配置呈现出在空间上的均衡分布状态。然而经济体制的改革,市场的"门槛"和个人选择将不同阶层的人群从原有的均质社区中"过滤"出来,相同经济背景和价值观的较同质的人口在一定的空间地域内聚集,形成了分异的居住社区。现实房地产开发制度下居住社区呈现多元化格局,地域空间分层日益明显,已与规范形成制定的社会背景具有较大的差异。赵民等认为社区空间经济收入的差异、文化价值取向的差异、和年龄结构的差异将导致居民需求的分化(赵民 等,2002)。周岚等认为规范中居住区规模结构存在与现实中商品房开发规模不一致,与关键性公建规模变化、管理制度难以衔接的问题(周岚 等,2006)。黄玫瑜提出公建配套针对的是商品房,而对于历史遗留的单位住房和城镇化过程中产生的新的住房模式如保障房和城中村等缺乏考虑(黄玫瑜,2014)。吴莞姝认为不同类型社区居民日常出行特征会对配套公共服务设施的规划布局提出差异化要求（吴莞姝，2014）。

对于农村公共服务设施配建标准的研究指出，目前缺乏细化的建设标准，并且与农村公共服务设施相关的政策和标准数量繁多，内容庞杂，涉及教育、卫生、民政、治安等10多个部门和多达30多个标准规范。各部门在建设和管理上往往相互分离、各自为政，造成这些政策标准互相之间缺乏整合与衔接，造成在实际规划建设过程中许多设施或重复建设或难以空间落地（官卫华 等，2012）。还有研究指出，农村地区公共服务设施布局与城市地区具有一定差异，乡村居住点聚集程度、乡村类型与等级对设施布局具有重要影响；提出应利用空间分析方法优化农村基本公共服务设施的空间布局（胡畔 等，2010）。部分城市出台了农村地区公共服务设施的具体配建标准，如《成都市农村新型社区建设技术导则》《上海市郊区新市镇与中心村规划编制技术标准（试行）》等。但整体而言还在初步尝试阶段，未完全覆盖所有设施类型，也未完全覆盖镇、村地域（官卫华 等，2012）。

3.6 基本公共服务设施准入政策

3.6.1 基础教育设施准入政策

中华人民共和国成立以来，我国城乡基础教育主要实施"就近入学"的政策。1986年4月，我国颁布实施《中华人民共和国义务教育法》，该法的第九条规定："地方各级人民政府应当合理设置小学、初级中等学校，使少年、儿童就近入学"。1992，由国务院批准的《中华人民共和国义务教育法实施细则》第五章第二十六条规定："实施义务教育学校的设置，由设区的市级或者县级人民政府统筹规划，合理布局。小学的设置应当有利于适龄儿童、少年就近入学。"1994年颁布的《中国教育改革和发展纲要》和2001年颁布的《关于基础教育改革与发展的决定》等一系列政策文件中也都有相应的规定。2006年6月，第十届全国人民代表大会常务委员会通过了《义务教育法》的修订案，再次明确了义务教育应就近入学；其第二章第十二条规定："适龄儿童、少年免试入学。地方各级人民政府应当保障适龄儿童、少年在户籍所在地学校就近入学。父母或者其他法定监护人在非户籍所在地工作或者居住的适龄儿童、少年，在其父母或者其他法定监护人工作或者居住地接受义务教育的，当地人民政府应当为其提供平等接受义务教育的条件。""父母或者其他法定监护人在非户籍所在地工作或者居住的适龄儿童、少年"在目前国家和各省市义务教育相关政策中均采取"随迁子女"的提法，但在我国一般语境下人口流动通常指户籍制度作用下的"人户分离"现象，而"人口迁移"则指"永久改变户籍登记地"现象。而政策中的"随迁子女"其实质为跟随父母"人户分离"的学龄儿童，为避免概念混淆，下文中除政策语境外称其为"随行子女"。

根据《义务教育法》"就近入学"的要求，在具体操作中县或区教育局在市教育局的相关意见或通知等文件精神的指导下，按照公平、公开、就近入学原则，根据区域内学校建设情况、学校招生规模、住宅建设情况、适龄儿童和少年居住的情况制定小学、初中学区划分的方案（仲花，2014）。

3.6.2 医疗保障政策

我国医疗卫生服务的发展趋势是建立社会医疗保险制度，目前已经初步形成了以基本医疗保险（城镇职工基本医疗保险制度、城镇居民基本医疗保险制度、新型农村合作医疗制度）为主，辅以其他各种形式的补充医疗保险和社会医疗救助的多层次医疗保障体系的基本框架。

城镇地区职工参加城镇职工基本医疗保险；其他具有城镇户籍，但未纳入城镇职工基本医疗保险的人员，参加城镇居民基本医疗保险。这两类医疗保险以地级以上行政区（包括地、市、州、盟）为统筹单位，部分地区以县（市）为统筹单位，直辖市在全市范围内实行统筹。城镇职工基本医疗保险保障范围包括普通门、急诊和住院医疗，而城镇居民基本医疗保险仅涵盖住院医疗和门诊大病。本地就医需在统筹地区内定点医疗机构就诊，在统筹地区外就医属于异地就医。异地就医须事先在参保地医保经办机构登记备案（急诊患者需在就医后三天内备案），医药费先由个人全额垫付。农村居民参加新农村合作医疗，以县（市、区）为统筹单位。在统筹地区内定点医疗机构就诊，保障范围包括门、急诊和住院医疗。在统筹地区外就医属于异地就医。异地就医保障范围仅包括住院医疗，且须事先在参保地办理转诊（急诊住院患者需在就医后3天内备案），医药费先由个人全额垫付。

上海在2011年前实行外来从业人员综合保险，2011年取消，全部改为参加城镇职工医疗保险。主要保障的是住院医疗，门、急诊报销仅限个人医疗账户内的金额，用完即止。此外，小城镇基本医疗保险制度（镇保）是上海的地方特殊政策，参保人群为失地农民；具体做法为政府从征地补偿款中提取一部分资金一次性为其缴纳医疗保险，保障范围包括门、急诊和住院医疗。

目前实行的各类医疗保险制度的报销比例各不相同，同时由于我国各类医疗保险均实行属地化管理，因此，不同地区由于经济发展差异、其医疗报销比例也有所差异。在各地各类医疗保险制度设计中，均考虑了通过在不同等级医疗机构就诊设置差异化的报销比例，力求将就诊需求导向基层医疗卫生机构。此外，目前各等级医疗机构就诊的报销比例差额较小（同类医疗保险在各医疗机构等级间报销比例差额约为5%）。

不同层级的公立医疗机构，既呈现出以政府建设和指导，以社会医疗保险资金为运营基础，同时也不同程度地引入了市场化运营方式。调查了解到，无论在流出地案例还是流入地案例，镇、村两级医疗服务设施主要由政府建设，运营费用主要靠自筹；至于医护人员的工资，镇卫生院由财政拨款，村卫生室则由财政给予补助。2009年后根据国家发改委和卫生部的要求，在基层卫生服务机构实施基本药物零差率制度，同时对镇、村两级卫生服务机构给予财政补贴。对二级以上医院，以政府建设为主，运营经费及医护人员工资则实行自负盈亏模式。

3.6.3 养老准入政策

我国养老机构包括政府投资建设的公办养老机构和社会投资创办的养老机构。公办养老机构在农村地区主要是以"五保户"集中供养为主的敬老院。按照2010年《农村五保供养服务机构管理办法》，敬老院主要服务对象是农村地区五保（缺乏劳动能力、生活没有依靠的鳏、寡、孤、独者，实行保吃、保穿、保烧、保医、保葬）老人；在满足对当地农村五保供养对象集中供养需求的基础上，可以开展社会养老服务。

城市地区公办养老机构的入住条件尚没有全国统一的法律法规依据，目前主要服务对象是本地区的失能老人。部分城市制定了地方性管理法规，如《北京市公办养老机构入住及评估管理办法》，规定只有四类老人可以入住公办养老机构，包括政府供养保障对象、困境家庭保障对象、优待服务保障对象和计划生育困难家庭中失能或70周岁及以上的老年人。在满足了基本养老服务保障对象需求的情况下，若有空余床位也可以接收本市其他失能或高龄老人。

第 4 章 城乡基本公共服务供需的总体状况 （2000-2018）

4.1 基本公共服务供需总量

4.1.1 基本公共服务供给

1. 公共服务财政支出与多元化供给

（1）全国公共服务财政支出

从全国范围来看，相关研究普遍认为近年来我国公共服务财政支出保持上升趋势，并且占GDP比例明显上升（李文军，2012；姚静，2009）。市场化程度提高、城乡差距扩大以及税收供给能力的增强是驱动公共服务供给规模增长的主要变量（郭金秀，2010）；快速的城镇化进程是近年来影响中国公共服务规模扩大的最主要原因。快速的城镇化进程提高了人口密度，增加了城市公共品的需要，改变了传统保障机制，使越来越多的人纳入由国家和社会提供的保障网络，也使得政府的公共服务支出规模不断扩大（张德勇 等，2005；符军 等，2013；张权，2012）。但也有相关研究指出我国公共服务水平跟不上城市化发展速度，存在公共服务财政支出方面的较大缺口（蔡秀云 等，2012；张艳芳，2016）。一些研究进行了公共服务支出率的国际比较，认为目前我国公共服务占财政支出比例总体水平与其他国家相比仍处于相对较低水平（李永友，2011）。

部分国家与中国（2015 年）政府教育支出占国内生产总值的比重　　　　表 4-1

国别	韩国	芬兰	法国	德国	意大利	英国	中国
政府教育支出占国内生产总值的比重（%）	5.25	7.09	5.46	4.81	4.08	5.63	4.26

（资料来源：国外数据来自世界教育数据库（2015），中国数据来自 2016 年《中国统计年鉴》）

部分国家与中国（2014年）医疗支出占国内生产总值的比重   表 4-2

国别	韩国	芬兰	法国	德国	意大利	美国	中国
政府医疗支出占国内生产总值的比重（%）	7.37	9.68	11.54	11.3	9.25	17.14	5.56

（资料来源：国外数据来自世界宏观经济数据库（2014），中国数据来自2016年《中国统计年鉴》。）

根据《中国统计年鉴》对全国公共服务支出的总量分析[①]，2000年以来，我国公共服务供给财政支出一直保持上升趋势，从2000年的4254.45亿元上升到2018年的74805.11亿元，15年间增长了17.58倍。从总量规模而言，我国公共服务支出有了较大幅度的增长。

2000-2018年，随着人均GDP从7942元上升到66006元，财政支出占GDP比例从15.84%上升为24.03%，公共服务支出占GDP比例从4.05%上升为8.14%（图4-1）。这一增长趋势符合瓦格纳法则：一个国家的财政支出与本国工业发展正相关；随工业化进程人均国内生产总值的提高，财政支出占比也相应提高，其中公共服务供给规模的增长起到重要作用[②]。

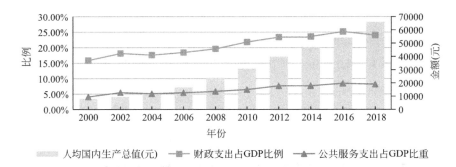

图 4-1　2000-2018年全国人均GDP、财政支出和公共服务支出关系

（资料来源：2001-2019年《中国统计年鉴》）

为了考察公共财政对公共服务的重视程度，需对公共服务支出占财政支出比例进行分析。2000年这一比例为26.78%，此后这一比例呈现缓慢、波折上升态势，到2018年这一比例达到最高值33.86%（图4-2）。其增长速度非常缓慢，显示出我国财政支出中的公共服务占比尚未得到显著提升。而在教育、医疗、社会保障方面财政支持力度不足，不利于民生的改善。

---

① 2007年，政府进行了收支分类改革，因此，该项统计中2000-2006年公共服务支出包括科教文卫支出和社会保障支出，2008-2015年包括教育、社会保障和就业以及医疗卫生支出。

② 1993年国民经济核算体系（1993SNA）中统计术语GNI取代GNP，2003年，我国开始采用1993SNA的标准称谓，统计术语GNP改用GNI，两数据的统计口径基本一致。

第 4 章 城乡基本公共服务供需的总体状况（2000-2018）

（2）地方公共服务财政支出

地方公共服务财政支出从2000年的2659.14亿元到2018年的71678.68亿元，增长了26.96倍，增长速度快于全国公共服务支出总体增速。2007年以后政府支出采用功能分类体系，地方公共服务支出占全国公共服务总支出比例保持在95%（图4-3）。突显了政府公共服务职能地方化的特点，亦即地方政府承担了绝大部分的公共服务供给责任。

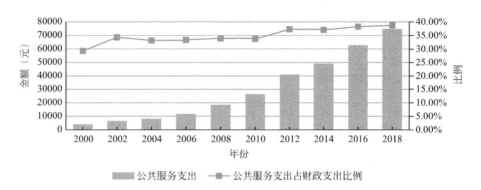

图 4-2 2000-2018 年全国公共服务支出及占财政支出比例

资料来源：2001-2019 年《中国统计年鉴》

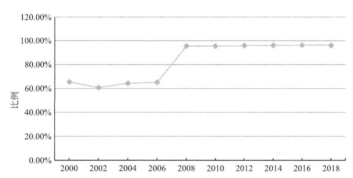

图 4-3 2000-2018 年地方政府公共服务支出占全国公共服务支出比例

资料来源：2001-2019 年《中国统计年鉴》

从地方政府服务公共支出来看，2007年，政府收支分类进行改革，从经费"性质"分类转向经费"功能"分类，这对地方公共服务支出数据统计有较大影响，导致了跳跃式上升。除此之外，2010年以前，地方公共服务支出占地方一般预算支出比例基本不变，且部分年份呈现下降态势。

根据马斯格雷夫经济发展阶段与公共支出比例的关系理论，随着经济发展的逐步推进，财政支出中用于教育、卫生、社会福利等公共服务支出比例应显著增加。但在我国经济快速发展过程中，2000-2010年地方政府公共服务支出与地方一般预算支出却保持着基本相同的增速,财政支出中公共服务特性并未得到显著加强,并不符合马斯格雷夫的理论。相关研究认为财政分权程度、地方政府竞争和转移支付制度是目前影响和制约政府公共服务支出占财政支出比例的重要因素(刘德吉,2011),尤其是以GDP为基础的官员考核模式使得即使在经济快速发展地区,增加的财政收入也被更多投向有利于短期增长的经济建设领域(傅勇 等,2007;刘德吉,2011)。因而,我国财政在经济事务方面的支出比例高,挤占了有限的财政资源,造成了地方财政支出结构"重经济建设、轻公共服务"的明显扭曲(宫晓霞,2011;王春元,2009;夏杰长 等,2007)。2010年以后,这一比例开始呈现缓步增长态势,从34.16%上升到38.09%,增长了近4个百分点,民生性支出比重提高体现出地方政府治理行为对公众需求偏好回应性逐渐增强的总体趋势(王天维,2018)(图4-4)。

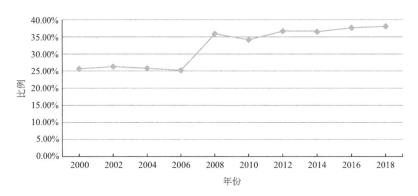

图4-4　2000-2018年地方政府公共服务支出占财政支出比例

资料来源:2001-2019年《中国统计年鉴》

(3)公共服务多元化供给

基础教育方面,2000-2018年,民办教育机构在小学和初中阶段的占比均呈现逐步上升态势,且初中阶段快于小学阶段,小学占比最高不足4%,初中占比最高在10%左右(图4-5)。说明目前基础教育阶段已出现多元化供给,但民间供给所占比重尚低。

从基础教育的教育经费来看,2000-2016年,政府财政性经费占教育总经费的比例总体呈现上升趋势,从76.39%增长为94.17%(图4-6)。体现出在基础教育多元化供给逐步形成的背景下,公共财政在基础教育经费中保持并不断加强其主导地位。

在医疗领域,我国多项医改文件都表明要支持民营医疗机构的发展,2005-2018年[①]我国公立医院数量呈下降趋势,而民营医院数则逐步上升,民营医院发展迅猛,占医院总数比例从2005年的17.22%上升为62.48%,民营医院数量已超过公立医院(图4-7)。

---

① 卫生部从2005年起根据医院经济类型,对公立医院和民营医院进行了独立统计,因此根据可获得数据,该项统计分析仅限于2005-2018年。

第 4 章 城乡基本公共服务供需的总体状况（2000-2018）

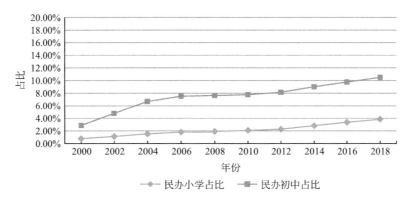

图 4-5 2000-2018 年全国民办教育机构在小学和初中阶段的占比

资料来源：2001-2019 年《中国统计年鉴》

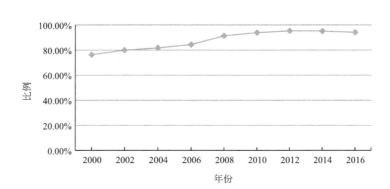

图 4-6 全国基础教育中政府财政性经费占教育总经费的比例

资料来源：2001-2017 年《中国教育经费统计年鉴》[①]

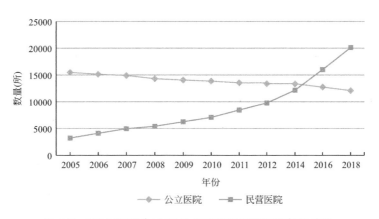

图 4-7 2005-2018 年全国公立医院和民营医院数量统计

资料来源：2006-2019 年《中国卫生和计划生育统计年鉴》

---

① 历年《中国教育经费统计年鉴》中缺少 2012 年数据，采用插值法获得。2006 年、2008 年、2010 年和 2012 年国家财政性教育经费单列，可直接获得。2000 年、2004 年国家财政性教育经费是由预算内事业性经费拨款、教育附加拨款和基建拨款汇总而得。

从床位数的公私比例来看,根据国际经验,以医疗保险筹资为主的国家,其公立医疗机构的床位比例一般在70%左右,以保持一定的市场活力和竞争性。2002—2018年,我国非公立医疗卫生机构床位数占比年增长率为29%,2012年达到17.21%(图4-8)。近年增长速度较快,且仍有较大增长空间。

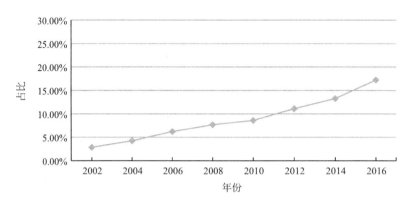

图 4-8　2002-2018 年全国非公立医院卫生机构床位数占比

资料来源:2003-2019 年《中国卫生和计划生育统计年鉴》

不同于九年免费义务教育,我国医疗卫生支出是由政府、社会、个人共同支付的。从医疗卫生经费来看,2000年,个人卫生支出近60%,而政府卫生支出不足16%,个人医疗卫生费用负担沉重。虽然政府加强了对医疗卫生事业的财政投入,2000-2016年,政府卫生支出比例持续增长,但从占比来看,2016年为30.01%,尚不足1/3,说明政府对医疗卫生事业的支持力度还有待加强。其间,来源于各类社会医疗保险的社会卫生支出快速增长,2012年已超过个人支出成为医疗卫生支出的主要来源,体现了社会医疗保障的快速发展,有效减轻了个人医疗卫生负担(图4-9)。

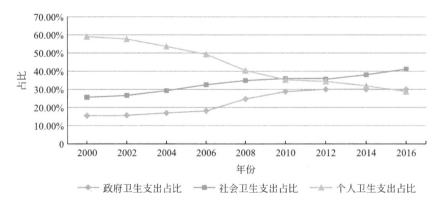

图 4-9　2000-2016 年全国医疗卫生费用支出来源

资料来源:2001-2017 年《中国卫生和计划生育统计年鉴》

养老服务方面，在经济体制改革和人口老龄化的双重推动下，政府积极鼓励社会力量介入养老服务领域，创办养老机构。《2016年度中国养老机构发展研究报告》指出2000年以来民办养老机构比例逐年提高，但在全国范围内民办养老机构占养老机构总数的比例尚未有确切统计。

2. 基本公共服务设施供给规模特征

2000年以来，全国基础教育设施呈现设施数量持续减少，设施规模扩大的趋势。2000-2018年，小学学校数降速显著，从55.36万所下降到16.18万所，小学单体规模快速扩大，每校平均容纳学生数从235人提高到639人（图4-10）。

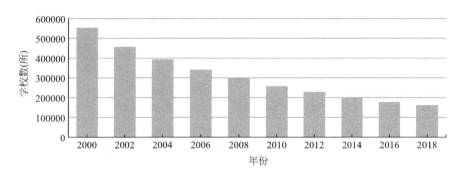

图 4-10　2000-2018年全国小学学校数

资料来源：2001-2019年《中国统计年鉴》

2000-2015年，初中学校数从6.27万所下降到5.2万所，初中单体规模经历着先升后降的过程，每校平均容纳学生数从979人降低到895人，变化幅度相对较小（图4-11）。

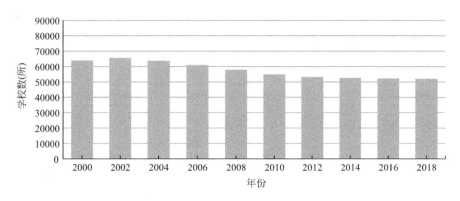

图 4-11　2000-2018年全国初中学校数

资料来源：2001-2019年《中国统计年鉴》

2000-2018年，医疗卫生机构总体呈现上升趋势，增速较慢，其中基层医疗机构在我国整个医疗卫生体系中的占比高达95%，涵盖了社区卫生服务中心（站）、乡镇（街道）卫生院、村卫生室以及门诊部。2003年，医疗机构数量大幅减少，主要是因为村卫生室数量减少所致。

医院在我国医疗机构营收占比达到78%，数量占比不足3%。2000年以来，医院数量与在医疗机构中的占比均稳步增长（图4-12~图4-14）。

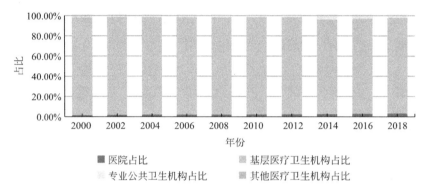

图4-12　2000-2018年全国各类医疗卫生机构占比

资料来源：2001~2019年《中国卫生和计划生育统计年鉴》

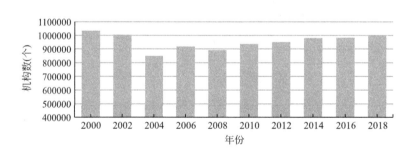

图4-13　2000-2018年全国医疗卫生机构数

资料来源：2001-2019年《中国卫生和计划生育统计年鉴》

图4-14　2000-2018年全国医院发展趋势

资料来源：2001-2019年《中国卫生和计划生育统计年鉴》

第4章 城乡基本公共服务供需的总体状况（2000-2018）

我国养老机构发展起步较晚，目前我国的养老模式主要分为家庭养老、机构养老和社区居家养老3种。随着人口老龄化以及家庭结构小型化的发展，传统的家庭养老模式已不能完全满足社会需要，养老机构和设施的供给得到广泛关注，2006年起民政部将养老服务作为社会服务专项进行统计。2006-2015年养老机构总体持续增加，在2014年以后的统计中，丰富了提供住宿的养老服务机构和设施的类型，包括养老服务结构、社区养老服务机构和设施、互助型养老设施、军队离退休干部休养所，因此，在2013-2014年养老机构数有了跳跃式增长（图4-15）。从养老床位的增速来看，增速基本维持在20%~40%范围。十二五期间，以9073[1]为目标，对养老床位数是有要求的，因此，养老床位增长较快，并在2015年，完成了千人床位数30张的目标。十三五期间，民政部将养老机构的发展重点转向提高养老院服务质量，养老机构数量从2014年起呈现逐步下降的趋势[2]（图4-16）。

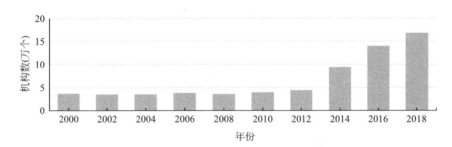

图 4-15　2000-2018年全国养老机构增长情况

资料来源：2001-2019年《中国统计年鉴》

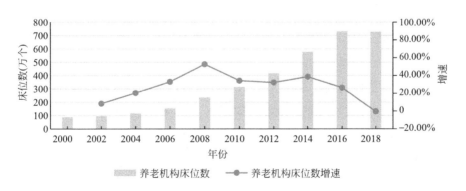

图 4-16　2000-2018年全国养老机构床位变化情况

资料来源：2001-2019年《中国统计年鉴》

---

[1] 9073是指中国的养老模式，其中90%由家庭自我照顾，7%享受社区居家养老服务，3%由机构代为照顾养老。
[2] 新华网．民政部：民营养老盈利能力困难，政府鼓励范围亟待扩容 [N/OL]. http://news.xinhuanet.com/fortune/2016-02/15/c_128718872.htm

3. 基本公共服务设施供给的空间特征

（1）设施供给量的空间变化

2000-2015年，在基础教育设施供给数量总体减少，单体规模增加的趋势下，小学变化比较显著。进一步从各省变化来看，中西部结合区域的小学数量减少趋势比较显著，西部地区的内蒙古、陕西、青海、四川和重庆，中部地区的山西、湖南、湖北，东部的浙江和江苏①减少比例均达到70%以上。西部地区的新疆、西藏、云南、广西、宁夏，中部地区的河南和东部地区的上海小学减少幅度相对较小，在50%以下。

小学单体规模的增长从全国各省变化来看，总体与设施数量减少的空间分布呈现负相关。但其中，西部地区的甘肃、贵州，中部地区的吉林、安徽，东部地区的辽宁以及海南的小学数量减少幅度达到50%~70%，单体规模增长不到一倍。西部地区的陕西、重庆，中部地区的湖北的小学数量减少幅度达到70%以上，而单体规模增长在1~2倍范围内。这意味着15年间这些省份的小学设施供给减少趋势显著。

经历了持续增长，当前小学单体规模各省比较来看，江浙沪地区的小学单体规模最大，平均达到每校1000人以上；其次是北京、广州和四川，达到每校750人以上；单体规模最小的是甘肃、青海、吉林和云南，平均每校不足350人。

在2000-2015年医疗卫生机构总体增长的趋势下，医院增长速度总体呈现东南快于西北的态势，增长速度最快的是东部地区的浙江、江苏和西部地区的贵州，增长速度最慢的是西部地区的青海、黑龙江、广西，中部地区的江西和东部地区的上海。同时期基层医疗卫生机构增长总体呈现北部地区快于南部地区的态势，增长速度最快的是西部地区的西藏和中部地区的河南、江西；增长速度最慢的是东部地区的上海、浙江、北京、天津和西部地区的云南。

2011年以前，民政局对于各省养老机构的统计公告仅限于五保服务供养单位，2011年以后，对于提供住宿的社会服务中对各省养老机构进行了单列统计，2011-2015年，除吉林省稍有降低（-1.24%）外各省养老床位均呈现增长态势，增长比例具有较大差异。其中西藏和江西养老床位增长不足20%，而西部地区的内蒙古、青海、甘肃、贵州和东部地区的河北、海南、福建增长超过200%。

（2）基本公共服务供给与人口分布的空间匹配——以基础教育设施为例

各省市基本公共服务设施数量变化体现了各地教育供给的整体变化状况，但从个体享有基本公共服务资源供给水平来看，将直接受到人口流动的影响，包括跨省

---
① 这里东部、中部、西部的分类是根据国家统计局对于全国三大地区的划分。

第4章 城乡基本公共服务供需的总体状况（2000-2018）

流动和省内流动。研究进一步以地市为基本空间单元，分析了各城市基本公共服务资源供给和人口分布的空间匹配格局。借鉴区位熵的方法，各个空间单元的区位熵是该空间单元内常住人口人均享有的基本公共服务资源与全国相应社会群体享有基本公共服务资源的比值。

$$LQ_j = (T_j/P_j)/(T/P) \qquad (4-1)$$

以基础教育的小学设施为例，其中 LQ_j 为 j 省的区位熵，T_j 为 j 城市内小学数，P_j 为 j 城市户籍人口数，T 为全国小学数总量，P 为全国总人口。如果一个城市的区位熵大于1，表明该城市内常住人口享有小学设施数量高于全国总体水平；反之，表明该城市常住人口享有小学设施数量低于全国的总体水平。

根据区位熵值，除去部分地区因数据难以获取而将区位熵设置为0以示区别外，共划分为6个等级，以考察基于区位熵分档的人均小学设施量的空间分布。统计检验表明，地域之间存在显著的跨省域边界的空间集聚现象，地域之间和省域内部均存在显著的差异（表4-3）。

针对常住人口的各地市基础教育供给区位熵分档和比例　　表4-3

区位熵分档	所占比例	区位熵值
极低	7.41%	0~0.33
较低	27.64%	0.33~0.67
中下	17.66%	0.67~1.00
中上	19.94%	1.00~1.50
较高	13.39%	1.50~2.00
极高	13.96%	>2.00

（资料来源：笔者根据数据分析自绘）

区位熵低于0.67的空间单元占比为35.05%，说明在这些空间单元中人均小学资源不到全国平均水平的2/3。主要分布在北部地区、东南沿海地区和部分中部地区。其中极低的空间单元占比为7.41%，区位熵值均小于0.33，说明在这些空间单元中，人均小学资源不足全国平均水平的1/3。大致可以分为4类：第一类是处于东南沿海的经济发达地区，包括环渤海湾地区、长三角地区、珠三角地区，由于地势平坦、人口密度高，有利于发挥公共设施的规模效应，也是小学单体规模较高的地区。同时经济发达，就业吸引力强，是主要人口流入地，大规模的人口流入提高了这些城市的常住人口规模；第二类集中在东三省地区，作为传统资源产业和重工业基地，随着本地资源枯竭和国家产业升级转型的影响，经济增长出现较大幅度的滑坡，公共财政紧张、人口老龄化和劳动力流失成为很多衰败的矿业城市的普遍现象，这类地区城市首位度非常显著，大量中小城市的地均基础教育资源远低于全国平均水平；第三类主要分布在内蒙古自治区、新疆维吾尔自治区和青海省北部，很多城市是民族自治地区，基础教育起点低，且基础薄弱，同时由于地域辽阔，特殊的自然环境条件形成了较多的分散教学点，统计中不纳入小学学校数计算；第四类集中在四川省东部、湖北省中部和湖南省北部地区，人口稠密且城市首位度高，2000-2015年间小学数量减少趋势比较显著，例如2015年成都小学设施的地均密度是全国均值的2.17倍，而人口密度则达到全国的8.45倍，因而区位熵显著低于全国平均水平。

区位熵高于1.5的空间单元占比为27.35%，说明在这些空间单元中人均小学资源是全国平均水平的1.5倍以上。主要分布在西部地区、西南地区和部分中部地区。其中极低的空间单元占比为13.96%，区位熵值大于2，说明在这些空间单元中，人均小学资源是全国平均水平的2倍以上。大致可以分为两类：第一类主要位于西藏自治区、云南省、新疆维吾尔自治区西部、青海省南部和四川省西部，地形复杂，以山地高原为主，由于特殊的自然条件限制，人口密度远低于全国平均水平。同时，由于国家对于西部民族自治地区的政策倾斜，在教育经费的投入和设施的地均密度方面有较强保障，因此，从常住人口人均享有基础设施规模来看高于全国平均水平；第二类主要位于甘肃省南部、河南省、贵州省和广西壮族自治区，从人口流动状况来看，这类城市人口外流趋势比较显著，劳动力流失严重。相对而言，在2000-2015年间，这些地区的小学数量减少幅度低于全国平均水平，保持了相对较高的地均设施密度。

除了地区间差异外，从各省内部来看也存在着显著差异，省会城市大部分为省内区位熵洼地，由于经济发展和就业机会的差异，使得省内流动人口向省会城市集聚，随着近年城镇化发展，人口跨省流动逐渐降低，省内人口流动频率和数量逐渐增加（段成荣，2020）。这一点在首位度较高的省份尤其显著，如沈阳（0.238）、成都（0.257）、厦门（0.564）等，对周边城市的人口吸引是这些城市区位熵值显著低于省内平均水平的主要原因之一；另一方面，省会城市相对较高的人口密度，以及较高的城市等级在建设中更强调规模效应，小学设施单体规模普遍较大。

从上述将常住人口分布纳入到基本公共服务设施供给的空间分布分析中，可以看到人口的流动深刻地影响了各地市基本公共服务设施供给的人均水平。进一步考虑到我国各地的公共服务政策准入阶段往往与户籍制度存在着紧密的联系，不同地区、不同等级的城市存在巨大差异，从各地市常住人口和户籍人口所享受的人均公共服务设施资源的差异，可以看到流动人口所产生的影响，以及流动人口所能享受到的设施水平。因此，研究进一步以地市为基本空间单元，分析了各城市基本公共服务资源供给和户籍人口分布的空间匹配格局。借鉴区位熵的方法，各个空间单元

第4章 城乡基本公共服务供需的总体状况（2000–2018）

的区位熵是该空间单元内户籍人口人均享有的基本公共服务资源与全国总人口享有基本公共服务资源的比值。

$$LQ_j = (T_j/P_j) / (T/P) \qquad (4-2)$$

以小学设施代表基础教育资源供给为例，其中 LQ_j 为 j 省的区位熵，T_j 为 j 城市内小学数，P_j 为 j 城市户籍人口数，T 为全国小学数总量，P 为全国总人口。如果一个城市的区位熵大于1，表明该城市内户籍人口享有小学设施数量高于全国总体水平；反之，表明该城市户籍人口享有小学设施数量低于全国的总体水平。

与常住人口的分析一样，根据区位熵值，除去部分地区因数据难以获取而将区位熵设置为0以示区别外，共划分为6个等级，以考察基于区位熵分档的户籍人口人均小学设施量的空间分布。统计检验表明，地域之间存在显著的跨省域边界的空间集聚现象，地域之间分布格局与常住人口的人均基础教育资源分析类似，但整体而言，差异缩小并趋于扁平化。省域内差异缩小，大部分省份省会城市与一般地级市的差异相比常住人口而言显著缩小（表4-4）。

针对户籍人口的各地市基础教育供给区位熵分档和比例 表4-4

区位熵分档	所占比例	区位熵值
极低	4.93%	0~0.33
较低	29.86%	0.33~0.67
中下	20.28%	0.67~1.00
中上	24.64%	1.00~1.50
较高	12.17%	1.50~2.00
极高	8.12%	>2.00

（资料来源：作者根据数据分析自绘）

从整体而言，户籍人口人均基础教育资源的区位熵值域相对常住人口更趋于扁平化，处于区位熵值两端的部分缩小，而区位熵处于中位的空间单元（区位熵值0.67~1.5）从37.6%上升为45.06%，说明如果依据户籍人口分配，有近一半的空间单元人均基础教育资源临近全国平均水平（全国平均水平的0.67~1.5倍之间），而如果依据常住人口而言，这一比例仅略高于2/3，进而说明目前人均基础教育资源与户籍人口的空间匹配高于与常住人口的空间匹配。

相对于常住人口而言，户籍人口人均基础教育资源的区位熵增加主要是两类地区：一类是集中在环渤海湾地区、长三角地区、珠三角地区，尤其体现在珠三角地区的东莞、中山、深圳、佛山等城市，这些城市按户籍人口而言人均基础教育资源在全国均值附近,但外来人口比例高,对城市的基础教育设施形成了巨大的冲击;第二类是省会城市,尤其是位于中部地区和东部地区的省会城市如西安、郑州、长沙、哈尔滨等,这些城市作为地区中心,在区域人口外流的趋势下,作为省内流动的主要目的地,具有相当规模的流动人口,但两类区位熵值差异没有第一类地区显著,说明流动人口在这些城市更易获得均等的基础教育资源。

区位熵下降的地区与常住人口区位熵值较高的第二类地区重合度非常高,主要位于甘肃省南部、河南省、贵州省和广西壮族自治区,这类城市人口外流趋势显著,劳动力流失严重,但外流的人口大部分呈现周期性的流动状态,仍保留了原始户籍。而且从户籍人口看,这些城市的人均基础教育设施区位熵仍然略高于全国平均水平,说明这类地区户籍人口是基础教育设施配置中的主要参考依据。

4.1.2 基本公共服务需求

1. 人口特征变化与基本公共服务需求的转变

(1)人口结构变化使基础教育需求持续减少,养老需求快速上升

由于计划生育政策、农村人口流动和婚育观念的转变,我国学龄人口经历了持续减少到缓步增长的过程,最低点为2014年的9107.1万学龄人口,其后逐步增加(图4-17),学龄人口的增减直接体现在对于基础教育设施数量的需求。全国2000-2018年间适龄的小学生和初中生人数经历了先大幅下降后缓步上升的过程,在校小学生人数从1.3亿人下降到1.03亿人,最低点为2014年的9451.065万人。在校初中生的人数从6167.6万人下降到4652.58万人,最低点为2016年的4329.368万人(图4-18)。

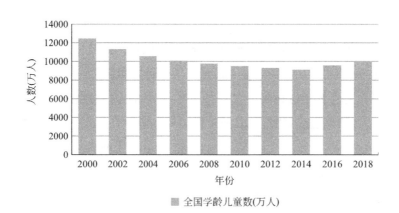

图4-17 2000-2018年全国学龄儿童数

资料来源:2001-2019年《中国教育统计年鉴》

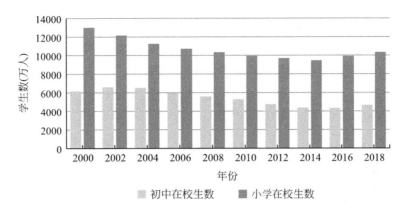

图 4-18　2000-2018 年全国初中和小学在校学生数

资料来源：2001-2019 年《中国教育统计年鉴》

同时，我国老龄人口比重持续上升，65 岁以上老年人口数量不断增长。根据国家统计局人口普查与抽样调查，2000 年为 8821 万人，占比仅为 6.96%；2005 年突破 1 亿人，占比为 7.69%；2015 年为 14386 万人，占比达到 10.47%。15 年间 65 岁以上老龄人口占比增长了 3.51%。人口老龄化程度的持续加深，必然激发对养老服务设施的巨大需求。

（2）消费观念的转变激发了基本公共服务需求的增长

党的十九大提出我国经济转向高质量发展阶段，要求坚持质量第一、效益优先，实质上都是社会主要矛盾变化后带来的必然变化和内在要求，不平衡、不充分的发展就是发展质量不高的表现。人们美好生活需要的增长不仅有数量的要求，更重要的是质量、品位、层次的要求，人们对于基本公共服务的需求从"有没有"转向"好不好"。我国基础教育方面的公共服务需求不断增长。随着义务教育的普及，城乡居民追求优质教育的热情不断高涨，私立学校、学前教育、课外辅导等需求旺盛。据零点公司的调查，北京、上海、广州等八大城市中家庭子女教育支出的比重占家庭总收入近 1/3。与城镇地区类似，我国农村家庭子女教育花费不到城市家庭的 1/2，但占据了家庭总收入开支中的最高项，单个子女教育支出年增长率已连续两年超过两成（吴庆才，2006），对于教育质量的追求已成为当前中国家庭最为重要的消费支出之一。

在医疗方面，随着生活水平的上升，人们对于自身的健康情况越来越关注。2002-2018 年，我国医疗机构诊疗人次数持续增长，从 39.91 亿人次增长到 83.08 亿人次，年增长率为 9%。从各类医疗卫生机构的诊疗人次数变化趋势来看，医疗卫生机构等级越高，诊疗人数增长速度越快（图 4-19）。其中，去医院就诊的人次数增长速度最为迅速，从 2012 年的 12.43 亿人次上升到 2015 年的 30.84 亿人次，年增长率为

12%。诊疗人次数的快速增长，以及向高等级医疗卫生机构集中的趋势体现了人们对于医疗设施数量以及质量不断增长的需求。

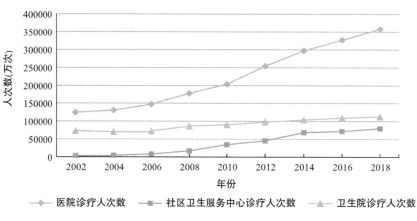

图 4-19　2000-2018 年各级医疗机构诊疗人次数

资料来源：2002-2018 年《中国卫生和计划生育统计年鉴》

在养老服务方面，受传统观念影响，居家养老是我国绝大多数老年人选择的养老方式。随着城镇化发展、大规模人口流动以及家庭结构核心化的影响，家庭照料功能弱化，城市的空巢老人和农村的留守老人问题日益严重，社会对于机构养老和社区养老的认同度不断提升，社会养老需求急剧上升。与高涨的需求相悖的是，全国养老机构空置率高达48%（吴玉韶　等，2015），"一床难求"和养老公寓空置率较高现象，在一些城市同时存在。一方面，市内的公办养老机构"一床难求"，排队等床现象广泛存在；另一方面，一些相对高端或者条件较差的养老公寓却入住率偏低。

2. 基本公共服务需求的空间特征

（1）人口流动影响下基本公共服务潜在需求的变化趋势

基本公共服务源于人的需求，其空间变化特征与人口的分布变化具有紧密联系。2000-2015年，人口增长幅度最高是东部沿海地区和西部地区，东部沿海人口增长集中在京津冀地区、长三角流域和珠三角流域，其中北京、上海、广州、深圳4个特大城市增幅达到59.95%、47.20%、35.8%、62.34%，且表现出显著溢出效应，其周边城市人口增长幅度显著高于同省市的其他城市。西部地区的新疆、西藏和青海由于较高的人口自然增长，相对较低的人口流出，因而保持较高的人口增长速度。

人口增幅最低的集中于两个区域，一个位于安徽西部、河南省和湖北省交接处，与西部地区的四川省东部和贵州省东部形成了连续区域；另一个集中于内蒙古东部

第4章 城乡基本公共服务供需的总体状况（2000-2018）

和东三省区域，考虑到全国平均6.12%的人口增幅，这些城市实际人口机械增长处于负值，人口外流趋势显著。总体来看，呈现人口向东部沿海地区聚集，西部地区稳定增长，而人口向外扩散的现象在中部地区和东北区域大部分省份较为普遍，这一现象也代表了基本公共服务潜在需求的空间变化趋势。

（2）基本公共服务实际承载量与人口分布的空间匹配——以基础教育设施为例

人口分布的空间格局变化代表了基本公共服务需求变化的潜在趋势，但基本公共服务的实际获取会受到多方面因素的制约和影响，到底各个城市实际承载的公共服务需求是多少？对此，研究进一步分析了各城市基本公共服务的实际承载量与人口之间的空间匹配。以2015年基础教育为例，各城市小学阶段在读学生人数代表该城市基础教育的实际承载量。借鉴区位熵的研究方法，分析基础教育的实际承载量和常住人口分布的空间匹配格局。区位熵是一定地域范围内常住人口人均享有的学位数与全国人均享有学位数的比值。

$$LQ_j = (T_j/P_j)/(T/P) \qquad (4-3)$$

式中LQ_j为j城市的区位熵，T_j为j城市内小学阶段在读学生人数，P_j为j城市中户籍人口的数量，T为全国小学阶段在读学生数，P为全国总人口。如果一个城市的区位熵大于1，表明该城市常住人口人均享有学位数高于全国整体水平；反之，表明该城市常住人口人均享有学位数低于全国整体水平。

根据区位熵值，采用ARCGIS的Manual分类断点设置为0、0.67、1和1.2，除极少数城市因数据难以获取而将区位熵设置为0外，将不同省份划分为四档，区位熵较低的城市区位熵少于0.67，说明这些城市常住人口人均享有学位数不足全国平均水平的2/3。这些城市主要分布在长三角区域、京津冀地区、东北地区和内蒙古北部。可分为两类地区，一类主要集中在长三角和京津冀地区，例如上海、北京、天津等，这些城市同样也属于2000-2015年常住人口增幅最高的地区。这些城市经济活跃、就业吸引力强，积累了较高的常住人口规模，然而较低的区位熵说明这些城市小学阶段在读学生数的增长速度远低于常住人口的增速；即使考虑到全国人均学位数下降的基础，其人均学位数的降幅要高于全国平均水平，说明基础教育的需求并未完全跟随人口流动在流入地得到满足，相当部分流动人口的子女并未跟随其进入城市就读；另一类主要集中在东北地区和内蒙古北部，这些城市在2000-2015年常住人口负增长或增长缓慢，而其小学阶段在读学生数的下降速度高于全国平均水平，体现了这些城市可能存在显著的人口结构变化和生源外流。

而区位熵较高的城市区位熵值大于1.2，说明这些城市中常住人口人均享有学位数达到全国平均水平的1.2倍以上。这些城市主要分布在黄河中游、西南地区和西部边疆地区。其中黄河中游、西南地区的城市包括河南省以及与其相邻的河北省南部、山东省西部和安徽省西北部的城市，江西省、贵州省、云南省东部和广西壮族自治区北部城市，这些城市在2000-2015年期间常住人口增速缓慢，人口外流趋势显著，但较高的区位熵说明这些城市小学阶段在读学生数的下降速度慢于人口外流速度，说明基础教育的需求并未完全跟随人口流动离开，相当部分流动人口的子女仍然留在这些城市就读。西部边疆地区区位熵较高的城市包括新疆维吾尔自治区西部、青海省南部以及西藏自治区的大部分城市，这些城市自然增长率较高，人口稳定增长，且年龄结构较年轻化。

4.1.3 基本公共服务供需总量特征

1. 城乡基本公共服务供给制度实现了转型，供给水平显著提高

总体来看，我国城乡基本公共服务供给制度实现了从"单位制"向社会化的转型，政府财政性经费在基础教育中占据绝对主导地位，各类社会医疗保险的保障资金逐步成为医疗卫生支出的主要来源。与此同时，公共服务支出有了较大幅度的增长，供给水平显著提高，地方政府承担了绝大部分的基本公共服务供给责任，而中央政府则通过加大转移支付力度创造地方政府财力与事权相匹配的条件。

2. 公共服务的财政投入与快速增长的公共服务需求存在矛盾

在供需的总量层面，虽然公共服务财政支出持续增长，但从财政支出结构来看，无论是全国财政总量层面还是地方政府财政支出层面，公共服务支出占财政支出比例增速均较缓慢，财政支出中公共服务的比重显著不足。与此同时，基本公共服务需求正处于全面快速增长阶段，两者增速的不匹配是当前我国公共服务供需矛盾的首要特征。

3. 各类基本公共服务设施的供需关系与市场化程度各不相同

从供需关系和市场化程度来看，各类基本公共服务设施呈现出差异化发展特征。对基础教育设施数量规模的需求呈现逐步降低趋势，因此相应的供给规模呈现逐步收缩态势。医疗设施数量规模供给的增长与需求增长则基本相同。目前，这两类基本公共服务设施从总体规模来看已基本满足数量需求，其需求重点转向了对优质资源的追求，这也是教育医疗领域多元化供给发展的重要动力之一。相对而言，由于基础教育无论在政府战略或公众认知中都属于公共物品，因此，在基础教育多元化供给逐步形成的背景下，公共财政的主导地位不断加强。在医疗卫生领域，从公私医疗卫生设施和医疗卫生服务两组数据可以看到，虽然近年市场化供给增长迅猛，

第4章 城乡基本公共服务供需的总体状况（2000-2018）

民营医院与公立医院数量相近，但诊疗人次数却相差甚远，可见民营医院的市场竞争力并没有随着数量的增加而提升。在养老方面，近十年来对养老服务设施数量规模的需求快速增长，由于发展起点低，目前供给的总体数量规模尚且不足，但同时研究发现养老服务设施存在着高空置率的问题；对总体规模不足与高空置率的矛盾，需要在进一步的案例研究中加以探究。

4.2 基本公共服务供需的城乡比较

4.2.1 城乡间基本公共服务供给差异

由于公共服务供给二元体制的存在，长期以来，我国城乡基本公共服务供给一直存在明显的差异。

1. 基础教育设施

从总体来看，2000-2018年，小学阶段生均预算内教育事业费年度增长相对比较平稳，基本在20%-30%之间，2014年以后增幅较小，不到10%。初中阶段整体呈现倒U型，年度起伏较大，2008年增长率最高达到35.75%。

从城乡关系来看，2000年农村地区显著低于全国平均水平，初中阶段为全国平均水平的78%，小学阶段为全国平均水平的84%。其后政府加大了对农村基础教育事业的投入力度，2005年国务院发出《国务院关于深化农村义务教育经费保障机制改革的通知》；2006年初通过的《中华人民共和国义务教育法（修订案）》提出要合理配置义务教育资源，经费投入要向农村学校和城市薄弱学校倾斜。这些政策和法律为我国城乡基础教育的均衡发展提供了保证，从生均年度支出增长率来看，大部分年度农村都高于全国平均水平，基础教育事业的城乡差异逐渐缩小（图4-20、图4-21）。

从城乡基础教育设施配置来看，在全国小学和初中教育设施总量减少的趋势下，乡村地区的数量减少幅度更为显著，18年间持续减少，总计减少了79.42%的乡村小学、62.4%的初中。这与2001年开始在全国推行的农村地区中小学"撤点并校"政策密切相关。该项政策目标是整合农村教育资源、降低生均教育成本。但实施和操作中的不当，造成校车安全隐患、上学难、辍学率回升等问题，该项政策在2012年被叫停。2010年前城市和县镇地区小学数量均持续降低，初中数量城市地区小幅降低，县镇地区则先降后升；2010年以后城市、县镇小学和初中数量进入缓步增长趋势（图4-22、图4-23）。

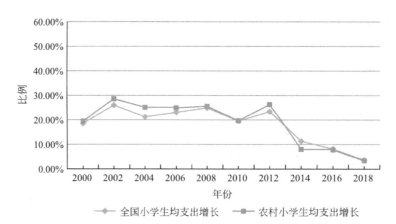

图 4-20　2000-2018 年小学阶段生均预算内教育事业费年度支出状况

资料来源：2000-2018 年《全国教育经费执行情况统计公告》

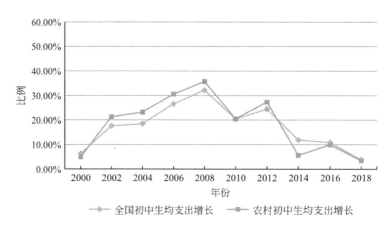

图 4-21　2000-2018 年初中阶段生均预算内教育事业费年度支出状况

资料来源：2000-2018 年《全国教育经费执行情况统计公告》

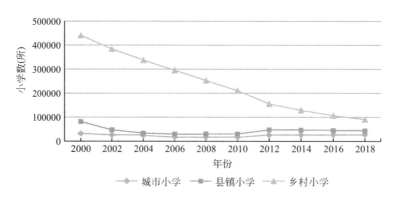

图 4-22　2000-2018 年城市、县镇、乡村小学数量变化

资料来源：2001-2019 年《中国统计年鉴》

第 4 章 城乡基本公共服务供需的总体状况（2000-2018）

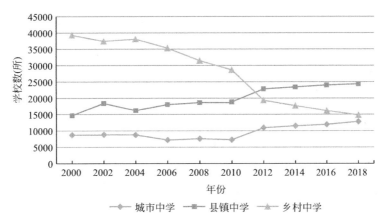

图 4-23　2000-2018 年城市、县镇、乡村初中数量变化

资料来源：2001-2019 年《中国统计年鉴》

2. 医疗卫生设施

从医疗卫生服务来看，我国城乡人均医疗卫生费用[①]差异非常显著。2000 年城市人均医疗费用为 812.95 元，而农村仅 214.9 元，前者是后者的 3.78 倍。虽然其后城乡人均医疗费用比值逐步下降，到 2014 年下降到 2.51 倍，但绝对差距却逐渐增加，达到 2146.1 元（图 4-24）。从城乡医疗资源来看，城市地区无论是每千人口的床位数还是卫生技术人员数均高于农村地区[②]，并具有较快的增长速度，城市医疗资源优势显著（图 4-25、图 4-26）。

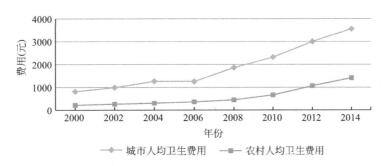

图 4-24　2000-2014 年城乡人均医疗卫生费用

资料来源：2001-2015 年《中国卫生和计划生育统计年鉴》

---

① 根据《中国卫生和计划生育统计年鉴》统计标准，城市包括直辖市区和地级市辖区，农村包括县和县级市。2016 年起未对城乡人均医疗卫生费用进行分开统计，因此，城乡人均医疗卫生费用统计分析仅限于 2000－2014 年。

② 在对城市和农村地区的历年数据统计中，未对 2002 年城乡卫生技术人员进行统计。2006 年前后对床位统计口径有所差异，因此城乡医疗机构床位统计分析仅限于 2006－2018 年。

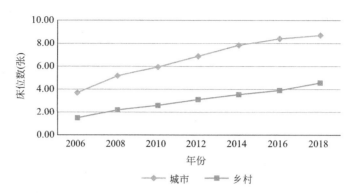

图 4-25　2006-2018 年每千人口医疗卫生机构床位数

资料来源：2001-2013 年《中国卫生和计划生育统计年鉴》

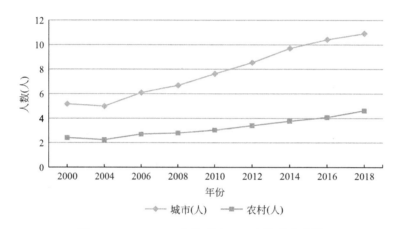

图 4-26　2000-2018 年每千人口卫生技术人员数

资料来源：2001-2013 年《中国卫生和计划生育统计年鉴》

3. 基本养老设施

从养老设施供给来看，2000-2016 年间，城镇地区养老机构经历了持续减少后 2008 年开始缓步增加，乡村地区养老机构数在不断增加后 2012 年开始大幅下降（图 4-27）。但与此同时，2012 年前，城乡地区床位总量均呈现增长趋势，农村地区养老机构床位数的增长幅度显著高于城市地区，城市地区 2008 年后增长速度有所加快，而农村地区在 2012 年后开始减少（图 4-28）。从养老机构的单体规模来看，城乡地区均呈现持续增长趋势；相对而言，城镇养老机构单体规模大于农村地区，并且两者差距不断扩大（图 4-29）。

第 4 章　城乡基本公共服务供需的总体状况（2000-2018）

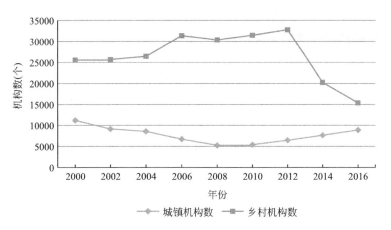

图 4-27　2000-2016 年城乡养老机构数量

资料来源：2001-2017 年《中国民政统计年鉴》

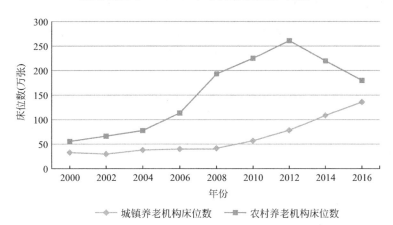

图 4-28　2000-2016 年城乡养老机构床位总数

资料来源：2001-2017 年《中国民政统计年鉴》

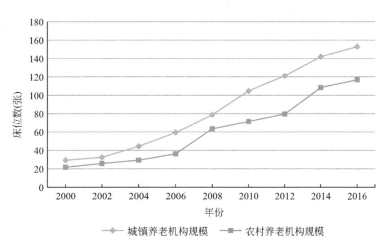

图 4-29　2000-2016 年城乡养老机构平均床位数

资料来源：2001-2017 年《中国民政统计年鉴》

4.2.2 城乡间基本公共服务需求格局发生转变

对于人口流动的研究表明,人口城乡迁移以农村向城镇迁移为主(冯邦彦,2010),且流动人口在流入地省份主要向城镇体系顶端城市(尤其是城区人口在"300万以上"的城市)集中,而在流出地省份则主要向城镇体系的末端城镇(尤其是县城和乡镇)集中(陈晨,2019)。流动人口在城镇体系的聚集特征使得城乡间的基本公共需求发生了相应的转变。

1. 基础教育设施

从城乡中小学在校人数变化趋势来看,城市和县镇地区总体均呈现持续增长趋势,镇区前期增速较快,2012年后趋于缓步增长;城市地区前期增长较缓,2010年后进入快速增长阶段;而乡村地区无论是小学还是初中均呈现持续下降趋势(表4-5)。城市、县镇、乡村小学阶段在校人数比例从2000年的14%:21%:65%转变为2018年的36%:38%:26%;初中阶段在校人数比例从2000年的17%:34%:49%转变为2018年的36%:50%:14%(图4-30、图4-31)。初中和小学阶段学生分布均明显呈现出乡村向城镇集聚的趋势,尤其在初中阶段镇区学生数已占据半壁江山,而乡村地区学生数则从半数下降至不足1/6。

2000-2018 城市、县镇、乡村小学和初中学生在校人数(单位:万人)　　表4-5

年份	2000	2002	2004	2006	2008	2010	2012	2014	2016	2018
城市小学生	1817	1721	1831	1604	1804	1820	2688	2943	3267	3722
镇区小学生	2693	2294	2036	2432	2602	2770	3355	3458	3754	3951
乡村小学生	8504	8142	7379	6676	5925	5350	3652	3050	2892	2666
城市初中生	1035	1118	1121	951	1068	1059	1441	1469	1489	1692
镇区初中生	1705	2377	2201	2431	2447	2434	2348	2167	2173	2312
乡村初中生	3429	3109	3205	2576	2070	1787	974	748	667	648

(资料来源:2001-2019年《中国统计年鉴》)

从学校单体规模来看,城乡小学和初中的变化趋势有所差异。2010年以前,城市、县镇的小学单体规模均处于快速增长阶段,乡村小学的单体规模变化不显著;2010-2012年,城市、县镇小学和初中容纳规模急剧减少,可能是2012年叫停"撤校并点"政策所引发各地政府短期政策性行为;2012年以后进入缓慢增长态势(图4-32)。而初中单体规模城市和镇区均为先升后降,镇区下降更为显著,乡村地区持续降低(图4-33)。

第 4 章 城乡基本公共服务供需的总体状况（2000-2018）

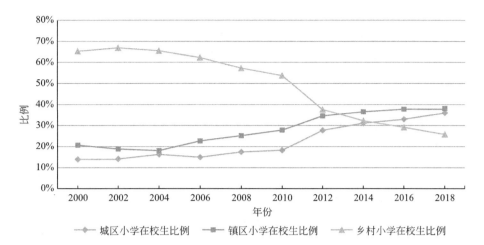

图 4-30　2000-2018 年小学阶段城市、县镇、乡村学生比例变化

资料来源：2001-2019 年《中国统计年鉴》

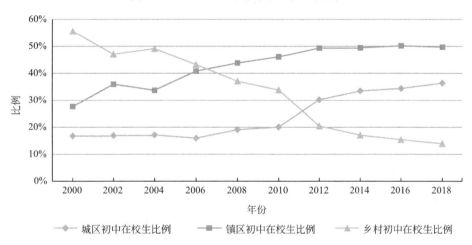

图 4-31　2000-2018 年初中阶段城市、县镇、乡村学生比例变化

资料来源：2001-2019 年《中国统计年鉴》

根据国家教育部规定，小学班额应控制在45人以下，初中班额应控制在50人以下。对2018年的班额情况分析发现，城区和镇区小学中45人以上班级分别为44.76%和36.22%，城镇小学大班化现象十分显著。而乡村小学中，44.79%的班级是25人以下，达到45人及以上班级不足10%，小学阶段城乡班额差异非常显著。初中阶段城镇和乡村地区的班额情况较为接近，55人以上班级分别是城区小学为8.78%、镇区小学为9.55%和乡村小学为5.2%[1]，随着初中阶段城乡学校单体规模的下降，大班化现象也不断减少（表4-6）。

---

[1]　教育部统计数据班额划分标准为25人以下、26~35人、36~45人、46~55人、56~65人、66人以上，未对46~50人和51~55人进行独立区分统计。

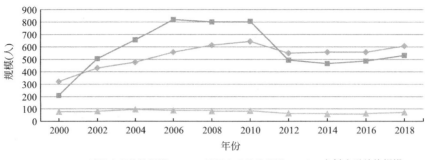

图 4-32　2000-2018 年城市、县镇、乡村小学规模变化

资料来源：2001-2019 年《中国统计年鉴》

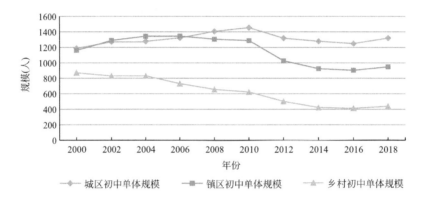

图 4-33　2000-2018 年城市、县镇、乡村初中规模变化

资料来源：2001-2019 年《中国统计年鉴》

2018 年城乡小学和初中班额分布情况　　　　　　　　　　　　　　　表 4-6

	班额	城区	镇区	乡村
初中阶段	班额在25人及以下的班数（个）	10670	8437	7258
	班额为26~35人的班数（个）	30305	32338	20150
	班额为36~45人的班数（个）	95946	121267	50051
	班额为46~55人的班数（个）	195453	279016	63781
	班额为56~65人的班数（个）	28921	44081	7351
	班额在66人及以上的班数（个）	3054	2491	400
小学阶段	班额在25人及以下的班数（个）	32325	85493	440733
	班额为26~35人的班数（个）	78218	125578	233515
	班额为36~45人的班数（个）	347345	389023	217397
	班额为46~55人的班数（个）	283383	262321	79896
	班额为56~65人的班数（个）	79863	74262	11723
	班额在66人及以上的班数（个）	7836	4250	743

资料来源：2001-2013 年《中国统计年鉴》

2. 医疗卫生设施

2004-2018年间，对于各等级医疗机构就诊人次数可以看到医院、社区卫生服务中心门、急诊占比呈现持续增长态势，而乡镇卫生院、村卫生室的就诊占比则呈现持续下降态势，街道卫生院就诊比例低且变化较小（图4-34）。可见从实际医疗就诊来看，城市地区比例大幅提高，而乡村地区实际就诊人数不断减少，以医疗就诊需求向城区集中的趋势十分显著。

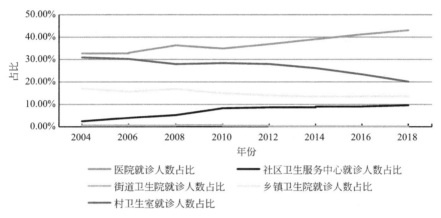

图4-34 2004-2018年医院和乡镇卫生院就诊人次数占比情况

资料来源：2003-2019年《中国卫生统计年鉴》

3. 基本养老设施

在我国老年人口持续增长的总体情况趋势下，城市地区收养老人增速相对平缓，而2012年以前，农村地区收养老人的增长速度则呈现快速上升态势，2012年后开始下降（图4-35）。城乡养老机构中收养老人比例从2000年的1∶1.78上升到2012年达到最高1∶4.45，2014年下降为1∶2.7。

在养老需求快速增长的同时，我国养老机构总体而言空置率较高，城市地区空置率高于农村地区，并且呈现持续上升态势。农村地区养老机构空置率起伏较大，2008年以前逐步下降，但到了2008年以后空置率不断上升（图4-36）。

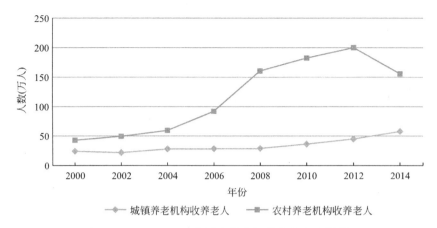

图 4-35　2000-2014 年城乡养老机构收养老人数量

资料来源：2001-2015 年《中国民政统计年鉴》

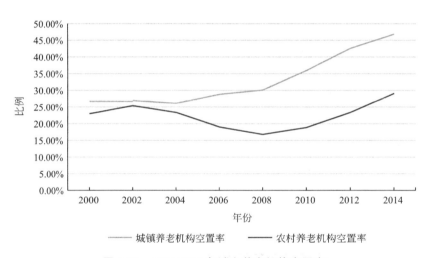

图 4-36　2000-2014 年城乡养老机构空置率

资料来源：2001-2015 年《中国民政统计年鉴》

4.2.3　基本公共服务供需的城乡差异化特征

1. 教育、医疗服务需求向城镇集中

从上述对城乡基本教育和医疗服务的需求和利用状况分析来看，两类服务均呈现向城镇集中的趋势。在医疗服务供给方面，无论是人均医疗经费还是设施和技术人员，城镇地区显著的医疗资源优势显然是吸引医疗服务需求的动力。但从基础教育服务来看，以财政支出为主导的生均教育经费方面差距已经逐步缩小；经费的均等化理应减少城乡间生源迁移现象，而实际中小学生源向城镇集中现象非常显著。

第 4 章　城乡基本公共服务供需的总体状况（2000–2018）

同时研究还发现乡村学校数量规模收缩快于城镇地区，但乡村小学平均学生数却增长缓慢，初中平均学生数甚至持续下降；而城镇地区小学以及城市的初中平均学生数则远高于乡村地区，并保持持续增加态势，大班化现象显著。就上述分析结果看，城乡间教育设施的质量差异可能是教育服务需求向城镇集中的主要动因。目前仅有宏观统计数据，尚缺乏该方面的实证资料，需要通过案例研究加以进一步辨析。

2. 养老服务供需快速增长，农村地区是增量重点

我国当前无论是城市还是农村，养老服务供需均进入快速增长阶段。不同于教育和医疗服务向城镇聚集的趋势，养老服务人口尚未发现城乡迁移的现象。至少目前农村地区是养老设施供给与需求增长的重点地区。至于城市地区，在老龄化程度和老龄人口不断攀升的情形下，养老设施的空置率却持续上升，究竟是供过于求还是另有原因，需要结合案例研究来回答。

4.3 人口流动典型地区的基本公共服务供需分析

4.3.1 人口流动典型地区的基本公共服务供给

1. 公共服务财政支出与转移支付

从全国主要人口流入/流出地区公共服务支出指标来看，各地公共服务支出占地方一般预算支出比例差异并不显著；相对而言人口流入地区该项指标略低于全国平均水平，而人口流出地区则略高于全国平均水平（表4-7）。

2000年和2018年主要人口流出/流入地区地方一般预算支出和公共支出　　表4-7

地区		2000年			2018年		
		一般预算支出（亿元）	公共支出（亿元）	公共支出占一般预算支出比例	一般预算支出（亿元）	公共支出（亿元）	公共支出占一般预算支出比例
主要人口流入地区	广东	1080.32	212.20	19.64%	15729.26	5708.43	36.29%
	江苏	591.28	161.62	27.33%	11657.35	4217.43	36.18%
	浙江	431.30	111.19	25.78%	8629.53	3113.6	36.08%
	上海	608.56	123.14	20.23%	8351.54	2321.49	27.80%
	北京	443.00	93.08	21.01%	7471.43	2351.25	31.47%
	福建	324.18	85.05	26.24%	4832.69	1834.91	37.97%

续表

地区		2000年			2018年		
		一般预算支出（亿元）	公共支出（亿元）	公共支出占一般预算支出比例	一般预算支出（亿元）	公共支出（亿元）	公共支出占一般预算支出比例
主要人口流出地区	四川	452.00	114.49	25.33%	9707.50	3986.84	41.07%
	江西	223.47	64.67	28.94%	5667.52	2400.94	42.36%
	安徽	323.47	84.95	26.26%	6572.15	2695.03	41.01%
	河南	445.53	121.69	27.31%	9217.73	3892.07	42.22%
	湖北	368.77	105.30	28.55%	7258.27	2813.38	38.76%
	湖南	347.83	90.88	26.13%	7479.61	2909.39	38.90%
全国		10454	2659.14	25.44%	188196	71678.68	38.09%

资料来源：2001年和2019年《中国统计年鉴》

进一步分别测算中央对主要人口流入地区和流出地区的净转移，发现两类地区具有较大差异。对比2000年和2018年数据可以发现，主要人口流入地区获得中央净转移比例普遍降低，而主要人口流出地区则普遍升高（图4-37）。与此同时，主要人口流出地区中央净转移占地方一般预算支出比例显著高于主要人口流入地区，并且在2000-2018年间两类地区差异进一步扩大，截至2012年，主要人口流出地区该项指标普遍高于40%，而主要人口流入地区除福建省外均降低至15%以下（图4-38）。

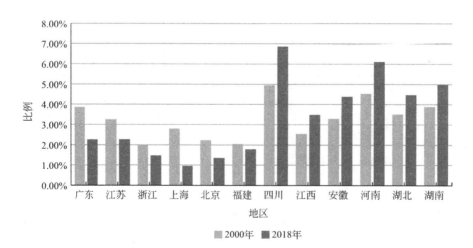

图4-37 2000年、2018年主要人口流入/流出地区获得中央净转移比例

资料来源：2001年和2019年《中国财政年鉴》

第4章 城乡基本公共服务供需的总体状况（2000-2018）

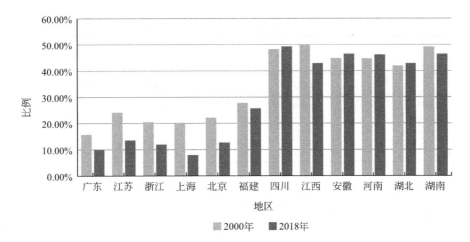

图4-38 2000年、2018年人口流入/流出地区中央净转移占地方一般预算支出比例
资料来源：2001年和2019年《中国财政年鉴》

从上述分析可见，在中央财政对地方加强转移支付力度的过程中，大部分处于中西部经济发展相对滞后区域的人口流出地区，获得了中央政府转移支付的重点关注，并且该类地区一般预算收入对中央转移支付的依赖度不断增长。由于转移支付相比于地方自有收入在支出项目上刚性较强，客观上会更侧重公共服务支出。因而，人口流出地区在中央转移支付的支持下，公共服务开支有较大幅度的增长，并在地方一般预算支出中的占比相对较高。

人口流入地区获得转移支付占中央向地方转移支付总量的比重在下降，同时该类地区经济实力较强，经济发展增速快，因而地方自有收入占地方一般预算收入的份额很高，且不断上升。同时，由于该类地区一般预算支出额度高，因此只需要相对较低的比例就可以满足基本公共服务需求。从人口流入地区公共服务支出占地方一般预算支出比例略低于全国平均水平来看，该类地区在满足基本需求后，地方政府似乎缺乏足够的激励去继续改善和提高基本公共服务。

2. 人均公共服务指标

从常住人口口径来看，2000年主要人口流入地区城镇人口比重和人均公共服务支出均显著高于主要人口流出地区，2018年虽然两类地区城镇人口比重仍有一定差距，但从人均公共服务支出来看，主要人口流出地区已高于主要人口流入地区。从户籍人口口径来看，2000-2018年，虽然人口流出地区人均公共服务支出有较大程度提高，但与人口流入地区仍具有相当的差距，尤其与城镇人口占绝对优势的北京和上海地区相比，差距更为显著（表4-8）。人口流入地区城镇人口比重相对较大，人均公共服务支出也保持较高水平。

2000 年和 2018 年主要人口流入／流出省份城镇人口和人均公共服务支出　　表 4-8

省份		城镇人口比重（%）		常住人口人均公共服务支出（元）		户籍人口人均公共服务支出（元）	
		2000年	2018年	2000年	2018年	2000年	2018年
主要人口流入地区	广东	55	68.7	248.99	14816.40	282.99	18661.95
	江苏	41.49	68.5	221.26	16487.00	228.62	17122.92
	浙江	48.67	68.9	242.09	15240.87	247.03	18254.05
	上海	88.31	88.1	750.47	14731.35	931.73	24901.54
	北京	77.54	86.4	685.95	14915.80	835.89	23816.64
	福建	41.57	65.8	249.44	15690.58	257.38	17229.47
主要人口流出地区	四川	26.69	52.30	139.03	16382.36	136.18	14689.88
	江西	27.67	56.02	160.07	16322.20	155.28	15227.94
	安徽	27.81	54.70	143.98	16458.80	135.30	14978.48
	河南	23.2	51.71	133.38	16334.74	127.74	14633.01
	湖北	40.22	60.30	176.95	16624.31	177.40	15693.37
	湖南	29.75	56.02	143.63	16308.97	139.48	15233.63

资料来源：公共服务支出数据和常住人口数据来自 2001 年和 2019 年《中国统计年鉴》，户籍人口数据来自 2001 年和 2019 年《中国人口和就业统计年鉴》

常住人口口径统计中，人口流出地区人均公共服务支出增速较快，近年来已超过人口流入地区。这体现出人口流出地区在中央转移支付的支持下，公共服务支出能力具有较大幅度的提升，但这并不能说明两类地区公共服务实际供给水平已经接近。两种不同口径的统计结果差异体现出户籍政策实际上限制了流动人口对于地方公共服务的获取，通过户籍制度的限制，目前，人口流入地区公共服务实际供给水平比较人口流出地区仍具有显著优势。

对 2000 年和 2018 年每万人小学数量的配置情况进行分析发现，小学数量总体减少，人口流入地区每万人小学数显著低于全国平均水平，人口流出地区每万人小学数（除 2018 年略低于全国平均水平）均略高于全国平均水平。2000 年主要人口流出地区每万人小学数均显著高于人口流入地区；2018 年人口流出地区的常住人口每万人小学数指标上仍较人口流入地区具有优势，但在户籍人口每万人小学数指标上差距显著缩小。因各省初中学校数从 2004 年开始公布，因此采用了 2004 年和 2018 年每万人初中数量的配置情况进行分析，除广东和上海初中数量增加外，其他省市初中数量均呈现减少趋势，但其减少幅度远低于小学数量的降幅，且变化趋势与小学类似。从万人指标来看，在基础教育设施数量普遍减少的背景下，人口流出地区数量减少幅度略高于人口流入地区变化幅度，受到人口流动的影响，在户籍人口万人指标和常住人口万人指标上呈现出显著差异，户籍人口基础教育设施万人指标趋同，而人口流出地区常住人口基础教育设施指标显著高于人口流入地区（表4-9、表4-10）。

2000年和2018年人口主要流入/流出地区每万人小学配置情况　　　表4-9

地区		户籍人口每万人小学数（所）		常住人口每万人小学数（所）		2000-2018年小学数量变化幅度
		2000年	2018年	2000年	2018年	
人口流入地区	广东	3.23	1.14	2.84	0.91	-57.41%
	江苏	2.70	0.53	2.62	0.51	-78.53%
	浙江	2.63	0.69	2.58	0.58	-72.12%
	上海	0.78	0.50	0.63	0.30	-30.27%
	北京	1.95	0.72	1.60	0.45	-55.28%
	福建	4.22	1.45	4.09	1.32	-62.76%
	平均值	2.59	0.84	2.53	0.68	-59.40%
人口流出地区	四川	5.15	0.62	5.26	0.69	-86.77%
	江西	5.06	1.52	5.22	1.63	-64.05%
	安徽	3.87	1.14	4.12	1.25	-67.43%
	河南	4.33	1.74	4.52	1.94	-54.88%
	湖北	3.94	0.86	3.93	0.91	-76.91%
	湖南	5.30	0.99	5.46	1.06	-78.75%
	平均值	4.61	1.15	4.75	1.25	-71.47%
全国		4.37	1.16	4.37	1.16	-70.77%

资料来源：小学数量来自2001年和2019年《中国教育统计年鉴》，常住人口数据来自2001年和2019年《中国统计年鉴》，户籍人口数据来自2001年和2019年《中国人口和就业统计年鉴》

2004年和2018年人口主要流入/流出地区每万人初中配置情况　　　表4-10

地区		户籍人口每万人初中数（所）		常住人口每万人初中数（所）		2000-2018年初中数量变化幅度
		2004年	2018年	2004年	2018年	
人口流入地区	广东	0.42	0.40	0.36	0.32	11.44%
	江苏	0.31	0.28	0.31	0.27	-5.37%
	浙江	0.44	0.36	0.41	0.30	-12.86%
	上海	0.36	0.40	0.27	0.24	16.46%
	北京	0.36	0.25	0.28	0.16	-20.62%
	福建	0.40	0.35	0.40	0.32	-11.51%
	平均值	0.38	0.34	0.34	0.27	-3.74%

续表

地区		户籍人口每万人初中数（所）		常住人口每万人初中数（所）		2000-2018年初中数量变化幅度
		2004年	2018年	2004年	2018年	
人口流出地区	四川	0.48	0.40	0.52	0.45	-10.84%
	江西	0.51	0.43	0.51	0.46	-1.19%
	安徽	0.50	0.41	0.52	0.45	-11.74%
	河南	0.55	0.42	0.55	0.47	-15.06%
	湖北	0.44	0.33	0.47	0.35	-22.07%
	湖南	0.57	0.45	0.57	0.48	-13.44%
	平均值	0.51	0.41	0.52	0.44	-12.39%
全国		0.50	0.37	0.50	0.37	-18.65%

资料来源：初学数量来自2005年和2019年《中国教育统计年鉴》，常住人口数据来自2005年和2019年《中国统计年鉴》，户籍人口数据来自2005年和2019年《中国人口和就业统计年鉴》

对2000年和2012年每万人医疗卫生配置情况进行分析发现，2000年主要人口流入地区医疗软硬件配置均显著高于人口流出地区；2012年人口流入地区在每万人卫生技术人员指标上仍较人口流出地区具有优势，但在每万人床位数指标上已被人口流出地区超越（表4-11）。显然从万人指标来看，12年间人口流入地区医疗卫生软硬件配备增速普遍慢于人口流出地区。尤其在外来人口流入比例最高的北京、上海等地，增速显著低于其他省份，甚至部分指标出现负数。

2000年和2012年人口主要流入/流出地区每万人医疗配置情况　　表4-11

地区		每万人卫生技术人员（人）			每万人床位数（张）		
		2000年	2012年	增长率	2000年	2012年	增长率
人口流入地区	广东	31.09	48.89	57.25%	19.71	33.51	70.02%
	江苏	34.77	50.00	43.80%	23.68	42.05	77.58%
	浙江	34.40	60.07	74.62%	24.82	38.89	56.69%
	上海	65.21	62.18	-4.65%	45.71	45.80	0.20%
	北京	85.49	94.73	10.81%	52.33	48.33	-7.64%
	福建	28.74	46.96	63.40%	26.39	37.09	40.55%
	平均值	46.62	60.47	29.71%	32.11	40.95	27.53%
人口流出地区	四川	30.72	48.17	56.80%	23.19	48.29	108.24%
	江西	30.45	39.74	30.51%	22.53	36.41	61.61%
	安徽	26.10	39.41	51.00%	21.02	37.07	76.36%
	河南	29.37	45.61	55.29%	21.81	41.89	92.07%

第 4 章　城乡基本公共服务供需的总体状况（2000-2018）

续表

地区		每万人卫生技术人员（人）			每万人床位数（张）		
		2000年	2012年	增长率	2000年	2012年	增长率
人口流出地区	湖北	40.16	50.01	24.53%	24.03	43.78	82.19%
	湖南	36.03	44.74	24.17%	22.60	43.23	91.28%
	平均值	32.14	44.61	38.80%	22.53	41.78	85.44%
全国		36.30	49.40	36.09%	24.53	42.28	72.36%

资料来源：2001 年和 2013 年《中国卫生和计划生育统计年鉴》

对 2000 年和 2016 年每万人各省养老机构床位配置情况进行分析发现，16 年间各地区养老机构床位数都有大幅增长，且各地区增长幅度具有显著差异。在人口流入地区中江浙沪和北京四地增长幅度最大，人口流出地区中四川、江西、安徽、湖北四省增长幅度最大。进一步对比各省城乡地区养老机构床位数，发现人口流出地（除福建省）乡村地区养老床位增长快于城市地区，增长幅度最大的四省其增量主要来源于农村地区。福建省比较特殊，其城市地区养老机构床位数大幅增长，而农村地区则有小幅减少。人口流入地城乡地区增幅较为接近（图 4-39、表 4-12）。

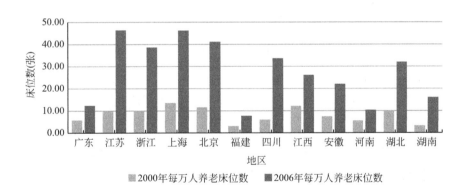

图 4-39　2000 年、2016 年人口流入/流出地区每万人养老床位数

资料来源：2001 年和 2017 年《中国民政统计年鉴》

2000 年和 2016 年人口主要流入/流出地区每万人养老机构床位情况　　表 4-12

地区		城市地区养老机构床位数（张）			乡村地区养老机构床位数（张）		
		2000年	2016年	增长率	2000年	2016年	增长率
人口流入地区	广东	23203	63747	174.74%	26218	72633	177.03%
	江苏	45886	163137	255.53%	26671	207779	679.04%
	浙江	24771	100072	303.99%	21667	116048	435.60%
	上海	17753	70538	297.33%	4491	41326	820.20%

续表

地区		城市地区养老机构床位数（张）			乡村地区养老机构床位数（张）		
		2000年	2016年	增长率	2000年	2016年	增长率
人口流入地区	北京	8957	36305	305.33%	6740	53120	688.13%
	福建	1792	24733	1280.19%	8787	5384	-38.73%
	合计	122362	458532	274.73%	94574	496290	424.76%
人口流出地区	四川	7839	45342	478.42%	41587	233538	461.56%
	江西	18875	18050	-4.37%	30279	101767	236.10%
	安徽	14489	46609	221.69%	29373	90141	206.88%
	河南	4615	40675	781.37%	45910	58214	26.80%
	湖北	13641	45483	233.43%	45172	142723	215.95%
	湖南	5270	24360	362.24%	15860	85270	437.64%
	合计	64729	220519	240.68%	208181	711653	241.84%
全国		327902	1359493	314.60%	555782	1799248	223.73%

资料来源：2001年和2017年《中国民政统计年鉴》

4.3.2 人口流动高比例地区基本公共服务需求和设施利用

1. 基本公共服务需求的增长趋势

2000-2015年间主要人口流入地区均经历着人口快速增长的过程。基于流动人口数据的可得性，仅就2000年人口普查数据和2015年人口抽样调查数据进行对比分析。除福建省增长了400多万人口，其他各省份增长均超过600万人口，其中北京、上海分别增长了60.00%、47.18%，人口规模大幅上升。而流动人口是人口增长的主要来源，上海和北京两市流动人口占比已超过50%，而其他省份流动人口占比均达到20%以上（表4-13）。大规模的人口规模增加必定会导致公共服务需求的显著增长。

2000年和2015年主要人口流入地区人口变化 表4-13

省份	常住人口（万人）				流动人口占比
	2000年	2015年	增长人口	增长比例	
广东	8522.5	10849	2326.5	27.30%	38.07%
江苏	7304.4	7976	671.6	9.19%	24.36%
浙江	4593.1	5539	945.9	20.59%	34.74%
上海	1640.8	2415	774.2	47.18%	55.71%
北京	1356.9	2171	814.1	60.00%	53.79%
福建	3409.8	3839	429.2	12.59%	31.59%
合计	26827.5	32789	5961.5	22.22%	35.74%

资料来源：第五、六次人口普查

2000—2015年主要人口流出地区的常住人口数量,除江西省有13.05%的增幅外,其余省份有增有减且常住人口总量变化不明显。但从2015年主要人口流出地区,各省常住人口中城镇人口的占比来看,各省均处于增长态势(表4-14)。可见在人口流出地区,除了向发达地区流动的人口趋势外,还存在着显著的农村向城市集聚的趋势。在双重人口流出的压力下,人口流出地区农村人口规模的萎缩难免会导致公共服务需求的急剧减少。

2000年和2015年主要人口流出地区人口变化　　　　　　表4-14

省份	常住人口			城镇人口占比		
	2000年	2015年	增长比例	2000年	2015年	增加量
四川	8234	8204	-0.36%	39.27%	47.68%	8.41%
江西	4039	4566	13.05%	48.27%	51.62%	3.35%
安徽	5900	6144	4.14%	43.36%	50.50%	7.14%
河南	9123	9480	3.91%	39.70%	46.85%	7.15%
湖北	5950	5852	-1.65%	47.81%	56.85%	9.04%
湖南	6327	6783	7.21%	44.96%	50.89%	5.93%
合计	39573	41029	3.68%	43.09%	50.19%	7.10%

资料来源:第五、六次人口普查

2. 基本公共服务设施的利用状况

(1) 基本教育设施

根据《中国流动人口发展报告2011》我国流动妇女的初育年龄为24~25岁,男女年龄差异在-2~5岁间,由此推算义务教育阶段儿童的父母年龄应在25~45岁左右。根据第六次人口普查对流动人口年龄阶段的测算,该年龄阶段占整个劳动力人口阶段(15~59岁)的51%(图4-40)。可见主要人口流入地区中快速增长的劳动力阶段人口,其中约一半是养育小学和初中教育阶段学龄儿童的父母,理应存在子女入学的迫切需求。如能切实贯彻国务院针对随迁子女提出的"两为主"原则[①],全国地区间小学和初中阶段学生比例应会发生显著变化。

然而,对2000-2018年间小学和初中学生数量在各地区的分布分析发现,学生数量分布的变化并不显著。主要人口流入地区6个省份小学生数量占全国总量的比例从19.41%上升到23.23%,初中学生人数从19.91%上升到20.63%,增长均不足5个百分

---

① 2001年《国务院关于基础教育改革与发展的决定》针对进城务工人员随迁子女提出"以流入地政府为主、以公办学校为主"的政策。

点；而主要人口流出地区小学生和初中生占比基本不变（表4-15）。新政下的大规模人口流动对基础教育阶段学生分布比例的显著影响在实际中并未出现。

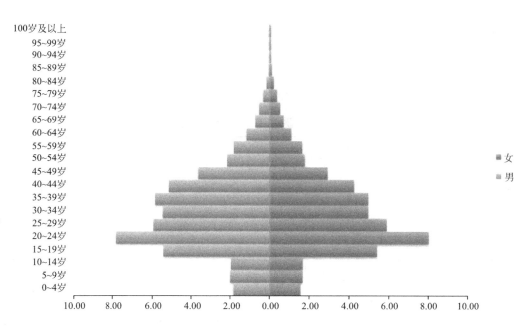

图 4-40　2010 年全国流动人口年龄金字塔

资料来源：第六次人口普查

2000 年、2018 年小学和初中学生数与占比情况　　表 4-15

省份	小学学生数（万人）		小学生数占比		初中学生数（万人）		初中学生数占比	
	2000年	2018年	2000年	2018年	2000年	2018年	2000年	2018年
广东	929.9	988.37	7.15%	9.56%	460.7	372.47	6.25%	8.01%
江苏	718.5	560.44	5.52%	5.42%	373.6	225.76	5.07%	4.85%
浙江	353.8	360.57	2.72%	3.49%	249.6	161.46	3.39%	3.47%
上海	79.8	80.02	0.61%	0.77%	80.3	43.25	1.09%	0.93%
北京	74.3	91.32	0.57%	0.88%	69.1	27.9	0.94%	0.60%
福建	369.1	321.39	2.84%	3.11%	233.5	128.71	3.17%	2.77%
合计	2525.4	2402.1	19.41%	23.23%	1466.8	959.55	19.91%	20.63%
四川	802.7	555.46	6.17%	5.37%	391.9	261.81	5.32%	5.63%
江西	422.7	421.22	3.25%	4.07%	259.2	206.99	3.52%	4.45%
安徽	644.2	456.84	4.95%	4.42%	358.3	209.17	4.86%	4.50%
河南	1130.6	994.6	8.69%	9.62%	638.1	451.88	8.66%	9.71%
湖北	667.7	366.58	5.13%	3.55%	350.9	158.78	4.76%	3.41%
湖南	663.9	521.98	5.10%	5.05%	391.7	240.46	5.32%	5.17%
合计	4331.8	3316.68	33.29%	32.08%	2390.1	1529.09	32.44%	32.87%

资料来源：2001 年和 2019 年《中国统计年鉴》

第4章 城乡基本公共服务供需的总体状况（2000-2018）

（2）医疗卫生服务设施

从医师日均承担诊疗人次数可以看出，2000年主要人口流入地区的医师所承担的日均工作量已普遍高于人口流出地区，主要人口流入地区大部分为经济相对发达地区，其他省份的不少疑难病患者因追逐优质医疗资源而跨省转院就医。17年间由于人口流入地区人均医疗资源相对增速较缓，使得人口流入地区医师工作量繁忙度进一步加剧（图4-41）。

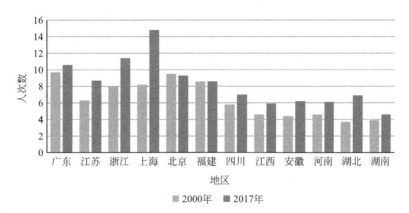

图4-41　2000年和2017年主要人口流入/流出地区医师日均承担诊疗人次数

资料来源：2000年和2017年《中国卫生和计划生育统计年鉴》

（3）基本养老服务设施

从2000年和2016年主要流出/流入地区养老机构中收养老人占全国收养老人的比例来看，无论是人口流出地区还是人口流入地区总体来说均呈现小幅增长。从养老机构收养老人的城乡分布来看，人口流入地区城市养老机构收养老人的比例较高，而人口流出地区乡村养老机构收养老人的比例较高（表4-16）。从我国人口流动的年龄特征来看，老人流动比例较低，因此，主要流入地区和主要流出地区所呈现的差异与大规模人口流动中家庭结构的变化有关。可能的解释是，主要人口流出的乡村地区由于青壮年劳动力普遍外出务工，大幅降低了家庭照料的能力，因此进入养老机构的老人比例较高；而主要人口流入的城市地区家庭结构变化相对较小，家庭养老的能力较强，因此进入养老机构的老人比例相对较低。

2000年和2016年主要流出/流入地区养老机构中收养老人占全国总量的比例　　表4-16

省份		2000年养老机构收养老人占比			2016年养老机构收养老人占比		
		城市	乡村	合计	城市	乡村	合计
人口流入地区	广东	6.53%	3.91%	4.85%	4.64%	2.28%	3.17%
	江苏	15.48%	5.25%	8.93%	10.76%	10.20%	10.41%

续表

省份		2000年养老机构收养老人占比			2016年养老机构收养老人占比		
		城市	乡村	合计	城市	乡村	合计
人口流入地区	浙江	7.18%	3.79%	5.01%	6.06%	4.39%	5.02%
	上海	5.69%	0.77%	2.54%	7.27%	2.07%	4.02%
	北京	1.72%	1.00%	1.26%	2.26%	1.54%	1.81%
	福建	0.53%	1.42%	1.10%	1.69%	0.20%	0.76%
	合计	37.13%	16.14%	23.69%	32.68%	20.68%	25.19%
人口流出地区	四川	2.36%	6.91%	5.28%	3.05%	16.15%	11.23%
	江西	6.50%	6.15%	6.27%	1.73%	7.93%	5.60%
	安徽	4.69%	5.69%	5.33%	2.94%	4.76%	4.07%
	河南	1.45%	8.30%	5.83%	3.52%	3.87%	3.74%
	湖北	4.85%	8.83%	7.40%	2.87%	8.73%	6.53%
	湖南	1.69%	3.00%	2.53%	1.74%	5.53%	4.11%
	合计	21.54%	38.88%	32.64%	15.85%	46.97%	35.28%

资料来源：2001年和2017年《中国民政统计年鉴》

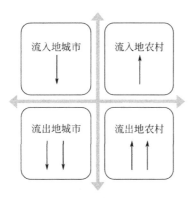

图 4-42 2000-2016年主要人口流入／流出地区城乡养老机构收养老人比例变化

资料来源：2001年和2017年《中国民政统计年鉴》，作者分析绘制

进一步对主要人口流入／流出地区的城乡机构养老情况进行分析，发现在主要人口流出省份中，城市地区的比例降低幅度最大；其次是主要人口流入省份的城市地区，主要人口流入省份的农村地区该项比例也有小幅上升，而主要人口流出省份的农村地区该项比例增长幅度最大（图4-42）。这基本对应了各类地区的人口流动状况，亦即人口外出务工比例越高的地区，进入机构养老的人口比例增长越快。再者，主要人口流入地区大部分是沿海经济发达地区，而主要人口流出地区大部分为中部经济发展相对滞后地区，受传统观念的影响强于沿海地区，这可能解释了两者在城市地区的该项比例的差异。

4.3.3 人口流动高比例地区基本公共服务的供需特征

1. 基本公共服务的经费来源与供给水平

根据对人口流动高比例地区公共服务供给的分析，人口流出地区获得中央转移支付显著高于人口流入地区；在中央转移支付的支持下，人口流出地区公共服务供

第4章 城乡基本公共服务供需的总体状况（2000–2018）

给水平具有较大幅度的提升，但仍与人口流入地区有较大差距。

人口流入地区的公共服务供给则主要依靠地方自有收入。在现实中，人口流入地政府往往会采用户籍等手段来限制外来人口对地方公共服务的分享，从而维持了相对较高的公共服务供给水平。

2. 基本公共服务的需求与设施实际利用的矛盾

在大规模的人口流动作用下，主要人口流入地区的公共服务需求具有显著增长的趋势，而主要人口流出地区公共服务需求具有明显萎缩的趋势，但目前这两类地区公共服务设施的利用状况并不与之完全符合，并且不同类型公共服务之间具有显著差异性。从教育设施利用状况来看，人口流动并未对不同省域的学生数量分布产生显著影响，这显然不符合真实的需求和变化趋势。教育服务供给是以地方财政为主导，从对人口流动高比例地区基本公共服务的供给分析看，户籍制度实际上限制了流动人口对地方基本公共服务的获取应是其矛盾的根源。从医疗设施利用状况来看，流入地医疗负担显著增加，较为符合实际需求；至于其与教育设施利用状况的较大差异，可能与这两类基本公共服务的公共物品属性差异具有一定的关联性。对此尚需要通过案例研究进一步探究。

基本养老服务与基本教育、医疗服务在需求变化的趋势上正好相反。由于老人流动比例相对较低，而人口流动过程中劳动力阶段人口外流会导致家庭照料能力大幅下降，因而主要人口流出地区养老服务需求的增长趋势有其微观成因。现实中的机构养老人口增长与人口外流比例呈现正相关是与之相符合的。

小结

中华人民共和国成立以后，我国城乡基本公共服务的制度安排经历了计划经济下的"单位制"供给阶段，改革开放后的效率优先阶段，以及党的十六大以来的均等与共享推进阶段。计划经济下"单位制"供给以政府和集体包办为主，在高度统一和平均主义的公共服务和保障体制下，基本公共服务呈现较低水平下的普遍可及和均等化。改革开放后，基本公共服务供给财政责任的地方化提高了公共服务供给效率，从根本上改变了计划经济时期供给总体短缺的状况。但以效率为导向的改革，降低了基本公共服务的普及性，并形成了比较显著的公共服务供给的城乡差距和区域性差距。党的十六大以来，基本公共服务供给改革努力平衡公共服务供给的公益与效率目标，取得了较大成就。总体而言，计划经济体制下形成的城乡分割的二元体制已经被打破，但相比于经济体制改革，基本公共服务领域的改革仍相对滞后。

从2000–2012年基本公共服务宏观统计数据来看，我国城乡基本公共服务供给制度，实现了从"单位制"向社会化的转型，地方政府已经承担了基本公共服务供给的主体责任；中央财政则加强了对地方政府的转移支付力度。人口流出地区大部分位于中西部经济发展相对滞后的省份，因而获得了转移支付的重点关注，公共服务供给水平具有较大幅度的提升，与此同时，一般预算收入对中央转移支付的依赖度也不断增长。人口流入地区的公共服务供给主要依靠地方自有收入，通过限制外来人口对地方公共服务的分享维持了相对较高的公共服务供给水平。

总体来看，基本公共服务需求处于全面快速增长阶段，城乡居民追求优质教育设施和医疗卫生设施的热情不断高涨，社会养老需求急剧上升。虽然公共服务支出规模不断扩大，但从公共财政支出占比来看，增速尚缓慢，加之基本公共服务的市场化供给比重低、竞争力弱，因此基本公共服务供给与公共服务需求的增速不匹配。分专项来看，基础教育、基本医疗服务需求呈现出向城镇集中的趋势，城镇设施的单体规模不断扩大；对农村地区则需重点关注基本养老服务供给与需求增量。

进一步而言，由于我国基本公共服务的获取受到户籍等制度限制，人口流动产生的基本公共服务需求趋势与实际的设施利用状况并不符合。基础教育方面，人口流动高比例地区的农村学校生源大幅减少，而城镇学校的学位持续紧张；医疗卫生服务方面，流动人口的就诊需求向主要人口流入地集中，但基本医疗保障仍选择其流出地的新农村合作医疗；基本养老服务方面，机构养老人口增长与人口外流比例呈现正相关，主要人口流出省份的农村地区机构养老人口比例增幅最为显著。

第 5 章 不同层级城镇中人口流动与基本公共服务资源配置

基于全国层面统计数据的分析已经大致揭示了当前我国城乡基本公共服务供需的总体特征。但由于统计数据对现实反映的抽象性，在此基础上尚需通过案例研究来把握现实中的运行机制，并进行成因解释。鉴于我国人口流动在主要流出/流入地集中的趋势十分明显，因此，本书将选择具有典型特性的人口流出地区和人口流入地区做基本公共服务供需的案例研究。

对于案例的选择，首先考虑的是人口流出和流入是一个连续系统的动态过程，在大规模人口流动的背景下，流出地区和流入地区的基本公共服务和设施配置从孤立、自成一体的"独立单元"逐步相互联系、相互影响。针对人口流动的相关研究表明，从"中部的农村地区"到"东部沿海的城镇地区"是我国城乡人口流动主要区域指向（C. Fan，2005；Zhu，2007；张立，2010）。因此，案例研究以这条主要人口流动脉络为线索，将人口流出地区和人口流入地区联系起来考虑，选择在人口流动过程两端具有典型特征的地区。

根据1995-2010年全国各省份跨省人口流动情况分析（陈晨，2015），以净流入的人口绝对值排序，安徽省外向的人口迁移流在1995年已居于全国第3位，其后不断攀升，2005年成为全国最为重要的人口流出地区并保持至今；以安徽省为流出地的迁移流主要指向上海、江苏和浙江。同时根据第六次人口普查数据统计，上海市外来常住人口总量居全国城市之首，外来常住人口的密度与比重均居全国之首。从人口来源看，上海人口增量中的89.5%由外省市流入，其中从安徽、江苏、河南三地流入的人口最多，而安徽则以28.9%居于首位。据推断，安徽省和上海市作为全国最为重要的人口流出/流入地区，人口流动必然对其公共服务设施配置具有深刻影响。

同时，两地间由于地缘优势，人口流动频繁且流动单向性特征明显，在进行人口流出—流入全过程的调查中具有一定便利性。综合这些因素，本书主要以安徽省和上海市为人口流出—流入的两端，分别在其所辖行政区范围内选择案例地区作为中部乡镇案例和一线城市案例。

同时，为丰富案例地区的多样性，通过区域差异更好地展现整体状况，在人口流入地区实证研究中补充浙江省乡镇产业活跃、人口吸引力强的地区作为二线城市产业新城案例，人口流出地区实证中补充广西壮族自治区地形较为复杂区域作为人口流出地区西部山区乡镇案例。

另外，在案例选择的行政层级和空间范围上，考虑到乡镇（街道）是我国城乡地区的基层行政单位，案例选择以镇域为单位，从具有典型性的微观描述和分析中窥探城乡公共服务服务链的现实状况，揭示其供需矛盾，并进而探讨公共服务和设施配置政策调整的思路。

具体以人口流动比例为主要考量标准。基于调研的可行性和资料的可获得性，在上海市、浙江省、安徽省和广西壮族自治区所辖乡镇（街道）中进行选择，选择具有典型的乡镇／街道作为本研究人口流出地区和流入地区的具体案例。

5.1 人口流入地区：大城市的案例研究

5.1.1 案例选择

对比上海市各区县外来人口比例，可以看出上海外来人口空间分布不均衡，但集中化程度高。2010年，外省市来沪常住人口为897万；上海郊区（除金山区外）的外来人口比例[1]普遍超过中心城区，经济相对发达的近郊区（松江、嘉定、青浦、闵行等）成为外来常住人口居住最为集中的地区，外来人口比例在50%以上（上海市统计局，2010）。相对而言，中心城区外来人口比例较低，平均在20%~30%（图5-1）。

根据第六次人口普查统计数据，对上海市各区县所辖街道、镇的外来常住人口比例进行分析。总体来看，中心城区西面的近郊区外来人口比重最高，由紧邻中心城区的近郊镇域向外依次降低；中心城区外来人口比例差异显著，具有明显的马赛克现象，外来人口主要聚集在中心城区边缘、发展更新相对滞后的地区（图5-2）。

基于上述分析，在上海市域内的中心城区和郊区分别选择两个外来人口聚居的典型地区作为案例研究对象，一个是位于近郊的上海市嘉定区（郊县）江桥镇，一个是位于中心城区的徐汇区（中心城区）华泾镇。

---

[1] 外来人口比例＝外省市来沪常住人口／常住人口。

第 5 章 不同层级城镇中人口流动与基本公共服务资源配置

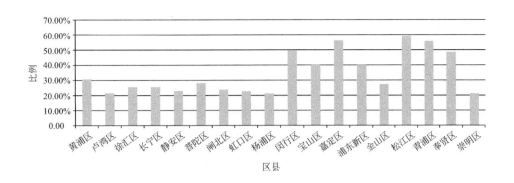

图 5-1 2010 年上海市各区县外来人口比例

资料来源：上海市第六次人口普查

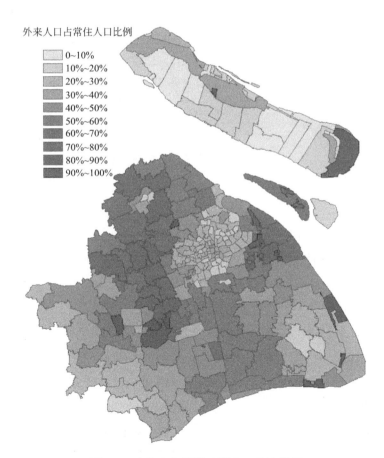

图 5-2 上海市各街道／镇人口外流状况

资料来源：上海市第六次人口普查

5.1.2 案例概况

1. 郊区案例——江桥镇

江桥镇隶属于上海市嘉定区，位于西郊嘉定新城南部，紧邻上海市区（图5-3）。2001年由原江桥镇和封浜镇合并而成，镇域面积42.37km²，下辖16个村、24个社区。根据"六普"数据，2010年江桥镇户籍人口63153人，常住总人口256218人，其中农村常住人口174407人，城镇常住人口81811人，全镇净流入人口高达19.3万人[①]。

图5-3　嘉定区江桥镇区位
资料来源：作者自绘

（1）产业扩展迅猛，建设用地已日趋饱和

江桥镇作为西上海、南嘉定经济轴线上的重要节点，是嘉定重要的经济重镇。已形成金宝园区、西郊集聚区、物流园区三大园区，2012年规模以上企业有152家，工业产值达177.37亿元；当年新增注册企业1091个。产业的迅猛发展带来了建设用地的高速增长。2012年，江桥镇城镇建设用地约为27.5km²，占总用地的64.7%；其中位于集中建设区内约为19.0km²，占城镇建设用地的69.1%。集中建设区内以居住用地和工业用地为主，分别达597hm²和557hm²，占集中建设区内城镇建设用地的31.4%和29.3%。

超常规的产业发展使江桥镇的空间开发趋于饱和，可新增的用地十分有限，主要集中在镇区西南侧铁路沿线。未来城镇开发将以土地功能置换为主，尤其是将综合效益较差的工业用地转换为其他类城市建设用地。

（2）外来人口比例高，在郊区尤其是近郊区具有典型性

江桥镇区位优越、交通便利，南侧是虹桥综合交通枢纽，多条轨道交通线、高速公路、国道等从镇域范围穿越而过，构成了四通八达的交通网络。便捷的交通优势、迅猛的产业发展创造的就业机会以及郊区相对较低的居住成本，使江桥镇近年外来人口增长迅猛，2010年，外来常住人口为16.65万，外来人口比重高达65%（上海市统计局，2010）。江桥镇外来人口中安徽人居于首位，其次是江苏人。江桥镇外来人口增长迅猛的状况在上海郊区，尤其是近郊区具有典型性。

---

① 包括市外流入人口16.65万和市内流入人口2.65万，本书主要讨论跨省流动人口，下文中外来人口仅指市外流入人口。

（3）常住人口来源多样，社会群体的空间分异逐步显现

江桥镇的现状常住人口构成主要包括：户籍人口、以现代物流业、制造业和生产性服务业导入的外来人口、中心城区疏解人口和江桥发展效应所吸引的人口。不同来源的人口在江桥镇的不同空间集聚，社会空间分异逐步显现。

江桥镇区的居住组团可分为北部社区，位于中部的江桥社区和南部的北虹桥社区。其中北部社区是1000户中心城区动迁居民、1000户本地动迁居民与商品房居民的混合社区。江桥社区包含了镇区的老住区与局部的本地动迁住区。北虹桥社区是由江桥镇的"四高小区"和江桥镇的大型居住区（绿地新江桥城）的住户组成。绿地新江桥城是上海首个开工建设的大型居住区，是对口闸北、普陀、静安、长宁4区的动迁基地。1期的14万 m² 都是动迁安置房，2期18万 m² 中含10万 m² 的经济适用房和8万 m² 的商品房。

调研了解到，由于嘉定区本地动迁每户约可补偿安置3套住房，除自住以外，多有剩余；另外中心城区动迁居民中部分由于就业、教育等因素而未实际入住。上述两类空置住房多出租给支付能力较强的外来人口，而其余大部分的外来人口则选择居住在租房成本更低的农村地区。2010年，江桥镇的16.65万外来人口中，居住在各村民房的合计为11.49万人，占比近70%。而农村本地居民除一些老人留守在老宅外，大部分进入了镇区或城区购房居住。由此，租房的外来人口成为农村地区的主要常住人口（图5-4）。

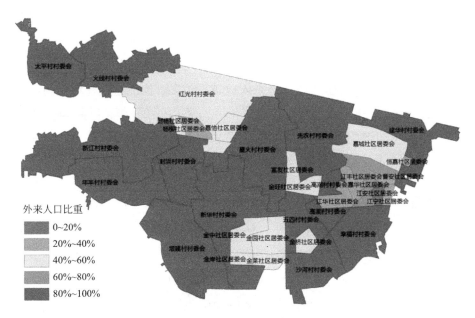

图5-4 2010年嘉定区江桥镇各村、居委会外来人口比重

资料来源：上海市六普统计数据

2. 中心城区案例——华泾镇

华泾镇属于上海中心城区西南区域的徐汇区，位于徐汇区南部（图5-5）。镇域面积729.28hm²，镇域范围内下辖17个居民委员会和5个行政村（镇域外下辖10个村，分布在6个街道范围内，实行属地化管理，行政管辖权移交所在街道）。2012年末常住人口54202人、户籍人口32353人。其中行政村常住人口16802人，居委常住人口37400人。2003年，根据上海市人民政府文件，市区剩余的农业户和农业人口全部"农转非"，因此，目前华泾镇本地居民全部为城镇户籍。

图5-5 徐汇区华泾镇区位

资料来源：作者自绘

（1）外来人口聚居，外来人口占比显著高于中心城区平均水平

华泾镇由于经济发展和城市更新相对滞后，是中心城区中外来人口聚集的典型代表；华泾镇外来人口主要来自江苏、浙江、安徽等周边省份，以从事务工经商与服务业为主，流动性大。

根据六普数据统计，其常住人口67415人，其中外来流动人口为29021人，占43.05%，外来人口比例高于徐汇区平均水平18.42个百分点。北杨、东湾、建华、华浦、关港是华泾镇的城中村；根据华泾镇所辖各村、居委外来人口比例可见，城中村外来人口比例显著高于居委（图5-6）。村里原来以农业耕种为生，通过宅基地房屋的翻建扩建，几乎每家每户拥有200多m²的住房，他们将房屋隔成十几间租给外来人口，每个房间500元左右。本地居民基本不在村里居住，外来人口越来越多，他们有些在城中村经营小店，有些在工厂工作或者从事第三产业；还有些年轻人来上海找工作，以此为落脚点。

此外，华泾镇旧改配套建设项目也是外来人口主要聚集地区。例如华泾四村、华泾五村，都是华浦村动迁安置房。调研中了解到，2013年以前一般一户拆迁可分得3套住房和一些现金，除了自住的一套外多将剩余部分出租给外来人口。

（2）城市改造更新推动镇域人口结构的转变，外来人口逐步外溢

华泾镇属于徐汇区人口导入地区，其保障房基地主要分为经济适用房用地和动迁配套房用地。经济适用房基地位于华发路以北，长华路、淀浦河以南的华泾地区，其中配套商品房1572套，经济适用房2988套。动迁配套房包括华泾绿苑和盛华景苑两个地块，共计4763套安置房源。多个地块的保障性住房导致大量徐汇区北部地区以及外区中低收入人口入住。此外，还有多个商品房的建设，如印象欧洲、旭辉朗香郡等，吸引了外区乃至外地户籍的较高收入人口入住。

第 5 章 不同层级城镇中人口流动与基本公共服务资源配置

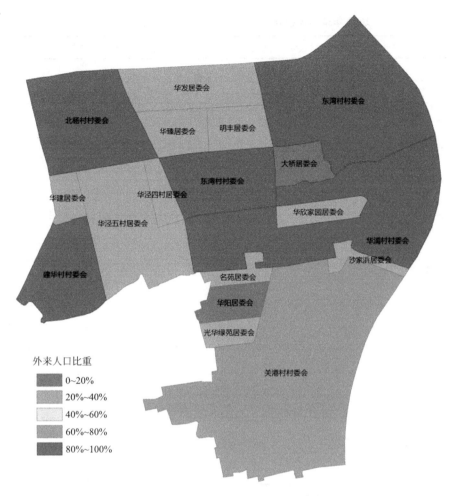

图 5-6 2010 年华泾镇各村、居委会外来人口比重

资料来源：上海市六普统计数据

与此同时的旧区改造过程，则对华泾镇的外来人口的居住产生了巨大影响。从 2000-2012 年的外来人口数量变化来看，2010 年以后旧区改造对外来人口的外推效应非常显著（图 5-7）。

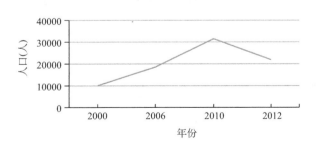

图 5-7 2000-2012 年华泾镇外来人口数量变化

资料来源：《华泾镇志》（2006 版）、六普数据、2013 华泾镇经济数据汇编整理绘制

2012 年末华泾镇外来流动人口与户籍人口比例　　　　表 5-1

村/居委	户籍人口	外来流动人口数（人）	户籍人口与外来人口之比
北杨村	560	1307	1∶2.34
东湾村	2285	3716	1∶1.63
建华村	764	1094	1.43
华浦村	1497	3415	1∶2.28
关港村（工业园区）	2162	2	/
华发居委	2585	1167	1∶0.45
大桥居委	4164	999	1∶0.24
明丰居委	698	1071	1∶1.53
华臻居委	596	562	1∶0.94
华泾新村	56	0	/
华欣家园居委	2439	1763	1∶0.72
名苑居委	1045	484	1∶0.46
华阳居委	3302	892	1∶0.27
沙家浜居委	1994	456	1∶0.23
华泾绿苑居委	87	3083	1∶35.44
华建居委	2723	837	1∶0.31
华泾五村居委	2214	564	1∶0.25
华泾四村居委	1426	437	1∶0.31
2038 弄	95	0	/
光华园	1280	0	/
漓江山水	284	0	/
集体户口	97	0	/

资料来源：2013 年华泾镇经济数据汇编

例如，关港村 2010 年常住人口 6332 人，其中外来人口 4006 人，外来人口比例高达 63.27%。至 2012 年末，关港村拆迁改造基本完成，外来人口数量急剧下降为 2 人。再如，东湾村 2012 年本地户籍且常住的人口仅有 400 人，外来人口高达 3716 人，人口构成严重倒挂。2013 年东湾村拆迁改造，人口构成随即改变。随着最后的老宅拆迁改造，华泾镇的城中村将逐步消失，住在这里的外来人口得重新寻找住处。调研中了解到，有些人准备去临近的闵行区，那里还有没拆迁的城中村，有些人准备在华泾镇里的动迁小区栖居。华泾绿苑居委会是 2010 年后建设完成的徐汇区旧改配套建设项目，目前小区内租住了大量外来人口，2012 年末外来人口高达户籍人口的 35.4 倍，严重倒挂（表 5–1）。

城市改造更新过程中的城市居民大量导入和外来人口的逐步流出，使得华泾镇的人口结构不断改变。

5.1.3 供给中各级政府的财政责任

在流入地案例所在地上海市，市、区两级政府的事权划分主要依据1994年《上海市人民政府关于市与区县实行分税制财政管理体制的决定》以及2004年《关于市与区县财税体制改革的实施意见》而实施。在公共服务方面市级财政负责市级科教文卫事业费，区县财政负责区县级科教文卫事业费、抚恤和社会福利救济费，区县政府对所属街镇基本公共服务均衡保障负有主体责任。

进一步调查发现，上海市区县级政府在公共服务供给中的财政责任，实际由区与各镇、街道、工业区或新区（以下简称街镇）两级财政共同负担。在各类公共服务设施的具体投入、建设和管理方面，由于依据的类型、等级，甚至开发立项时具体的发展状况不同，使得具体的筹资方式复杂而多样。而街镇之间则较为类似。以下以江桥镇为例，对各类公共服务设施供给的政府间关系进行详细阐述。

在地方性基本公共服务投入中，区和镇财政具有绝对的主导地位。在江桥镇所属的嘉定区教育经费财政投入中，区和镇的公共财政教育支出与政府性基金投入供给占到了95%，而来源于市级财政的资金仅占5%（表5-2）。

2013年嘉定区财政教育经费投入　　　　表5-2

支出来源		金额（亿元）	比例
公共财政教育支出	合计	28.38	
	区本级支出	26.11	81.46%
	街镇级支出	2.27	
政府性基金支出	合计	4.72	
	区本级支出	3.22	13.55%
	街镇级支出	1.5	
市拨教育附加		0.88	2.53%
教育部门财政专户管理资金		0.86	2.46%
合计		34.84	100%

资料来源：嘉定区财政局，《关于上海市嘉定区2013年财政决算的报告》

基础教育设施方面，江桥镇的学校分为区管学校和镇管学校，2007年以前分别由区级财政和镇级财政直接投入与管理。2007年后依据《上海市嘉定区人民政府关于全区教育经费统筹管理的实施意见》，学校属性不变，镇管学校的教育支出划区财政，全区教育经费实行统筹；义务教育范围内学校的人员经费、公用经费以及经常性的项目经费由区财政统一安排、统一管理；基本建设费用仍由街镇负责投入和管理（包括区域范围内的新增学校），区财政给予适当补贴。近年来，江桥镇新建学校均为新建住宅区域的公建配套学校，建设资金来源主要为土地出让金中的住宅建设配套费①。教育设施建设具体由教育局下属校舍设备管理站负责。江桥镇的"纳民"学校资产属于镇资产管理中心，运营采取财政包干制；生均经费为5000元，其中市级承担2000元，区县承担3000元。500人以下乘以相应系数，以保障基本办学需求（图5-8）。

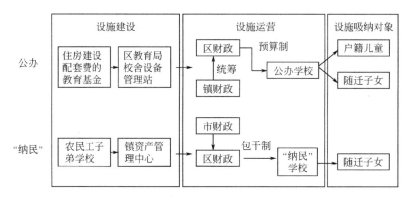

图 5-8　江桥镇教育设施建设、运营和吸纳对象状况

资料来源：根据江桥镇实地调研访谈自行绘制

医疗方面，根据医院的技术水平分为3个等级：一级医院是向一定人口的社区提供预防、医疗、保健、康复服务的基层医院；二级医院是向多个社区提供综合医疗卫生服务的地区性医院；三级医院是向几个地区提供高水平医疗卫生服务和执行高等教学、科研任务的区域性医院。江桥镇根据不同医院等级采取不同的建设及运营资金筹措方式。村和社区卫生服务站，基本建设费用由镇财政负责，新建社区的卫生服务站一般使用开发商建造的社区服务站用房。社区卫生服务中心在建设上属于一级医院，由区、镇两级财政共建，镇财政投入为主，区财政补贴1500万元。由于江桥镇的卫生服务中心对应的是上海市大型居住社区项目，因此还获得了市财政补贴1500万元。江桥镇规划升级拓建的江桥医院属于二级医院，由区财政投资。三级医院的建设由全市统筹布局，投资建设方式由市、区两级政府协商确定。例如瑞金医院北院是由嘉定区财政投资，建设完毕交付瑞金医院。东方肝胆医院是由嘉定

---

① 嘉定区的住宅建设配套费是420元/m²，其中30元为轨道交通配套费，其余390元包括了教育设施在内的各项公共服务设施配套的建设费用，俗称"小配套"。

区提供土地，由医院自身投资建设。村、镇两级社区卫生服务机构因为实施基本药物零差率制度，因此在日常运营中由镇政府进行财政补贴。镇财政每年补贴镇社区卫生服务中心约2000万元，每个卫生站约20万元。二级以上医院日常运营费用政府投资比例低，基本可自负盈亏（表5-3）。

江桥镇医疗卫生设施等级、建设和运营状况　　　表5-3

医疗卫生设施等级	设施建设	设施运营
村、社区卫生服务站	镇财政（新建多位于商品房配套卫生站用房）	镇财政补贴 2000万/卫生服务中心 20万/卫生服务站
社区卫生服务中心	镇财政为主	
	区财政补贴	
	市财政补贴大型居住社区项目	
二级医院	区财政	自负盈亏
三级医院	市、区两级协商	

资料来源：根据江桥镇实地调研访谈自行绘制

江桥镇的公立养老机构，以镇财政为主、市区财政给予一定补贴的方式建设。私立养老机构由私人投资建设，区财政分别给予新增床位一次性补贴、租金补贴及收养本区老人日常收养护理补贴。根据上海市养老服务补贴政策，对于上海户籍60周岁以上有照护需求的老人，根据其收入水平给予梯度养老服务补贴。养老服务补贴可用于包括入住养老机构等的各类养老服务。养老服务补贴的资金由市、区两级社会福利彩票公益金出资承担一部分（2015年为各承担6000万元），其余由市、区县两级财政按1∶1的比例承担。

分析江桥镇各类基本公共服务设施建设和运营过程中资金的筹措方式，可以看到目前镇级财政在镇村范围的公共服务供给中承担了较多的责任，区县财政以补贴方式予以统筹，而市级财政主要对涉及较大范围的大项目提供专项补贴。这一财政责任划分在上海各镇、街道的公共服务供给中具有普遍性，这与2015年以前上海各镇、街道均拥有一定的产业基础和财政能力密切相关。但由此导致的基本公共服务供给水平受所在镇、街道的经济实力差异影响也较大。2015年，上海市委一号课题成果《关于进一步创新社会治理加强基层建设的意见》提出，"取消街道招商引资职能及相应考核指标和奖励，街道经费支出由区政府全额保障，推动街道工作重心切实转移到公共服务、公共管理和公共安全等社会治理工作上来。"根据该文件的精神，街道财政将由区政府统一管理，街道公共服务支出由区政府统筹负责，即上海市在基本公共服务供给中将逐步提高统筹层次。据此，展望区县与镇的公共服务事权和财政管理方式也将进一步调整。

5.1.4 基本公共服务设施的准入政策与利用状况

1. 基础教育设施

（1）地方性教育政策

上海市从2014年起实行义务教育阶段来沪人员随迁子女申请入学新政。具体要求包括：父母任一方持有《上海市居住证》或父母任一方满2年的《上海市临时居住证》，6个月社保缴费记录，合法的房屋证明（包括产权、租约、工厂宿舍等）。学区内学位不足的街道/镇向区教育局提出申请，根据区域内教育资源配置情况进行统筹安排。部分区县正积极探索上海市外来人口居住证积分制管理，来沪人员随行子女义务教育阶段入学将按积分从高分到低分录取。此外，上海市为解决优质学区学位不足，通过强调居住稳定性来保障学区生源的稳定性。2014年起，静安区开始试点"同一户地址5年内只享一次同校对口入学机会"；2015年，虹口区、宝山区、闸北区开始实行该项政策，接下来可能有更多区县也这么做。

但由于大量外来人口采取合租住房的形式，难以获得随行子女入学所必需的稳定居住证明。即使是独立租房，随着"同一户地址5年内只享一次同校对口入学机会"政策在各区县的逐步展开，考虑到将来子女或者孙辈的学位问题，部分本地房东可能不愿意和租客签订租房合同。

（2）教育设施配置状况

首先，考察上海市郊江桥镇案例。江桥镇辖区原先分属于老江桥乡和老封浜镇。1998年，老江桥乡共有1所中心小学和星火小学、五四小学、真新小学、丰庄小学、幸福小学、建华小学6所村校；老封浜镇有1所中心小学和天真小学、槎西小学、通巷小学、杨湾小学、张家小学、新槎小学6所村校。由于人口出生率降低，户籍生源不断减少，加之村校教学设施简陋，从而对村校逐步实施撤并。早于全国"撤点并校"浪潮，至2000年村校已全部撤销，小学阶段适龄儿童全部进入镇区中心小学就读。2001年，老江桥乡和老封浜镇合并为江桥镇，原镇区的两所中心小学和中学的空间配置格局不变。

2000年左右，随着外来务工人口快速增长，分别在老江桥乡和老封浜镇出现了民办的农民工子弟学校。2001年，老江桥乡有4所农民工子弟小学，老封浜镇有6所，但大部分农民工子弟学校条件简陋、不符合办学要求。根据上海市出台的规范农民工子弟学校的政策，自2008年起，江桥镇对农民工子弟学校进行关闭或出资回购，合并成立了民办沪宁小学和民办庆宁小学两所"纳民"小学，学生享受义务教育待遇，经费由财政投入。

2008年以来，随着江桥镇大型居住社区的建设，中小学作为配套公建进入快速增长时期。2008年开办了金鹤小学，2009年开办了金鹤中学，2011年开办了华江小学。目前，江桥镇共有公办小学4所、"纳民"小学2所、公办初中3所，全部位于镇区（图5-9、表5-4）。

图5-9 江桥镇基础教育设施分布

资料来源：作者自绘

江桥镇中小学基本情况表（2012年）　　　　表5-4

校名	创办年份	学校地址	班级数（个）	学生数（人）	教职工数（人）	占地面积（m²）	性质
封浜小学	1911年	吴杨路50号	30	1292	86	8952	公办小学
江桥小学	1906年	临潭路520号	31	1219	80	12357	公办小学
金鹤小学	2006年	鹤旋路386号	25	968	59	9105	公办小学
华江小学	2011年	华江支路666号	12	477	29	6230	公办小学
沪宁小学	2009年	虞姬墩路48号	34	1544	87	5836	"纳民"小学
庆宁小学	2008年	曹安公路南封浜村638号	12	540	34	1350	"纳民"小学
江桥实验中学	1958年	靖远路1358号	25	897	89	12005	公办初中
金鹤中学	2009年	鹤霞路136号	24	805	80	17024	公办初中
杨柳初中	2012年	乡思路200号	24	750	82	8916	公办初中

资料来源：《嘉定年鉴（2013）》

其次，考察上海中心城区华泾镇案例。华泾镇的前身是龙华乡。1984年，辖区内有华泾小学、关港小学和东湾小学三所小学，其中东湾小学在东湾大队内，属于民办小学；后因生源不足，关港小学和东湾小学先后关停。1998年建立了徐浦小学、紫阳中学和位育中学，2004年建立了徐汇区位育体校；2006年华泾镇与上海中学合作创办了民办华育中学。随着外来务工人口的快速增加，2000年左右，华浦村、东湾村等在村内办起了农民工子弟学校，有些是将闲置厂房改作校舍。2004年，根据徐汇区教育局的规定，农民工子弟学校停办，学生全部转入本地公办学校就读。华泾镇目前共有小学2所、初中4所，全部位于镇区（图5-10、表5-5）。按照2013年《徐汇区华泾镇控制性详细规划（修编意见）》，结合拆迁安置项目，将在银都路以北、规划一路以东规划新建一所小学。

图 5-10 华泾镇基础教育设施分布

资料来源：作者自绘

华泾镇中小学基本情况表（2013年）　　　　表 5-5

学校	用地面积（m²）	建筑面积（m²）	级数（个）	班级数（个）	学生数（人）	教职工数（人）
位育中学	98454	62027.17	3	34	1300	197
华育中学	27734	33399	4	32	1395	83
紫阳中学	14368	7510	4	19	675	50
位育体校		13250	12	13	364	30
徐浦小学	8539	4593	5	12	430	35
华泾小学	16800	8600	5	17	660	45

资料来源：华泾镇学校基础设施规模统计表 2013

　　人口流入地案例江桥镇。2010年，江桥镇农民工子弟学校完成了"纳民"工作，合并为政府托管的民办沪宁小学和民办庆宁小学。政府托管是指学校资产属于镇资产管理中心，校长由公办学校调派。教师大部分为原来农民工子女学校的老师，近5年也向社会招聘了一些具有教师资格的大学毕业生。招生的学生全部符合上海市入学规定的外来务工人员随行子女入学要求，享受义务教育。目前，江桥镇镇域内没有面向户籍适龄儿童的民办中小学；所属的嘉定区2012年有4所民办小学、6所民办初中，占嘉定区小学数量的10.8%、初中数量的20.6%。

　　华泾镇镇域内小学均为公办，有1所民办初中，面向全市招生。所属的徐汇区内共有4所民办小学、4所民办初中，占徐汇区小学数量的8.8%、初中数量的13.7%。根据上海市教育局的规定，民办中小学面向全区招生，部分具有寄宿能力的学校则面向全市招生。

　　（3）教育设施利用状况：郊县教育学位紧张，中心城区教育资源利用分异显著

　　对上海市郊江桥镇的基础教育设施利用状况调查发现，外来务工人员随行子女数量的快速上升使江桥镇的义务教育阶段学位异常紧张。从江桥镇的调研中了解到，2008—2013年，江桥镇各学校（包括公办学校和"纳民"学校）接纳外来务工人员子女人数从5582人上升到10028人。实际在江桥镇，外来务工人员随行子女中符合"上海市来沪人员随迁子女入学申请条件"的人数已远超全镇教育资源能接纳的最大限度。接收随行子女入学主要通过两种途径，其一是优先利用现有公办学校资源。由于人数众多，虽然目前所有江桥镇公办中小学已最大限度接收随行子女入学，并且部分学校的这部分生源已占较高比例，如金鹤中学达到了79.67%，华江小学达到了70.13%。但由于外来人口基数大，仅能解决部分随行子女的入学问题，如控制在父母有一方为人才引进或是拥有本地房产证的家庭。其二是进入两所"纳民"学校，

其中沪宁小学是上海市最大的外来务工人员子女学校，每班约48-50人。由于这类学校的教师不参加教师职称评聘，且收入较低，因此教师的流动性较大（图5-11）。

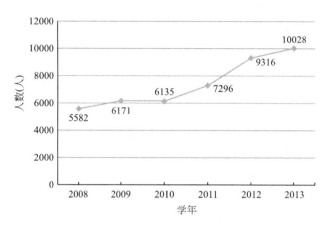

图5-11　2008-2013学年在江桥镇就读的随行子女数量变化曲线图
资料来源：嘉定区江桥镇教委办（2014）

据调查访谈，在巨大的外来务工人员随行子女就学安置的压力下，江桥镇的教育部门对报名时间的控制和申请材料的审核变得愈加严格。根据摸底调查，2015年外来务工子女仅申请就读小学的人数就达到1158人，而实际镇内能安置的极限是700多人。在镇内资源调剂难以解决的情况下，江桥镇只能向区教育局申请在区内进行统筹安排。然而，从嘉定区各镇实际拥有的教育资源来看，江桥镇所处南部地区的其他镇同样面临着教育资源高度紧张的问题，只有相距近40km的北部徐行镇、华亭镇尚有小学招生的调剂空间。

江桥镇外来人口子女教育状况访谈

张女士一家三口来自安徽，目前租住在江桥镇X村。夫妻都在附近的工厂打工。小孩今年要上小学了，她希望让孩子继续留在身边读书。去镇里教委了解入学情况时发现虽然他们符合外来务工人员随迁子女的报名条件，可现在报名人数太多了，公办学校和两所"纳民"小学都满了。按照他们家的情况，只能区内统筹，据说统筹的学校是30多公里外的徐行小学。张女士现在很犹豫，如果把孩子送回老家读书，由爷爷奶奶照顾，就成了留守儿童；如果去徐行小学的话，距离太远，每天接送是个大问题。5月份就要报名，他们夫妻还在痛苦的抉择中……

第5章 不同层级城镇中人口流动与基本公共服务资源配置

对地处上海中心城区的华泾镇的调查则发现，其基础教育设施的供需矛盾并不突出，与江桥镇的情形大相径庭。但在教育资源丰富的徐汇区，华泾镇的教育资源仍处于"洼地"。在其现状中小学中，徐汇体校主要培养和输送体育人才。华育中学是民办初中，面向全市招生，实际生源以全市为主。其余诸如紫阳中学、华泾小学、徐浦小学、体校附小等，在徐汇区均属于教学相对薄弱的学校。在此背景下，本地户籍生源流失严重，调研中发现大量本地户籍生源通过购买学区房或者考民办学校"逃离"本学区。2012年，紫阳中学托管前本地户籍生源已经不足40%，亦即60%的学生是外来务工人员子女。2012年紫阳中学由华育托管，2013年华泾小学由建襄小学托管，此后本地生源有所回流，但外来人员子女仍占较高比例。

由于华泾地区的基础教育水准相对偏低，本地户籍生源外流严重；同时由于较多外来人口采取合租的形式，难以获得其所携子女入学必需的稳定居住证明。因此，目前基础教育阶段的学位矛盾不明显，符合条件的外来人员子女基本均可进入本地公立学校。

华泾镇户籍人口子女教育状况访谈

林先生是上海本地人，早些年从徐汇区万体馆动迁到华泾镇。他说因为华泾镇都是"菜场小学"（本地生源少，外来务工人员子女就读占很大比例的小学），所以自从动迁到华泾镇，他就开始考虑小孩入学的问题了。几年前他在徐家汇附近买了个老公房，房子是真小真破，但单价特别贵，就是因为是徐汇区重点汇师小学的学区房。他说附近上海人像他家这种情况特别普遍，因为附近没有好学校，小孩子能力强的就考民办小学，每天坐校车；很多家庭都有学区房，自己接送。

---

2. 医疗卫生设施

（1）医疗保障政策

上海在2011年前实行外来从业人员综合保险，2011年取消，全部改为参加城镇职工医疗保险。主要保障的是住院医疗，门、急诊报销仅限个人医疗账户内的金额，用完即止。此外，小城镇基本医疗保险制度（镇保）是上海的地方特殊政策，参保人群为失地农民；具体做法为政府从征地补偿款中提取一部分资金一次性为其缴纳医疗保险，保障范围包括门、急诊和住院医疗。

目前实行的各类医疗保险制度的报销比例各不相同，同时，由于我国各类医疗保险均实行属地化管理，因此，不同地区由于经济发展差异、其医疗报销比例也有所差异。在各地各类医疗保险制度设计中，均考虑到通过在不同等级医疗机构就诊设置差异化的报销比例，力求将就诊需求导向基层医疗卫生机构。此外，目前各等级医疗机构就诊的报销比例差额较小（同类医疗保险在各医疗机构等级间报销比例差额约为5%）。

对于上海大量来自农村地区的外来务工人员，他们可以参加流出地的新农村合作医疗，也可以参加上海市城镇职工医疗保险。外来人员在上海就医，两类医疗保险制度均保障其住院医疗，覆盖上有所重叠。但对于门、急诊而言，前者不能实行异地就医，而后者则仅限于个人医疗账户中的金额（每月缴费基数的1%），因此基本依靠自费。调查了解到，每月平均约30元累计的个人医疗账户资金在门诊、急诊和定点零售药店购药能发挥的作用非常有限，在住院和急诊观察室期间医疗保险才能发挥比较明显的作用。

（2）医疗卫生设施配置状况

上海市郊的江桥镇，从2000年到2010年镇级医疗设施仅增加了1所——金沙新城社区卫生服务中心。该中心的设置是为了配合江桥镇南部大型居住社区的建设，核定130张床位，属于一级医院；加上原有老江桥镇和封浜镇的卫生服务院作为分部，形成了一个中心两个分部的格局。在江桥镇所辖的村和社区内设4个卫生服务站和19个卫生室。已经规划了在江桥镇区建设一家二级综合医院，选址位于江桥镇北部社区，由区财政投资建设500张床位规模的医院，2017年竣工。调查了解到目前没有专业医疗院校的毕业生愿意去村卫生站工作，村卫生站的医生主要是以前的厂医、返聘的退休医生。

位于中心城区的华泾镇，其医疗卫生服务设施包括1所社区卫生服务中心和6所卫生服务站点。华泾镇的社区卫生服务中心于2000年建立，属于一级甲等医院。社区卫生服务中心下设6个卫生服务站点，由社区卫生服务中心派出的全科医生每天到社区卫生站点看门诊和家庭病床。社区卫生服务站点编制包括2名全科医师、1名中医师、1名公共卫生护士及1名全科护士，实际人员情况会有所差异。

此外，根据卫生部的《医院分级管理标准》，城乡地区对不同等级医疗卫生机构的科室设置、床位数、设备配备、药品目录以及医生的处方权限等均有严格规定。社区卫生服务中心属于一级社区卫生服务中心，根据规定不设置急诊、发热门诊、产科等科室，药品目录比二级以上医院少一半以上。而设置在社区、村的卫生站和卫生室的药品更少，处方权限更低。

江桥镇所在的嘉定区有21家民营医疗机构，华泾镇所在的徐汇区有9所民营医院和110所民营门诊部。

（3）医疗卫生设施利用特征

外来人口使用设施的频率低，但总量上升快。

对上海市的江桥镇和华泾镇的医疗卫生设施利用状况调研发现，外来人口对医疗卫生设施的使用状况非常相似。由于新农村合作医疗不涵盖门、急诊的异地就医。而外来人口参保的城镇基本医疗保险，门、急诊仅能报销个人医疗账户资金，额度非常有限。因此，大部分的外来务工人员小病一般不去医院，或是去药房买点药。只有发生突发性疾病才会去医院治疗。这类就医以自费为主。

虽然总体而言，外来人口对医疗卫生设施使用的频率非常低，但由于外来人口基数大，因此，无论社区卫生服务中心还是临近的市区级医院，外来人口就医的占比均快速上升。据调查，从2000年到2012年，江桥镇社区卫生服务中心年诊疗量从8万人次上升到61.7万人次，嘉定区中心医院年诊疗量从62.7万人次上升到160.9万人次；外来人口患者在增量中占据了较大比例。尤其是在江桥镇社区卫生服务中心的外科，就诊的患者基本都是外来人员。

江桥镇外来人口医疗卫生状况访谈

李先生夫妻租住在江桥镇X村，自己买了辆小货车跑运输。他说自己和妻子在老家参加了新农村合作医疗，他们村里出来的人都参加了。现在老家的"新农合"看个病能报销不少钱，万一真生了大病还能回老家看。现在看病太贵了，随便看个感冒啥的，都要花二三百元。除了去年把腿摔骨折了去了两趟镇里的卫生院，来上海这几年基本没怎么去过医院，平时有个头痛脑热的就去药房买点药吃吃算了。没参加上海的医疗保险，因为听说就算缴了，每个月看病也只能花30元，根本没啥用。

调查同时发现，在本地户籍居民对于村镇两级医疗卫生设施的利用中，江桥镇和华泾镇亦有所差异。江桥镇的居民普遍认为卫生室的医疗水平低，除了老年人去量量血压，平时基本不去；而华泾镇通过实施镇卫生服务中心向社区卫生站派驻全科医生和签约家庭病床的方式，增加了居民对社区卫生站的利用率。另外，由于在镇社区卫生服务中心就医与在二级、三级医院就医的报销比例差异不大，加之社区卫生服务中心的药物品种少，且存在开药金额低等限制，因而本地户籍居民看病都去上级医院，只有一般的配药或者输液等才去社区卫生服务中心。江桥镇本地居民大多选择嘉定区级医院或者临近的中心城区医院。而华泾镇位于中心城区交通更为便利，因此，本地居民大多选择市级三甲医院或专科医院。

3. 养老服务设施

（1）地方养老政策

入住城乡公办养老机构一般需持有本地户籍，而社会投资办的养老机构因属于市场化运作，不设置入住的户籍限制。上海部分区、县民政局对辖区内社会养老机构收养户籍失能老人给予财政补贴。同时，为解决中心城区和郊区养老床位的供需失衡，《上海市养老机构条例》明确规定了"中心城区人民政府应当制定引导、鼓励本辖区户籍老年人入住郊区养老机构的补贴措施"。

（2）养老设施配置状况

上海市郊的江桥镇，目前共有两家养老机构，"江桥镇封浜敬老院"为公办敬老院，"三和养老院江桥分院"为民办养老院。此外，江桥镇曾于2014年取缔了非法养老场所"民生养老院"，2015年上半年取缔了"星火养老院"。

上海中心城区的华泾镇，目前共有5家养老机构，其中"华浦敬老院"是公办养老院，"永康养老院""久康养老院""华泾养老院"和"源梦颐养院"是民办养老院。民办养老机构增长较快。在上海市郊江桥镇，目前有1家民办养老院；在中心城区的华泾镇，目前已有4家民办养老机构。

（3）养老设施利用特征

公办养老供不应求，民办养老门庭冷落。目前，上海公办养老机构的服务对象只限于本市户籍的老人，调查发现"封浜敬老院"和"华浦敬老院"的养老床位均已呈现出供不应求的状况，申请入住达到100-200人。由于公办养老院一床难求，以至出现了找关系走后门的现象。

一方面是公办养老院入住难，另一方面则是民办养老院门庭冷落、空置率高。主要原因是费用较高，例如所调查的华泾镇"源梦颐养院"，收费标准为每人每月3400-3900元；对于靠退休金生活的老人而言这个门槛已较高，而这样的收费标准在民办养老机构中尚属大众化收费。据了解，一些民办养老机构采取会员制，一次支付数十万元，拥有入住房间50年的居住使用权，退房时返还本金。老人普遍反映难以承受如此高昂的费用。

从调查情况来看，由于公办养老机构入住的户籍限制以及民办养老机构较高的收费，因此，外来人口对流入地的养老设施利用基本没有产生影响。

华泾镇居民养老状况访谈

娄女士72岁,华泾镇本地人,华浦村动迁后住进了华泾新村的两房一厅。她说老伴前些年去世了,儿子在外地工作,现在她一个人居住。现在年纪越来越大,身体不行了,所以这两年老想着去住养老院。去镇里的养老院问过,现在都满了,得排队,啥时候能进还不知道。镇里倒是新开了好几家民办的养老院,不过环境好的贵得住不起,环境差的实在不放心呀。还是先在镇里的养老院排队吧,到底是公家办的,年纪大了图个安心啊。

5.2 人口流入地区:中等城市开发区的案例研究

5.2.1 案例选择

浙江省是我国经济最活跃的省份之一,2016年生产总值在全国31个省市中排名第4,其中经济技术开发区在浙江省的经济发展中起到重要作用。2016年,浙江省共有75家经济开发区,占省域面积7.73%,但各项主要经济指标占全省比重1/3以上。经济技术开发区的产业集聚需要大量的劳动力,这极大促进了人口的流入,从近年各省公布的人口抽样公报来看,浙江省的净流入人口居全国前列,2018年和2019两年均居全国第二。经济技术开发区开发初期多以单一外向型工业园区为主,用地功能单一、基础设施配套滞后,产业政策优势弱化后持续发展动力不足。不少开发区转型再开发,提出建设区域与功能配套完善的"新城转型的战略"。经济技术开发区作为人口流入的重要区域,其基本公共服务资源的供需具有特殊性;且产城融合的转型发展将对该类区域的基本公共服务设施配置产生重要影响。

基于上述分析,在浙江省域范围内选择一个外来人口聚集的经济技术开发区作为二线城市开发区典型代表案例,结合实践课题调研,选择浙江省西部的衢州市龙游经济开发区。

5.2.2 案例概况

龙游经济开发区创建于2003年初,涉及小南海、塔石、兰塘、模环、士元多个乡镇的下辖区域,前身为龙游龙北工业园区。2006年3月被浙江省政府批准为省级工业园区,2007年进行了二期规划,2011年开始三期发展并实施产城融合,将龙游经济开发区按照产业新城的模式进行整合。园区总面积9.7km²,区内职工人数为1.3万人。

1. 外来人口比重大，流动性明显

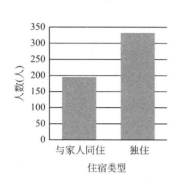

图 5-12 非本地户籍员工与家人同住情况

资料来源：作者自绘

龙游经济开发区内龙游县户籍人口与外来务工人员比例为43：57，外来务工人员占总员工数一半以上，外来务工人员主要来自贵州、四川等地。根据问卷调查发现，外来员工中2/3是独自外出打工，与家人的长期分离不利于对老人的赡养、婚姻关系的稳定与对孩子的抚养，龙游工业园区对他们来说仅仅是工作的场所，而缺乏"家"的认同感和归属感。1/3的外来员工是和家人同住，而与配偶同住比例高达86%，说明非户籍员工中夫妻二人均在龙游经济开发区打工的占一定比例，这类群体往往选择龙游定居的意愿较强；携带孩子比例较低，仅为30%，说明本地教育资源获得度较低，较高比例的儿童在家乡留守（图5-12、图5-13）。

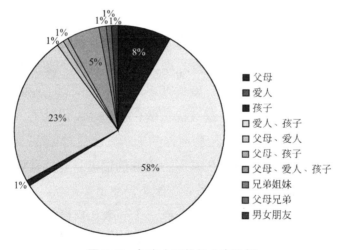

图 5-13 与家人同住的分布比例

资料来源：作者自绘

同时，调查发现龙游县农村劳动力外出就业人数与在本地企业就业人数之比是2：1，并且这一比例在近几年保持相对稳定，2/3以上农村劳动力外流加剧了日趋严峻的用工难问题。这其中既有本地就业与外出就业的工资差异因素，也有大城市生活方式的吸引因素。

2. "单位制"建设特征显著

龙游经济开发区"单位制"模式比较明显,约一半员工居住在工业园区内,其中绝大部分住在单位集体宿舍(图5-14)。多数企业采取企业内部自建食堂以提供工作餐(图5-15),部分企业提供班车解决通勤问题。在开发区建设的起步阶段,"企业办社会"模式能够为员工提供必要的生活服务设施,有利于企业对员工的管理。但同时"单位制"为主导的就业—生活模式降低了不同企业间员工的交往,弱化了产业新城社区氛围,也降低了公共设施建设的集聚效应与规模效应。

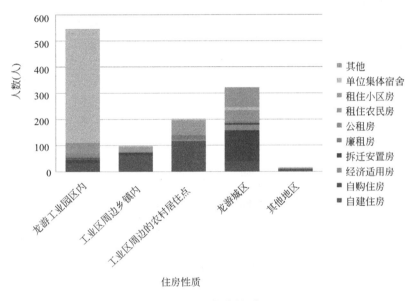

图 5-14 住房性质

资料来源:作者自绘

3. 基础设施配套跟进不足影响开发区吸引力

与开发区用地的扩展,企业入驻的增加相比,公共服务设施与商业娱乐设施没有及时跟进,公交系统滞后,商业设施匮乏、缺乏相应的教育资源、医疗资源等问题突出(图5-16)。

面向园区内员工的调查显示,医院或社区医疗中心是员工最为关心的问题,

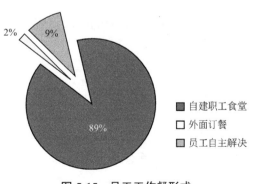

图 5-15 员工工作餐形式

资料来源:作者自绘

医疗机构的缺乏给园区就业人员及附近居民看病救急造成不便。配套教育机构的缺失，给园区就业人员及附近居民的孩子入学造成困难，也成为外来人才入驻首要考虑的问题。园区缺乏综合性百货商场、酒店宾馆、大型购物中心和超市，休闲娱乐、餐饮、住宿、购物、物业管理的水平档次较低，无法满足园区就业人员和居民多样化的消费需求。同时，随着开发区发展，就业人员增加，早期公交系统已不能满足需要，公交班次少、路线设置不合理也给员工生活造成不便。

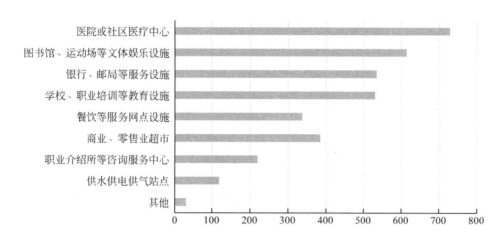

图 5-16 职工对龙游开发区内最缺乏的公共服务设施的选择

资料来源：作者自绘

公共服务设施的缺乏抑制了企业员工的本地消费，他们往往较少介入城市生活，而将大部分收入积攒带回农村用于盖房娶亲，不利于产业新城第三产业的发展。同时开发区生活氛围的缺失，无法满足新生代农民工的需求，也使企业产品销售、招工、用工难度增加，间接地增加了企业的生产成本，使园区企业产品竞争力下降，制约了产业加快集聚，并直接影响到工业园区建设向城市化建设过渡。

5.2.3 供给中各级政府的财政责任

教育方面，根据《教育领域中央与地方财政事权和支出责任划分改革方案》（义务教育阶段财政为中央与地方共同财政事权，根据不同地区由中央与地方财政分档按比例分担），龙游经济开发区所在的浙江省属于第4档，中央财政分担50%。医疗卫生方面，根据《浙江省人民政府办公厅关于印发浙江省医疗卫生领域财政事权和支出责任划分改革实施方案的通知》为中央、省、市县共同财政事权，中央财政按照国家基础标准分担30%，省在国家基础标准上制定省级标准，省级财政统筹中央财政补助资金，根据省级标准按最高补助80%和转移支付系数分担。

省级以下财政安排根据《浙江省人民政府办公厅关于印发浙江省基本公共服务体系"十三五"规划的通知》省级财政负责省级科教文卫事业费，市县财政负责市县级基本公共服务的提供，省政府主要通过转移支付对财政困难地区进行帮扶，教育、医疗、养老服务财政事权分配见表5-6。

浙江省基本公共服务财政事权与保障事项　　　　表5-6

事项		财政事权	保障事项
义务教育类	义务教育免费	市县政府负责，省财政适当补助	免除学费、杂费、书本费以及农村寄宿制学校学生住宿费，生均公用经费标准为小学650元/年，初中850元/年
	农村义务教育学生营养改善	市县政府负责，省财政适当补助	农村中小学生中的"五类生"和家庭经济困难学生，每生每年1000元
	寄宿生生活补助	市县政府负责，省财政适当补助	生均补助标准为小学1000元/年，初中1250元/年
基本医疗类	职工基本医疗保险	用人单位和职工负责，基金支付不足时财政负责	基层医疗结构职工医保政策范围内门诊费用报销50%
	城乡居民基本医疗保险	个人和财政共同承担	基层医疗结构城乡居民医保政策范围内门诊费用报销50%
基本养老	基本养老服务补贴	市县政府负责，省财政适当补助	机构养老补贴标准为15000元/年，居家养老补贴标准为6000元/年

资料来源：《浙江省人民政府办公厅关于印发浙江省基本公共服务体系"十三五"规划的通知》

在地方性基本公共服务投入中，县和乡镇起到了重要作用。龙游县域内基本公共服务财政主要以县为主，乡镇辅助，乡镇实行"划定范围、核定基数、超收分成、分类分档"的财政管理体制。齐欢欢对浙江省义务教育财政投入的研究表明不同经济水平的县域间存在着显著差异，尽管差异总体呈缩小趋势，但仍维持在较高的比例，以县为主的财政体制使得县域经济发展对区域教育的投入和供给能力具有较大影响。

5.2.4 基本公共服务设施与利用状况

1. 基础教育设施

龙游经济开发区教育设施供给不足，中小学容量无法满足现实需求，部分企业员工选择县城和周边乡镇入学，大部分将子女留在家乡。目前，龙游县共有普通高中2所、完全中学1所、普通初中9所、九年制学校2所、小学36所、幼儿园2所。城区有4所小学，规模偏小，调研了解到当地人们普遍认为其教学水平和升学率较高,是县域生源的择校重点,因此,进入城区小学需要根据户籍、房产属性、县优惠政策等进行排序,户籍优先。城区有3所初中,一所有3个班可招收外县学籍的学生,其他均采用对口学籍派位摇号的方式进入。

由于经济开发区外来人口较多,而区内中小学的设施建设明显滞后于经济区整体开发和企业入驻,龙游县内的中小学在满足户籍人口的服务需求基础上,仅能满足少量外来人口的需求,按照常住人口计算,基础教育的缺班数均较大。

2. 医疗卫生设施

龙游经济开发区所在的龙北片区共有综合医院7家、基层乡镇卫生院4家,但7家综合医院均为民营医院,规模显著偏小,除泽随医院和康民医院两家有20张床位外,其他5家均不足10张床位。县域内共有综合性医院17家、县级公立医院3家,每个乡镇配置一家乡镇卫生院,共15家,各行政村医疗卫生设施全覆盖,共有村卫生室239家。医疗资源总体呈现规模不足且分布不均的特征,千人床位数3.47张,千人卫生技术人员4.78人,千人医生2.58人,千人护士1.56人,均远低于浙江省平均水平。其中,千人床位数、千人卫计人员数和千人护士数也低于衢州市平均水平。从分布来看龙游县医疗资源主要集中在龙中片区,医疗床位数占县域内总量的85.9%,集中了县域内仅有的3家县级公立医院,这3家公立医院门、急诊量占全县总量的40%。调查了解到这3家医院单个医生的门、急诊量远高于乡镇卫生院、村卫生室和民营医院,县级医院每个医生每日门、急诊人数为6.95人,是近乡镇卫生院每个医生每日门、急诊3.55人次的2倍。

龙游经济技术开发区内由于医疗卫生设施不足,民营医院收费较高,而公办的县医院又距离较远,因此,调查中了解到大部分外来务工人员不愿意去医院看病,多通过自身抵抗力或者到就近药房购买一些药品自行治疗,总体而言使用医疗卫生设施的频率非常低。

3. 养老服务设施

龙游县有养老机构12家,其中县福利院1家、农村敬老院9家、公办民营的县福利中心和民办敬老院各1家,总床位数2665张。在现有的养老机构中,农村敬老院占了很大的比重,养老设施和养老服务主要面向农村"五保"和城镇"三无"老人,绝大部分不具备接纳社会自费老人的设施条件。而从龙游县的养老需求来看,龙游县60岁以上老年人口占总人数的21.63%,大大超过了10%的国际老龄化标准,大量的高龄老人、空巢老人使得龙游县养老床位严重不足。养老设施的严重短缺以及入住政策中的户籍限制,使得外来务工人员难以获得该项公共服务。

5.3 人口流出地区：中部乡镇的案例研究

5.3.1 案例选择

依托规划研究课题，对安徽省阜阳市（地级市）的界首市（县级市）所辖乡镇人口外流状况进行分析。对比2010年中心城区、各乡镇的户籍总人口、外出流动人口与常住人口的比例，可以看出中心城区、临近城区且自身有一定工业基础的乡镇流动人口相对较少，而传统农业乡镇人口外流显著（图5-17、表5-7）。所以宜在外出人口占比较高的传统农业乡镇选择研究案例。

根据上述条件，本书所确定的人口流出典型地区的研究案例为界首市的传统农业乡镇芦村镇。

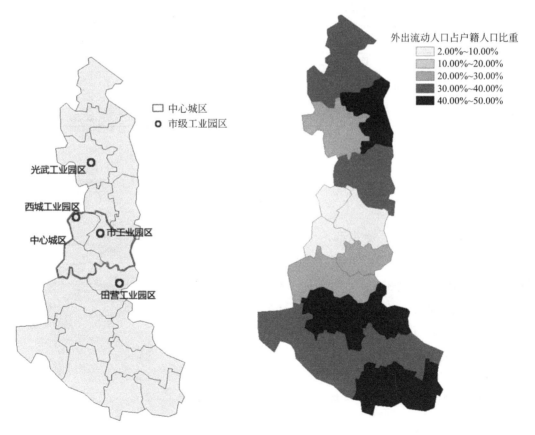

图 5-17 界首市中心城区、市级工业园区分布与各镇人口外流状况

资料来源：界首市工业园区总体规划（2012-2020年）、公安局统计数据（2010年度）和六普数据

界首市各乡镇户籍与常住人口对比一览表（2010年）　　　表5-7

办事处/乡镇名称	户籍人口（人）	常住人口（人）	外出流动人口（人）	外出流动人口占户籍人口的比重（%）
东城办事处	180874	177144	3730	2.06
西城办事处				
颍南办事处				
光武镇	61533	46786	14747	23.97
泉阳镇	43978	26683	17295	39.33
芦村镇	32060	20067	11993	37.41
新马集镇	46105	26388	19717	42.77
大黄镇	37633	23091	14542	38.64
田营镇	31497	23123	8374	26.59
陶庙镇	59223	41538	17685	29.86
王集镇	52884	31246	21638	40.92
砖集镇	50338	34700	15638	31.07
顾集镇	40264	26459	13805	34.29
戴桥镇	30909	17904	13005	42.08
舒庄镇	32089	18814	13275	41.37
邴集乡	34689	23538	11151	32.15
靳寨乡	25101	17185	7916	31.54
任寨乡	27363	15290	12073	44.12
合计	786540	569956	216584	27.54

资料来源：户籍人口来自界首市公安局（2010年度），常住人口来自六普数据

5.3.2 案例概况

芦村镇位于安徽省最北部，隶属于阜阳市（地级市）所辖的界首市（县级市），其南部距县城26.8km（图5-18）。镇辖区面积为35km²，辖芦村、路洼村、郭寨村、穆寨村、枣林村、小徐村6个行政村。2011年末，辖区户籍总人口32283人，其中非农人口1217人[①]，镇区人口6532人[②]。芦村镇具有以下特征。

1. 人口外流比例高，在传统农业乡镇中具有典型代表性

芦村镇由于地理位置较为偏僻，农业人口的本地城

图5-18　界首市芦村镇区位

资料来源：作者自绘

---

① 数据来源于2011年度界首市公安局人口及其变动情况统计报表。
② 数据来源于界首市建委村镇统计报表。

镇化进程较缓慢,是中部农村剩余劳动力外流的典型乡镇。对比五普、六普统计数据可知,芦村镇2000年流出到市外半年以上的人口为4152人,2010年达到了11993人,10年间增加了7841人。2010年,全市流出人口占户籍人口的比重达37.41%(表5-8)。人多地少、耕地不足的农业发展条件,以及乡镇工业发展滞后吸纳劳动力有限,使得芦村镇大量青壮年劳动力外流,人口空心化严重,这在传统农业乡镇中具有典型的代表性。

2000年和2010年芦村镇户籍人口与常住人口对比 表5-8

年份	户籍人口（人）	常住人口（人）	外出流动人口（人）	外出流动人口占户籍人口的比重（%）
2010	32060	20067	11993	37.41
2000	29467	25315	4152	14.10%

资料来源：第六次人口普查

进一步调查发现,芦村镇外出务工经商的劳动力绝大部分选择流向省外经济相对发达的地区。接受访谈的农户家庭中外出劳力,约15%在本地芦村镇镇区打工,7.5%在所属县级市界首市区或周边工业发展较好的乡镇务工,5%在所属地级市阜阳市打工。而占大头的72.5%则流向了东南沿海地区,上海、浙江、广东、北京等是人口外流的主要目的地。

2. 农业逐步规模化经营,土地流转比例高

芦村镇属于淮北平原传统农业地区,人口密度高。由于距离城区较远,经济发展以农、副产业为主,工业发展较为滞后。2011年,芦村镇土地总面积为35.5km^2,户籍人口32283人,人均面积0.1hm^2。其中耕地面积为3.68万亩,农业人均耕地只有1.13亩。耕地资源有限且分散的状况难以适应现代农业的规模经营,因此,近年来芦村镇不断加大土地流转力度,积极扶持种植大户,发展家庭农场、农民合作社、龙头企业等经营主体。从调研中了解到,芦村镇穆寨村郭王庄是土地流转的示范村,安徽华泽医药有限公司以每年每亩800元的租金租用该自然村农户300亩的土地种植中药材白芍,并以每天40元的务工费招用被流转土地的农户到中药材基地务工。在芦村镇郭寨村均张自然村,村里的种植大户以每年每亩土地600元的转包价格,将均张自然村的近100亩土地转包种植中药菊花。截至2012年,芦村全镇土地流转已达2.6万亩。

芦村镇的土地流转是界首市农村地区土地流转加速发展的缩影。截至2013年10月,界首全市土地流转总面积达40.8万亩,占耕地总面积的70.2%,远高于全省同期

28.7%的流转水平（安徽省联合调查组，2013）。全市共有96个土地流转整村推进村，呈现了"流转规模较大、流转期限较长"的特征。2010年以来的土地流转加速对芦村镇农村剩余劳动力离开土地起到了进一步的推动作用。

3. 外出务工收入占农村家庭收入主体，日益扩大的经济差距使农村家庭呈现出异质化

随着青壮年劳动力大量外出务工经商，以及不断扩大的土地流转规模，农村社区传统的同质化家庭农业经营为主的收入结构，正在分化为少数以"农业规模经营收入为主"的农户家庭与大多数外出"务工经商收入为主"的农户家庭。以芦村镇为例，大多数农户家中的青壮年劳动力已经外出务工经商。从收入构成来看，家庭纯收入中外出务工比例占绝对优势，而土地收入占总收入比例日趋降低。目前，芦村镇外出务工年收入在2万~5万元之间，而80%家庭的土地年收入仅为1000~6000元。可见除少量通过土地流转开展规模经营的农户外，大部分农户家庭的外出务工收入已成为家庭收入的主体。

外出务工的目的地包括到邻近的工业基础较好的乡镇、界首市城区，以及市外经济较发达地区。农业家庭中因剩余劳动力外出务工人数、务工地点、务工工作类型的不同而导致收入差异化。对芦村镇外出务工人员收入进一步调查发现，年收入在2万元以下的约占30%，2万~5万元的占61%，5万元以上的占9%。从访谈中了解到，部分从事驾驶、个体经商及自主创业人员的家庭年收入可达到10万元以上。由于市场化条件下外出务工经商收入差距的日益扩大，农村居民家庭收入的分化趋势还在延续。

5.3.3　供给中各级政府的财政责任

关于全国公共服务供给的总量分析已经表明，人口流出地区一般预算收入对中央转移支付的依赖度不断提高。下文以芦村镇基本公共服务供给中的各层级政府所承担的财政责任来验证这一点。

芦村镇的基本公共服务供给实行"以县为主"的财政模式，即所属的县级市政府统一管理乡镇财政，所辖各乡镇基本公共服务的主要财政责任由县级市政府承担；乡镇财政则负责基本公共服务设施的维护。芦村镇的公共服务供给是以"民生工程"建设的方式推进，从芦村镇所属地级市（阜阳市）对于"民生工程"资金建设的有关政策文件中，可以看出各级政府在各类基本公共服务供给中的财政责任（表5-9）。

芦村镇"民生工程"建设中各级政府在各类基本公共服务供给中的财政责任　　表5-9

	建设标准	中央财政	省级财政	县级市
基础教育	学校公用经费基准定额为：小学585元/生·年、初中785元/生·年	省级以上与县级市财政按8：2比例分担		
	向农村义务教育阶段学生免费提供国家课程教科书	承担		
	补助贫困寄宿生生活费所需资金	50%		50%
医疗卫生	基本公共卫生服务项目资金按常住人口人均不低于30元标准筹集	中央与省级财政按8：2比例分担		
	新农村合作医疗每人每年390元，个人缴纳70元，财政补助320元	220元/人·年	85元/人·年	15人/人·年
社会保障	五保供养财政补助标准为分散供养不低于年人均1870元，集中供养不低于年人均3000元		1380元/人·年	其余经费
	敬老院补贴		7190元/人·年	其余经费

资料来源：根据《阜阳市财政局关于2014年民生工程资金筹措有关问题的通知》整理

从基本公共服务资金投入总量来看，2014年界首市的33项民生工程计划总投资约7.05亿元，中央、省级、市级、县级投入比例为58.6%、29.3%、0.9%、11.2%，省级以上约占88%。从"民生工程"各项基本公共服务的建设标准和经费保障安排中也可以看出，省级以上财政转移支付占主要份额。由此也可以得出，芦村镇的基本公共服务供给对省级以上转移制度具有较高的依赖度（邵琳，2015）。

概括而言，基于全国性的转移支付，在经济发展相对滞后地区已初步建立了以再分配为导向的"输入式"供给模式。而省级以上财政转移支付纳入县财政收支预算，保障了基层政府的基本公共服务供给能力。

5.3.4 基本公共服务设施的政策与利用状况

1. 基础教育设施

（1）入学政策

按照"就近入学"的规定，安徽省界首市芦村镇的适龄儿童应在户籍所在地芦村镇的学校就读。如果父母外出务工，则可以在父母务工地所属学区获得义务教育。根据调查，《义务教育法》以及相关法规和政策的实施尚难以完全到位。实际上，外出务工人员的随行子女作为非户籍生源，不同地区、不同层级的学校具有不同的准入标准和要求，主要体现在就业和居住两个方面。以安徽省界首市为例，镇区的中小学入学政策较宽松，对镇域村庄的儿童入学没有特别限制；而所属县级市（界首市）的城区初中和小学则对非户籍生源入学有一定要求。其中的就业要求体现在需提供社保卡和有效务工合同，个私经营户需提供工商营业执照和相关纳税凭证；居住要求体现在需提供《居住证》或者在学区内居住1年以上的租赁房屋合同及社区证明。

（2）教育设施配置

以芦村镇为例，其基础教育设施基本依据行政区划等级配置，经过两次合并（2010年9月李寨小学并入芦村中心小学，2011年9月谢楼小学并入枣林小学），截至2012年底，芦村镇共配有中学2所、小学11所。其中：镇区有1所中学、1所小学；行政村（中心村）有1所中学、6所小学；此外，自然村还有4所小学（图5-19、表5-10）。总体而言，芦村镇基础教育设施的分散化特征非常明显。

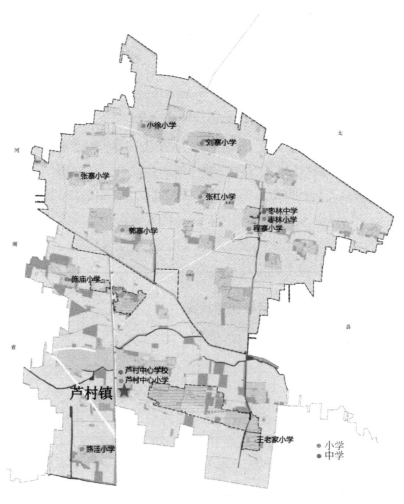

图5-19 芦村镇基础教育设施分布

资料来源：作者自绘

第 5 章 不同层级城镇中人口流动与基本公共服务资源配置

芦村镇中小学基本情况表（2011年）　　　　　表 5-10

中小学名称	位置（具体到村）	教师数（人）	中级以上职称教师数（人）	学生数（人）
芦村中心学校	界首市芦村镇桥西	41	31	340
枣林中学	枣林集南	32	20	543
芦村中心小学	芦村集东	24	12	507
路洼小学	路洼村	4	1	28
王老家小学	王老家村	7	4	43
刘寨小学	刘寨村	4	2	41
张杠小学	张杠村	3	2	25
程寨小学	程寨村	4	1	36
小徐小学	小徐村	5	1	32
郭寨小学	郭寨村	4	2	38
张寨小学	张寨村	7	5	96
施庙小学	施庙村	3	2	16
枣林小学	枣林集北	7	5	145

资料来源：界首市各镇基本情况调查，2012

（3）利用状况：村庄学校低质低效，城区学校高度拥挤

通过对芦村镇等农村地区的基础教育设施利用状况的调研，发现许多农村地区生源严重不足，部分村小全校的班级数不足6个（图5-20）。有些小学由于学生人数严重不足只能开设教学点，最小规模的教学点仅有学生7人。根据界首市"民生工程"规定的标准，小学的基本办学规模为100人，如在校生不足100人，村小或教学点应按100人核定安排公用经费。而芦村镇共有11所小学，其中只有芦村中心小学（学生507人）和两所规模较大的村小（学生分别为145人和96人）外，其余8所小学的学生数均不足50人（表5-10）。生源不足造成现有教育设施利用效率低下。由于缺乏规模效应，教育口的财政拨款只能满足最基本的运作。据现场考察，村小学和教学点普遍教学环境简陋，设施长期未能得到更新（图5-21）。

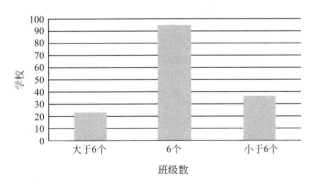

图 5-20　界首市农村地区小学的班级数分布（2011年）

资料来源：界首市教育局统计资料 2012

图 5-21　芦村镇某行政村村小学

资料来源：作者自摄

目前，芦村镇各村小的教师数平均为5人，普遍存在合班、并班现象。在村小工作的教师往往需要兼任多个年级、多门课程的教学，并同时承担学校的行政及辅导管理工作。工作压力大、工资待遇差、缺乏职业上升空间等因素导致了较为严重的师资流失问题，直接的结果就是教学质量难以提高。针对界首市农村基础教育的社会调查发现，"教学质量低"和"教育设施差"是农村居民反应最为强烈的问题。

对芦村镇所属的界首市（县级市）城区的中小学调研则发现，城区中小学高度拥挤，与村小形成了鲜明的对比（图5-23）。目前，界首市中小学是以户籍人口为基础，依据千人指标为标准配置的。根据界首市人口统计，2011年，界首市中心城区常住人口为164729人，其中18岁及以下人口占城区总人口的比重为26.96%，5岁及以下人口占城区总人口的比重为8.98%。按此比例可推算出城区常住人口中18岁及以下的中、小学生人数为29618人。但根据界首市教育局提供的城区中小学的学生数量，2011年城区在校中、小学生数为43516人。从两者的差额可以看出农村地区在城区上学的中、小学人数为13898人。相比较2011年界首市农村地区的在校中、小学生数34338人，说明农村地区很大一部分生源聚集在城区学校。调研发现目前城区学校的学位非常紧张，中小学每班平均超过50人，部分学校处在过于拥挤状态，每班学生数高达60~80人（图5-22）。

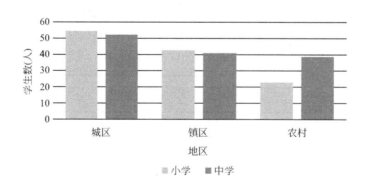

图 5-22　界首市城乡中小学每班学生数分布（2011年）

资料来源：界首市教育局统计资料2012

农村地区生源较多聚集在城区学校的判断，可在乡镇地区的调研中得到验证。在芦村镇深入调研了3个村（卢村村、路洼村和枣林村），接受访谈的农户家庭中有

26户家中有学龄儿童,其中3户在阜阳市上学,6户在界首市上学,9户在镇区上学,仅8户在本村的村小上学。而在镇区的调研中发现,大部分事业单位的职工子女都在界首市区上学。另据对界首市域乡镇地区的问卷调查——238份问卷(74.14%)来自村庄,83份(25.86%)来自镇区——回答者的子女或孙辈所就读学校,18%在外省市,31%在界首市,28%在镇上,仅23%在村里。考察发现,在界首市区以及镇区学校周边购买或租住房屋让子女就近入读,已经是一种普遍现象。在界首市的重点小学、中学附近甚至已经产生了职业接送和私人家庭寄宿群体(赵民等,2015)。

图 5-23　界首市某城区小学

资料来源:作者自摄

芦村镇农村居民教育状况访谈

路洼村的某女士,她的儿子在镇上读中学,她说儿子小学是在村里读的,那时村里小学人还比较多,现在很多都去了镇上,条件好的就去县城租个房子陪读,村里人越来越少了。村里有人带小孩出去读书,但因为经常换工作地点,小孩跟着换学校,造成留级。村里夫妻一起出去打工的多,老人根本管不住小孩,大部分读完初中就读不下去了。所以她没跟丈夫外出打工,一直留在家照顾老人和小孩,她希望儿子将来能考上大学。

2. 医疗卫生设施

(1)医疗设施配置状况

从医疗设施配置来看,界首市实施城乡"三级"卫生服务网络,在芦村镇区设有1个中心卫生院和1个中心卫生防疫站,6个行政村各有1个卫生室,设施配置上显示出均好性的特征。从医疗技术人员数量来看,根据卫生部统计,2011年,我国每千人口医疗卫生机构床位数为3.81张,每千人口执业(助理)医师为1.82人,每千人口注册护士为1.66人。2011年,界首每千人拥有医疗床位为2.49张,每千人执业医生为1.29人,每千人注册护士为0.61人,均低于全国平均水平。

在实际调查中发现,芦村镇村卫生室的乡村医生大部分由"赤脚"医生转变而来，不属于事业编制，由卫生局进行认定给予工资补贴。一些乡村医生属于兼业状态，半日行医半日务农。而镇卫生院医生虽然要求具有专业医生资格，但普遍学历较低，本科以上学历仅占2.2%，大专以上占7.4%。

在基础医疗设施配置方面，2001年起我国开放了医疗市场，鼓励发展民营机构，民营医疗设施的数量不断增长。芦村镇及界首市在镇村和城区均出现了少量私人诊所，多为以前的"赤脚"医生或退休医生开设。

（2）医疗设施利用特征：镇村地区的设施利用率低，城区的设施则不堪重荷

对芦村镇医疗卫生设施调研发现，镇、村两级医疗卫生设施的利用效率较低下。村卫生室基本沦为取药点和血压测量点，而镇卫生院2011年门诊量为12221人次，日均仅33.5人次，而床位使用量，则刚满编制的40张床位。周边有些乡镇卫生院的实际设置床位甚至没有达到编制床位数。

根据对村民的访谈，本地常住村民普遍认为镇、村两级医疗机构的医疗水平低，也就是小病去开个药。稍复杂的病症则去镇卫生院看，而镇卫生院一般都会转诊市级医院。另外，本镇有大量外出务工人员，他们大部分参加了新农村合作医疗，但是由于新农村合作医疗异地就医报销仅限于住院医疗。而在异地住院，一方面无人照顾，另一方面大城市医药费高昂，因此，村里外出务工人员如果患了较为严重的疾病，大多选择回乡通过镇卫生院转诊至城区医院治疗。

对界首市（县）级医院调研证实，每年从各乡镇卫生院转诊至市级医疗机构的病人众多；在界首市人民医院中，目前"新农合"病人多于城镇医保病人，并且这类病人数量还在不断上升。乡镇地区的大量转诊使得城区医疗设施不堪重荷。界首市人民医院编制内仅400张床位，实际开放了1036张床位，在医院的走廊中常年拥堵着大量的临时床位。不断上升的门诊和住院人数，使得城区医疗资源的供需矛盾不断加剧。

芦村镇农村居民医疗卫生状况访谈

家住芦村镇的张大妈，她的儿子和媳妇都去上海打工了。她说全家都参加了"新农合"，以前"新农合"每年自己只要交10元、20元，现在涨到70元了。不过到了明年，自己60岁就不用交钱了。她觉得"新农合"还是挺好的，看个病报销比例高，所以儿子、媳妇都在老家这里买，图个放心。她说村里人有个头痛脑热的一般不看，扛扛就过了。去村卫生室一般就拿个药、量个血压，真要看病还是得去人民医院（界首市区），不过那里的人真是太多了。

3. 养老服务设施

（1）养老设施配置状况

以界首市芦村镇为例，共设有2家敬老院，其中一家在镇区，另一家在枣林村。作为农村集体福利事业单位，基本服务对象为集中供养的"五保"老人。此外，村里还有一些分散供养的"五保"老人。镇域内没有社会性养老机构。所属的界首市市区有2家养老公寓，其中一家公立，另一家私立。目前，设备和医护人员资质还没有完全护理能力，只接收生活可以自理的老人。

公办养老机构主要面对农村地区的五保老人和城市里的基本养老服务保障对象，其配置由政府主管部门负责，使用财政经费。我国的民办养老机构建设刚刚起步，是一项特殊产业，主要面对一般的社会养老需求。在芦村镇，目前尚没有民办养老机构。芦村镇所在的界首市有私立养老公寓1所，目前仅20多位老人入住。

（2）养老设施利用特征：以"五保"老人赡养为主，社会养老刚刚起步

从调查中了解到，芦村镇的芦村敬老院由于设施不齐全，实际并未运营。枣林敬老院则收养了镇里"五保"老人36人，主要依靠民政局财政拨款。镇里因经费欠缺，尚无力开展社会养老服务。随着芦村镇大量青壮年劳动力外出务工及本地人口的老龄化程度不断提高，镇村的社会性养老需求势必不断上升。目前，镇里有少量老人租住在界首市区的养老公寓。根据对界首市养老公寓的调研，获知本地的社会性养老事业刚刚起步。

芦村镇农村居民养老状况访谈

王先生45岁，家里有三兄弟，都在外打工。他说老父亲70多岁了，住在颍南的养老公寓（界首市区）。养老公寓是公家办的，每个月700元，两人一间。不过因入住的人少，所以父亲房里另一个床铺还空着。其实父亲还是喜欢住村里，但是他年纪越来越大，我们都在外面照顾不上，不放心啊。住在这，起码有人烧个饭，生病也管送医院。

5.4 人口流出地区：西部山区乡镇的案例研究

5.4.1 案例选择

依托研究课题，对广西壮族自治区百色市田阳区乡镇进行调研，田阳是"滇桂

"黔石漠化片区区域发展与扶贫攻坚规划"县份之一，也是自治区扶贫开发工作重点县。全县总面积2394km²，辖10个乡（镇）、152个行政村，总人口35万人；其中，贫困村有52个，建档立卡贫困户14175户、50291人，贫困发生率16.39%。

全县贫困人口主要集中在南部石山区，生存发展环境恶劣。为了生存，山区居民只能背井离乡，外出务工，造成家庭"空巢"，村屯"空心"，留守儿童、留守老人现象非常普遍。易地扶贫搬迁是田阳县重大民生工程，2016年搬迁4107户、18592万人，共建设7个易地扶贫搬迁安置点。其中，坡洪镇是典型乡镇，2017年9月曾因脱贫攻坚工作登上中央电视台《焦点访谈：脱贫"领跑者"攻坚"先锋官"》节目，引起极大反响。

易地扶贫搬迁对于乡镇基本公共服务具有显著影响，对于该类地区具有较强的典型意义，因此，本文选择坡洪镇作为人口流出地区的西部山区乡镇案例。

5.4.2 案例概况

坡洪镇位于田阳县南部，距县城27km，是南部山区人流、物流的集散地。全镇总面积313km²，耕地面积4.1万亩，下辖24个行政村，257个自然屯，340个村民小组，共10674户、3.9万人。

1. 地形复杂制约了经济发展

坡洪镇所属的南部大石山区是喀斯特溶岩地貌，地表崎岖不平、生态环境脆弱、交通等基础设施相对薄弱。同时也是革命老区、少数民族聚居区域。复杂的地形环境、偏远的区位条件限制了当地的经济发展，山区农民主要种植水稻、玉米，且以家庭自用为主，商品率很低。近年，地方政府大力发展特色水果种植和规模养殖，通过对地方种殖与养殖业的资源整合进行产业扶贫。目前，全镇共有6个贫困村，建档立卡贫困户3297户，共12013人，是典型的贫困镇。

2. 贫困地区外出务工趋势显著

由于地方经济发展相对滞后，外出务工是当地农民增加收入的重要途径。田阳县农村劳动力20.5万人，其中外出务工人员7.16万人，约占农村劳动力的35%。由于坡洪镇所在的南部、北部山区尤其贫困，外出务工人数高达全县外出务工人员总数的84.5%，劳务经济是促进当地农民增收和脱贫致富的重要渠道。坡洪镇下属的村屯，依靠劳务收入有些在村里建起了新的楼房，有些走进县城，购置商品房，安家落户，收入的增长具有显著的示范效应，带动了更多的农民外出务工。

3. 易地扶贫搬迁及公共服务配套

针对南部石山区恶劣的生存发展环境，坡洪镇以易地搬迁作为推动贫困群众脱贫的重要突破口，以双达移民新村为示范推进移民搬迁工作。在田阳县采取的"县城集中安置、产业聚集区安置、跨县域搬迁"3种方式实施易地扶贫搬迁工程中，坡洪镇主要采取县城集中安置方式，集中搬迁到"老乡家园"，并辅助以红康社区朝马安置点、坡洪镇下恒安置点等项目进行协调。全镇共有1170户申请并符合条件搬迁到"老乡家园"，并已全部入住，朝马整村、陇升村陇敢、淋定整屯共340多户、1200多人搬迁至红康社区。在易地搬迁的同时实施配套建设，县城区"五扩四建两迁一增"工程，通过扩建、新建、迁址和增建中小学解决搬迁人口子女"上学难"的问题，新建医院和中医院解决搬迁群众"就医难"的问题。

5.4.3 供给中各级政府的财政责任

坡洪镇及所属的田阳县其公共服务供给主要来源于财政预算内资金和财政专项扶贫资金，各层级政府财政责任主要根据2019年广西壮族自治区《基本公共服务领域自治区以下财政事权和支出责任划分改革实施方案》（以下简称《方案》）确定，自治区与市县承担的支出责任有所区别，重点体现对脱贫攻坚、补齐发展短板的政策倾斜（表5-11）。

2019年广西壮族自治区基本公共服务领域自治区以下财政事权和支出责任划分

表5-11

事项		财政事权	支出责任及分担方式
义务教育类	公用经费保障	自治区与市县共同财政事权	自治区所属学校，中央、自治区按8：2比例分担；市所属学校，中央、自治区、市按8：1：1比例分担；县所属学校，中央、自治区、非贫困县按8：1：1比例分担，中央、自治区、贫困县按8：1.5：0.5比例分担
	免费提供教科书	自治区财政事权	国家规定课程教科书和免费为小学一年级新生提供正版学生字典执行中央制定补助标准，所需经费由中央财政全额承担。地方课程免费教科书由自治区确定课程目录和制定补助标准，所需经费由自治区财政全额承担
	家庭经济困难学生生活补助	自治区与市县共同财政事权	自治区所属学校，中央、自治区按5：5比例分担；市所属学校，中央、自治区、市按5：4：1比例分担；县所属学校，中央、自治区、非贫困县按5：4：1比例分担，中央、自治区、贫困县按5：4.5：0.5比例分担
	贫困地区学生营养膳食补助	自治区与市县共同财政事权	国家试点县所需经费由中央财政全额承担；地方试点县所需经费按以下比例分担：自治区确定的试点县，中央、自治区、县按5：4：1比例分担；市县自行确定的试点县，中央、自治区、县按5：3.5：1.5比例分担

续表

事项		财政事权	支出责任及分担方式
基本养老保险类	城乡居民基本养老保险补助	自治区与市县共同财政事权	基础养老金中央制定的国家基础标准部分由中央财政全额承担，自治区统一出台政策提高标准所需资金，由自治区、市按6∶4比例分担，自治区、县按8∶2比例分担
基本医疗保险类	城乡居民基本医疗保险补助	自治区与市县共同财政事权	中央、自治区、非贫困县按8∶1∶1比例分担，中央、自治区、贫困县按8∶1.5∶0.5比例分担

资料来源：2019年广西壮族自治区《基本公共服务领域自治区以下财政事权和支出责任划分改革实施方案》。

从基本公共服务投入比例来看，义务教育类最为主要的公共经费保障和基本医疗保险，中央财政投入均占80%，养老保险的基础养老金中央财政全额承担，可见中央财政转移占公共服务经费保障的主要份额，基本公共服务供给对国家层面的转移制度具有较高的依赖度。正如中部乡镇典型案例分析中所指出，基于全国性的转移支付，在经济发展相对滞后地区已建立了以再分配为导向的"输入式"供给模式，从而保障基层政府的基本公共服务供给能力。

从《方案》来看，在国家层面的转移支付基础上，进一步考虑到各地经济社会发展不平衡，基本公共服务成本和财力差异较大的区情，在自治区和市县财政责任分配上，对于非贫困县和贫困县采用了差别化分担，通过自治区一级的转移支付，降低对贫困县的财政压力。

在一般公共服务财政投入之外，易地扶贫搬迁根据《广西易地扶贫搬迁"十三五"规划》规定，"十三五"期间，广西易地扶贫搬迁项目所需的资金总额为660.18亿元，这些资金的来源主要有中央财政预算内资金、自治区配套资金、广西农业投资集团根据广西易地扶贫搬迁项目建设所需要的资金向相关开发性金融机构和政策性银行融资、开展城乡建设用地增减挂钩结余指标、整合项目资金，群众自筹，以及部分市场运作资金。根据规划在这些筹措的资金中，公共服务设施建设9.77亿元，占比1.48%。

5.4.4 基本公共服务设施的政策与利用状况

1. 基础教育设施

（1）教育设施配置状况

坡洪镇基础教育设施主要采用行政区划等级配置的传统发展模式，镇区有一所中学、一所中心小学，下辖村小13所。中心小学是典型的村镇小学，距离县城

29km，主要接受来自镇区的适龄生源。另外，下辖的村小大部分非完小（没有五、六年级，如局盛小学），这一部分的升学生源也在镇中心校就读。由于镇域面积广、交通不便，因此，镇中心校采取寄宿制管理。

坡洪镇主要的易地扶贫搬迁集中安置点"老乡家园"，其配套建设教育项目规划建设两所幼儿园、两所小学、一所初中和一所高中。县九小作为田阳县"五扩四建两迁一增"工程中扩建的小学之一，是"老乡家园"配套小学中的一期项目。招生范围包括老乡家园及周边村镇、驻村企业、新山工业园区居住的适龄儿童，采取走读为主、住宿为辅的管理模式。

（2）教育设施利用状况

1）各级教育设施的利用特征

从村小、镇中心校、县安置点配套学校的日常运行状况来看，坡洪镇的村小由于布局分散，生源不足，有限的财政投资难以提供充足的师资与教学资源保障。与中部乡村地区相比，由于西部山区山路崎岖且路途遥远，难以实施校车通勤，因此，为了保障低年级的孩子就近入学，大部分行政村的村小或者教学点开设了一至四年级的课程。为应对有限的师资和教学资源，有些村小采取分时段轮流学习的模式。在有限资源供给条件下，村小模式保障了设施均衡分布的公平性，但也影响了教育资源效率的发挥，教育水平较低。

镇区生源来自全镇域范围，同时大量青壮年外出务工也使不少家庭存在留守儿童问题，因此，寄宿制管理成为市场化推动下的普遍选择。镇中心校超过80%的家庭选择周一至五在学校寄宿，周末通过摩托车或者私家车方式通勤。镇小的寄宿制模式有利于保障基础教育设施的规模效应，也在一定程度上缓解了留守儿童的看护与安全问题，但较低年龄实施寄宿制，弱化了孩子与家庭的联系，不利于孩子身心的成长。

扶贫安置小学的县九小的学生大部分采用步行或者摩托车方式通勤，通勤均时为5~15分钟，基本可以满足基础教育设施15分钟服务范围，受访学生中超过60%每天住在自己家中，30%以上为租房住。易地扶贫搬迁在改善山区居民生活的同时，通过集中性居住使原先乡村公共服务设施配置模式转变为城市公共服务设施配置模式，在保障就近入学的同时具有较高的规模效应。

2）学校选择

调研发现坡洪镇农村小学班均33.2人，镇小班均44.6人，县扶贫安置小学班均59.4人，各类型学校的班额呈现显著的梯度变化（村小＜镇中心校＜县安置点配套学校）。根据国家教育部规定，小学班额应控制在45人以下，初中班额应控制在50人以下，扶贫安置点的配套学校平均班额已超过国家规定标准。

进一步对镇中心校（镇小）和县九小（县扶贫安置小学）的学生住宿情况进行调查，发现县九小学生有较高比例租房住（31.8%）或住亲戚家（4.5%），基于易地扶贫搬迁项目的人数限制，可能存在为追求更好的教育质量而选择通过其他途径搬入老乡家园的情况，县城扶贫安置点学校学位紧张的状况也在一定程度上体现出人们的择校态度，说明扶贫安置的教育资源配套对于西部山区向城镇聚集具有一定的推动作用（图5-24）。

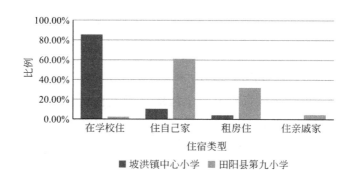

图 5-24　坡洪镇中心小学和田阳县第九小学学生住宿情况比较
资料来源：作者自绘

2. 医疗卫生设施

（1）医疗卫生设施配置情况

坡洪镇现有镇中心卫生院一所，下辖各行政村配备村卫生室。所属的田阳县采取"县—镇—村"三级医疗卫生体系，县直属医疗卫生单位3所：县人民医院、县妇幼保健院和县疾病预防控制中心，下辖15家乡镇卫生院，可用床位404张。此外，2018年批准在"老乡家园"易地扶贫移民搬迁点建设医疗卫生基础设施。县新型农村合作医疗实行以县为主，乡镇经办机构一体化管理，共设19家定点医疗机构，20个定点门诊村卫生室。

（2）医疗卫生设施利用特征

调研发现，目前田阳县总体医疗卫生经费不足，虽然近年县财政对于医疗卫生设施改善投入了不少资金，但由于历史欠账太多，目前，全县卫生院共欠债务1422.11万元。由于县域面积大，镇、村两级医疗卫生设施布局分散，县级财政配套资金不能落实到位，各医疗机构支出主要依靠医疗收入维持。尤其在坡洪镇所在的山区医疗设备陈旧，检验设备不齐全，难以满足山区村民的就医需求。

同时，在实施国家基本药物零差价销售制度过程中，村卫生室基本药物种类少，不能给村民提供基本医疗服务，进一步导致村民不愿意去村卫生室看病，而选择离得较远的镇卫生院甚至去县城看病，村卫生室使用效率低下增加了县医院的就诊压力。

3. 养老服务设施

（1）养老服务设施配置状况

坡洪镇目前有敬老院一所，有所属的田阳县全县正常运营的县级养老服务机构1所，属于公办民营养老机构。正在通过招标投标引进社会资本实行公建民营的养老机构1所；乡镇养老服务机构26个，其中农村养老服务中心2个，敬老院9所、五保村9个、幸福院6所。乡镇养老服务机构运营模式均为公办公营，建设总床位为504张，可用床位297张。

（2）养老服务设施利用状况

1）养老需求特征

坡洪镇的老人养老主要以传统的家庭养老为主，但由于地方经济较为落后，大量年轻人外出打工，造成了坡洪镇空巢老人现象非常普遍。老人的收入来源主要是子女支持、自己劳动所得以及养老金，由于坡洪镇外出打工的年轻人受到学历、技能等影响所以大部分从事体力劳动，收入不高，因而能给老人的生活费寥寥无几。2018年，广西城乡居民基本养老保险基础养老金最低标准是每人每月116元，再加上微薄的劳动收入，当地老人的养老支付能力非常有限。

2）养老服务设施利用特征

目前，田阳县大部分养老床位面向城镇"三无"和农村特困人员，面向城乡区域一般老年人的服务设施占比较少，仅有心之乐爱心养老院一家面向市场的养老机构，难以满足老年人的需求。乡镇敬老院五保村使用效率不高，大多数乡镇养老院无人入住或只有零散的几个人入住；而且，多数乡镇敬老院和农村老年活动中心，由于县级财力有限，乡镇养老机构作用发挥不充分，仅限于聘请管理员保障一日三餐，无法满足有照料护理需求的老人，导致大多数房间闲置。

目前，田阳县养老服务设施发展仍以公建公办为主，资金主要依靠各级财政补助，绝大部分养老服务机构缺乏财政"断粮"后的可持续发展能力，部分新建养老机构存在项目搁置的风险。

第 6 章 基本公共服务资源配置的供需矛盾与成因解释

6.1 基本公共服务供需矛盾的形成肌理

6.1.1 "自上而下"的供给决策产生统一标准化供给

基本公共服务供给责任作为一项公共政策,其制定过程必然包含了社会各方利益的表达和利益的综合。在西方,由于社会利益结构的分化明显,特定利益群体主要通过各种政治力量的社会互动进行利益要求的提出和利益综合的博弈。而我国党和政府作为社会公共利益的代表,其政策的提出往往不是由于外部社会利益群体输入政策制定系统,而主要是由党组织和政府官员们主动进行考察和认定各种社会利益要求,并把它直接列入自己的议事日程(齐明山 等,2006)。

中央政府从公共服务政策问题的提出到政策的制定过程具有权威性和主导作用。地方政府及其主管部门,一方面依据上级政府的政策精神和指标要求,做出地方解读和分解实施;另一方面则是在其管辖范围内采取同样的方式考察和认定社会利益,并结合自身的政绩诉求,以自己可以掌控的资源来实现公共服务供给。我国公共服务供给的政策制定或选择所遵循的是自上而下的政府主导型路径,政策制定过程中采取的主要是精英模式,具有高度的政府整合性和组织一体化。这种模式在人口群体具有相当程度均质性的条件下,有利于政策制定和实施的高效性。

但在这一过程中,由于没有强制性的制度要求将政策问题的提出和政策的制定置于公众议程,相关利益主体的不同诉求因缺乏有效的表达和参与机制而容易被忽视。在这种决策模式中,是否能够坚持程序的合理性,重视与相关利益群体的合作、协商与沟通,努力实现政策在政治资源上的可行性,使政策方案获得相关利益群体的认可、拥护与支持以及行政组织、人员、程序及环境的配合等,对于政策方案体

第6章 基本公共服务资源配置的供需矛盾与成因解释

现公众对于公共服务需求的偏好，减少政策的执行阻滞至关重要。

在我国目前的基本公共服务供给的决策过程中，"自上而下"的特征非常显著。无论是流出地案例的芦村镇，还是流入地案例的江桥镇和华泾镇，公共服务供给规模均是由各职能部门编制预算，经财政部门审核后提交地方人大审查和批准。财政下拨经费依据审核批准的预算额度，专款专用，年末审核财政预算资金使用情况，未完成部分可能会被财政没收。编制预算过程主要依据国家财政政策的规定，例如调查中地方教育部门均提到在制定年度财政教育拨款预算时，总量规模的决策依据主要是保障"三增长"，即"各级财政教育拨款增长高于财政经常性收入增长，并使按在校学生人数平均的教育费用逐步增长，保证教师工资和学生人均公用经费逐步增长"；其次是基于上级政府的政策导向和地方政府主动考察和认定的重要社会问题所形成的政策决议，进而提供公共服务供给的专项拨款。例如上海对随迁子女学校提供的专项拨款、鼓励社会力量发展养老机构的专项拨款等。

在"自上而下"的公共服务供给决策中，基本公共服务设施配置具有"统一标准"的特征。在流出地案例中，芦村镇的公共服务设施依据行政区划等级而配置，行政村一级设置小学和卫生室，镇一级设置中心小学、中心卫生院和养老院。在流入地案例中，上海市对村庄建设用地中的农村公共设施用地有明确的指标控制要求，即每个村有1070m^2的用地指标，主要用于建设农村综合服务站、标准化村卫生室和村级文化活动室，其他公共服务设施均建设在镇的集中建设区内。迄今，基本公共服务供给规模和设施建设标准的决策均发生在政策制定系统；在充分保障本地居民及外来人口的基本公共服务需求方面尚缺乏制度化的机制。

6.1.2 人口流动中个体空间选择的多样化和政府供给中的制度门槛

在计划经济与严格的户籍制度约束下，人们被束缚在一定的地域内就业和生活，被动地接受"自上而下"的均质化公共服务安排。随着市场经济的推进，公共服务无论在空间地域、服务模式还是服务质量上均逐步呈现出差异化发展态势。同时，人们对于空间的选择自由和收入支付能力不断增长，对于日趋丰富的公共服务有了更多基于个体偏好的选择诉求，这必然会改变既定供给所对应的需求。

而在现实的财政分权制度下，地方政府负有为当地居民提供公共服务的主要责任。对于一个供给能力有限的地方政府来说将首先保证本地户籍人口的需求，力求减少本地基本公共服务潜在消费者的数量增长。与此同时，流动人口的禀赋存在差异，比如财富水平或者技术能力的差距，禀赋水平越高对地方经济发展贡献越大，所以各个地方都倾向于吸引高禀赋人口，而限制低禀赋人口的流入（夏纪军，2004）。地方政府对于本地基本公共服务准入门槛的设置限制了流动人口的选择范围，只有具有一定禀赋水平的人口才能获得非户籍所在地公共服务设施的准入资格。因此，流动人口的公共服务个体可选择权只能囿于地方政府所设置的政策限制框架内。

6.1.3 "自下而上"的选择呈现分层化特征

从人口流出和流入的系统过程来看，流入地就业机会多、公共服务质量高，因此，期望在务工地区获得相应高的收入和公共服务顺理成章。但大城市政府为使人口流入造成的拥挤性最小化，对基本公共服务设施利用设置了较高的制度成本，或称流动成本，如居住证制度、积分制度等，并以"稳定的就业""稳定的居住"等条件制定了较为严格的户籍准入政策。从对流入地案例江桥镇和华泾镇的调研来看，流动人口中中少数从事驾驶、个体经商、自主创业的家庭年收入可达到10万元以上，部分家庭夫妻在同一城市打工并且有较为稳定的就业和收入。这部分人群在外出流动人口中属于中高收入群体，具有较强的流动成本支付能力，可望逐步获取流入地公共服务设施的准入资格。但随着常住人口规模的快速增加，对本地户籍人口产生的冲击日益增大，而外来人口流入地，尤其是外来人口聚集地的公共服务资源日趋紧张。公共服务资源的增加需要一定的建设时间，而"优质"的公共服务资源更是需要较高密度的资金投入和长时间的积淀。因此，"优质"资源的紧缺性日渐凸显。本地人口在户籍优势的基础上，还会通过支付超额的公共服务成本主动选择"优质"公共服务资源，如调查中所反映的学区房、专家门诊、商业性养老院等需求。同时调查也发现，流入地常住人口中的部分高收入群体，甚至放弃了政府提供的基本公共服务，转而选择各类高价民办公共服务设施，通过市场化的方式满足个体更高的公共服务需求。

案例调查中发现，城市外来务工人员大部分是进厂打工或从事个体商贩，其年收入中位数在2万~5万元之间。这一区段群体的收入水平或是不稳定的就业，使其难以自我跨越流入地公共服务的"高门槛"，但其经济能力在其流出地则具有一定的优势。相比农村地区的村庄，由于区位及行政等级的政策倾向，小城镇公共服务设施在专业技术人员和设施配备方面具有一定优势。同时由于人口密度带来的规模效应，公共服务设施资源配置效率相对较高，因此，小城镇相对优质的公共服务资源成为相当部分外出农村居民家庭的次优选择。在基础教育设施方面，相比大城市对随行子女严格的招生条件审核，人口流出地案例中芦村镇所在的界首市和阜阳市对所辖乡镇的农村户籍儿童的入学门槛相对较低，基本可通过购买或租住学校周边房屋而入学。村庄所在地镇区的学校对镇域村庄儿童的入学基本不设限制。在医疗设施方面，由于镇区卫生院的"新农合"报销比例和村卫生室相同，农村居民可直接到镇区的卫生院就诊，或者通过镇卫生院转诊市级医院。就诊市级医院在"新农合"的报销比例仅比就诊村、镇两级医疗机构低5%~15%。养老设施方面，市区养老公寓对所辖区域老人入住没有城乡限制。可见在小城镇范围内，利用城区公共服务设施的流动成本主要体现在购买或租住房屋、费用的差异与时间成本，而利用镇区的公共服务设施的流动成本仅限于时间成本。因此，以芦村镇为例，外出务工收入相对较高的家庭，大部分选择界首市区甚至阜阳市的公共服务设施。调研发现，本地村民在界首市市区周边购买或租住房屋，让子女就近入学已成为一种普遍现象；甚至在市区的重点小学、中学附近已经产生了职业接送和私人家庭寄宿。收入相对较低的家庭，由于界首市各个镇区的腹地并不大，以乡镇普遍使用的电瓶车为通勤工具，乡村至镇区这样的通勤距离并不构成居住与获取公共服务的障碍，因此，多选择机动化通勤就近获取临近镇区的公共服务资源。

由上述分析可见，在人口大规模流动的条件下，即便存在着"制度门槛"和"流动成本"，以往那种在地域束缚下的基本公共服务需求表达已经被极大地改变了，统一标准化供给已不能满足其需求。

在计划经济延续下来的"自上而下"的公共服务供给决策中，无论是供给规模还是设施建设标准均基于人口均质性假设；而市场化改革所焕发的人口频繁流动早已打破了原有的稳态和均质性社会结构。个体的生活经历、收入水平呈现多样化发展，以及对公共服务偏好的异质性等，导致了"自下而上"的公共服务需求选择。公共服务供给与需求的系统错位导致了低效率的公共服务资源配置，同时增加了不必要性的社会及个体成本。

人口流出地案例研究证明了农村地区存在着人口的收缩趋势，导致了实际的公共服务需求不对应于既定的供给；而农村居民家庭舍近取远向城镇公共服务设施靠拢的现象揭示了当前农村居民对公共服务需求从距离到质量的转变。然而，从公共服务供给的决策过程和设施配置情况来看，显然还缺乏有效的反馈机制来反映这些趋势。因此，在新时期，科学评估实际的需求应成为调整公共服务设施配置的政策取向和规划策略的基础，从而真正提高公共服务设施的配置效率。

6.2 人口流动激化了资源供需的规模矛盾

6.2.1 政府间经济竞争限制了基本公共服务财政供给投入的增长

有学者认为，我国中央政府与地方政府间实行"垂直的政治治理体制"和"联邦主义的财政体制"（傅勇 等，2007），两者的紧密结合形成了"中国式分权"的核心。从20世纪70年代后期的"放权让利"改革探索，到20世纪80年代的"分灶吃饭"，再到20世纪90年代的"分税制"改革深化，财政体制上的分权调动了地方政府发展经济的积极性。而垂直的政治管理体制则激发了地方政府间的经济竞争，这种体制使得中央政府有足够的权威对地方进行奖惩，因此，地方政府必然追随中央政府的政策导向。当中央按照以GDP为主的政绩考核机制来提拔官员时，即地方政府的政治升迁与当地经济增长绩效挂钩，地方政府间就形成了以经济竞争为核心，基于上级政府评价的"自上而下的标尺竞争"。由此，地方的基本公共服务供给便难免会受到某种程度的影响。

1. 人口流出地案例——基本公共服务领域的财政投入受到明显挤压

在人口流出地区，由于资金相对缺乏，引入外来资本能较大程度促进地方经济发展，因此，改善地区投资环境、提高对物质资本的竞争力便得到了地方政府的高度重视。与此同时，劳动力外流会伴随着部分公共服务受益（如义务教育、医疗等）的外溢，劳动力的持续外流削弱了地方政府进行公共服务投资的正向激励。因此，在财政收入既定的情况下，当吸引外来资本所需的改善投资环境支出项目与带有民生性质的公共服务支出项目发生冲突时，地方政府往往倾向于前者。

以案例地区为例。根据国家税费改革精神，2005年后芦村镇的村、镇两级组织退出了农村公共品供给；转而由其上级界首市政府承担起主要的公共服务供给职能，各镇的公共服务支出统一纳入县财政预算。界首市作为我国中部地区传统农业县，经济总量较小，可用财力有限。在激烈的政府间竞争中，为吸引资本等流动性要素，政府从资金、用地、政策等方面给予规模企业大力支持。一方面地方政府通过退税、贴息等进行成本层面的"低向竞争"[①]；另一方面通过对土地和基础设施建设的财政投入改善投资硬件环境，通过特殊服务改善软件环境，进行供给层面的"探顶竞争"[②]。在有限的财力下，由于集中全市主要资源"主攻工业""培育龙头"发展经济，导致本该随经济增长而上升的公共服务投入增长缓慢。根据近十年界首市财政支出结构统计数据分析，公共服务投入占界首市财政支出比重始终徘徊在25%~30%左右，在部分年度甚至有较大幅度下降（图6-1）。

政府间激烈的经济竞争扭曲了人口流出地的地方政府的财政支出结构，使资源配置严重倾向于促进经济发展的流动性要素，用于公共服务的财政支出受到侵蚀。因此，虽然近年来中央加大了公共服务的转移支付力度，但作为公共服务供给主体的地方政府自身重视不够；由于公共服务支出高度依赖财政转移支付，地区公共服务供给总体处于较低水平。

---

① 2011年，界首在全市财政收入总额为7亿元的财力规模下，对全市支柱产业的企业累计退税4.08亿元，市财政发放企业贷款贴息628万元。资料来源：2012年界首市政府工作报告。
② 从2004年开始，界首市集中资源进行重点工业园区建设，至2011年完成土地储备4000多亩，建成面积10.4km^2，完成财政投入15.1亿元。同时对重点企业发展、重大项目建设实行"一企一策、一事一议"的服务制度。资料来源：2012年界首市政府工作报告。

第 6 章 基本公共服务资源配置的供需矛盾与成因解释

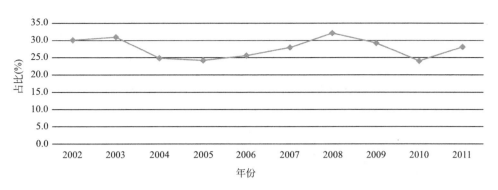

图 6-1 界首市民生类公共服务占财政支出比重

资料来源：根据 2002-2011 年界首市国民经济卡片整理

2. 人口流入地案例——公共服务投入的增长动力不足

人口流入地案例位于我国沿海经济发达地区，已进入经济发展快速增长阶段（图6-2、图6-4）。根据马斯格雷夫经济发展阶段与公共支出比例的关系理论，在经济发展到中期和后期阶段，财政支出中用于教育、卫生、社会福利等公共服务支出比例应不断增加。但根据2008-2014年统计年鉴以及国民经济和社会发展统计公报，以统计数据较为完善的教育支出和医疗支出分析来看，无论是上海市郊的江桥镇所在的嘉定区，还是中心城区华泾镇所在的徐汇区，其占地方财政支出比例的增长十分缓慢，并且在部分年份还有所起伏（图6-3、图6-5）。

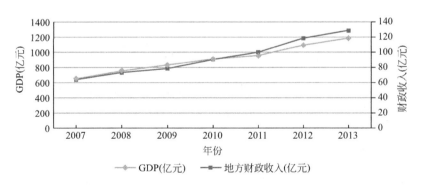

图 6-2 2007~2013 年上海市徐汇区地方生产总值和地方财政收入情况

资料来源：2008-2014 年徐汇区国民经济和社会发展统计公报

从人口流入案例的公共服务支出占比可见，虽然地区经济发展迅猛，GDP和地方财政收入快速增长，但公共服务投入占地方财政支出的比例增长乏力。对此的解释是：由于经济相对发达地区间同样面临着以经济为核心、自上而下的标尺竞争。在"中国式"分权的治理结构下，公共服务供给是基本指标考核，而以GDP为核心

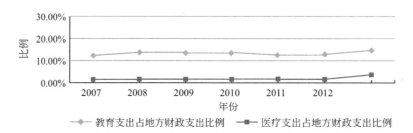

图 6-3 2007-2013 年上海市徐汇区教育支出和医疗支出占地方财政支出比例

资料来源：2008-2014 年徐汇区统计年鉴、国民经济和社会发展统计公报

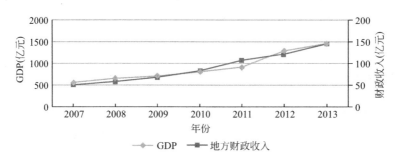

图 6-4 2007-2013 年上海市嘉定区地方生产总值和地方财政收入情况

资料来源：2008-2014 年嘉定区统计年鉴

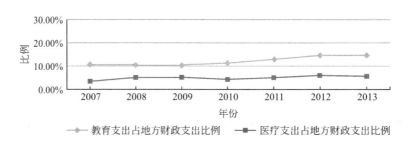

图 6-5 2007-2013 年上海市嘉定区教育支出和医疗支出占地方财政支出比例

资料来源：2008-2014 年嘉定区统计年鉴

的经济增长则与地方政府财政收入最大化、地方政府政绩考核和官员晋升直接挂钩。因此，经济相对发达地区在满足了上级下达的基本公共服务指标要求后，缺乏继续投入的强烈动力。所以相比满足民生，更趋向于将增加的收入投入有利于短期增长的经济建设领域。

6.2.2 公共服务市场化供给虽已起步，但矛盾显著、困难重重

考察人口流出/流入地案例的民办基本公共服务设施供给情况，除政府全额投资的公共服务设施外，市场化力量确实已经逐步进入公共服务供给领域。但从整体

第6章 基本公共服务资源配置的供需矛盾与成因解释

发展形势来看并不容乐观：在基础教育设施方面，民营的比例尚处于较低水平；在医疗服务设施方面，虽然规模发展较快，但民营医疗机构在居民中的公信度较差，所调查的居民中生病较少考虑去民营医院就诊。这样的现象在全国具有一定的普遍性。据相关调查数据显示，在全国各级民营医疗机构总数已占半壁江山的情况下，诊疗人次数仅占全国医疗机构总诊疗人次数的2.7%，入院人数仅占全国医疗机构入院人数的2.5%（鲁虹 等，2006）。民办养老设施同样面临着这个问题，居高不下的空置率已成为民办养老机构较普遍的现象。

基本公共服务设施的市场化发展举步维艰，调研发现其原因在于用地、人员、经费等多个方面。由于民办公共服务设施用地不纳入公共服务设施用地范围，需要通过商业用地方式出让，往往因为成本高昂而难以建设。尤其是用地规模较大的基础教育设施，完全通过出让方式获得校址用地对私人办学投资方而言有着巨大的成本压力及心理不平衡。而公私合作方式也存在一些问题，例如一些新建住宅区人口规模小且新建学校生源不足，为了解决基础教育供给问题，某些区县政府主管部门尝试引入民办优质教育资源（如江桥镇引入的民办华二初级中学）。但优质民办学校为保障生源质量，提出的条件往往是要有招生自主权，包括允许面向全市或全区招生。优质的教育资源可提高学校的吸引力，但随着住区人口增加，学校招生学位与生源数量的矛盾难免发生。这时辖区居民就会投诉教育设施配套不足，以及民办学校侵占了公共服务设施用地。

此外，民办公共服务设施是按民办非企业单位登记，在民办公共服务设施从业的教师、医生、护理人员不能享受国家事业编制，致使在养老金、医疗保险等方面与公办学校教师的待遇不同，同时，在职称聘任上也有一定困难。在经费方面，由于民办公共服务设施是利用非国家财政性经费举办的，根据财政部和国家税务总局的有关规定，其收入需缴纳企业所得税（胡卫，2008）。在基础教育方面，公办学校纳入国家义务教育体系，地方教育部门根据生均经费标准全额拨付；而民办学校的主要经费来源则是学费。随着政府对公办学校的投入逐年增加，公办学校的生均经费甚至远远高于一些民办学校的收费标准。

在基础医疗服务方面，大部分民办医疗机构未纳入医保定点体系，就诊需要自费。同时，医疗设备审批制度也限制了许多民营医院大型综合化发展，多数只能提供日常的医疗服务。在养老服务方面，从调查中了解到，由于公办养老机构建设和运营主要依靠政府财政投入，作为社会福利机构可维持较低的收费水平；而民办养老设施建设资金主要来源于企业和私人投入，其运营资金来源于收养老人的缴费。由于大部分老人可支配收入低，导致民办养老设施陷入若收费低则无法维持正常经营，而若收费高则少有人问津的尴尬局面。虽然政府已经针对各类民办公共服务设施出台了一定的奖励和扶持措施，但往往以专项资金方式进行补助，实施中的随意性较大。

6.2.3 基本公共服务资源需求的快速增长：数量与品质的双重要求

根据罗斯托的理论，一个国家的人均GDP由1000美元向3000美元的过渡时期，也是该国公共服务需求迅速扩张的时期，国民对教育、医疗、卫生、社会保障等公共产品的需要大大增加。孟兆敏等提出随着经济社会的发展，我国居民对公共服务的需求层次不断提高，已不再满足于公共服务数量的供给，对质量、服务水平的供给也不断提出更高的要求（孟兆敏，2014）。

从流出地案例来看，由于芦村镇青壮年劳动力大部分外出务工，在收入增加以及与外部世界的更多接触中，农村居民家庭对公共服务有了更多、更高层次的要求（图6-6~图6-8）。尤其在教育方面，外出务工人员深切体会到文化程度的差异对工作机会及收入水平的影响。在芦村镇的调查中发现，农村居民对于基础教育质量的关注程度远高于距离和收费，60%以上的居民在选择小学、初中时最关心学校质量。在农村居民对公共服务质量要求日益提升的同时，其户籍所在地的较低质量的公共服务设施显然难以满足其需求，因此，向外寻求较高质量的公共服务成为多数农村家庭的选择。

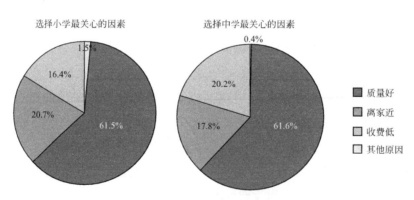

图 6-6　界首市农村居民选择中小学校时的关注因素

资料来源：界首市农村居民问卷调查

从流入地案例调查来看，流动人口和户籍人口均表达了对于提升公共服务质量的诉求，但两类人口对于不同公共服务类型的偏好程度和关注点有所差异。在基础教育方面，教育质量无论对户籍人口还是流动人口而言都是其最主要的诉求。但相对而言，流动人口对教育质量需求的迫切度更高（图6-9、图6-10）。进一步分析发现，户籍人口中选择"很满意"的大部分回答者其子女已就读于一般观念中的"优

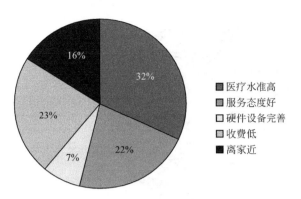

图 6-7 界首市农村居民选择医院时的关注因素

资料来源：界首市农村居民问卷调查

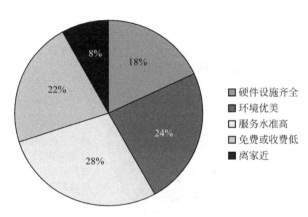

图 6-8 界首市农村居民选择养老院时的关注因素

资料来源：界首市农村居民问卷调查

质"学校；而外出人员的随行子女虽然根据义务教育政策可以进入务工地区的公办学校。但在户籍人口优先的政策下，随行子女实际能够就读的定点公办学校和"纳民"学校的教学质量相对较低。在访谈中可感受到居民对优质教育资源的激烈竞争，如上海市嘉定区和徐汇区的居民普遍认为本区民办中小学的教育质量高于公办学校，因此成为"择校"的热点。例如徐汇区面向全区招生的世界外国语小学，2014年招生4个班（约160人），实际报考人数超过3000人。

人口流动背景下的城乡基本公共服务供需研究

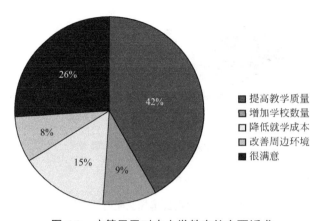

图 6-9　户籍居民对中小学教育的主要诉求

资料来源：江桥镇和华泾镇居民问卷调查

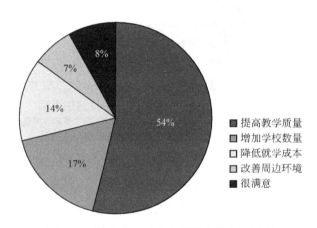

图 6-10　流动人口对中小学教育的主要诉求

资料来源：江桥镇和华泾镇居民问卷调查

在基础医疗服务方面，户籍居民最希望提高医疗服务质量。从调查中发现，户籍居民普遍对区级医院和社区医疗服务中心的医疗质量不太信任，生病往往选择市级医院。而随着外来人口增加，市级医院就医人数剧增导致医疗质量（服务态度、就诊时间、就诊环境）下降，则成为居民反映最为集中的问题（图6-11）。对于流动人口，由于医疗保险制度的户籍限制，常用的门、急诊大部分是自费，因此，居民普遍反映医疗费用太高，希望降低就医价格，而对医疗服务质量的诉求则是第二位的问题（图6-12）。

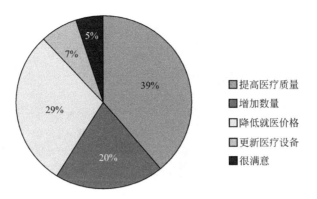

图 6-11　户籍居民对医疗服务的主要诉求

资料来源：江桥镇和华泾镇居民问卷调查

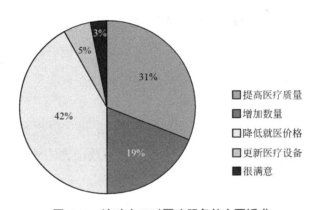

图 6-12　流动人口对医疗服务的主要诉求

资料来源：江桥镇和华泾镇居民问卷调查

在养老服务方面，由于户籍和流动人口的收入水平限制，流入地的养老服务设施主要服务于户籍老人。统计来看，服务质量和收费水平在老人选择养老设施时均具有重要影响，服务质量的关注比例略高于收费水平（图6-13）。进一步调查了解到，随着机构养老社会接受度的不断上升，老人对养老院生活的舒适度也趋于非常重视。由此，如果养老设施每月收费在其养老金／镇保金额范围内，服务质量是其首要考虑因素；而一旦高于其每月养老金／镇保金额，需要动用其储蓄或者部分依靠子女支持时，收费水平的影响度大幅上升，甚至对其最后的选择具有决定性作用。

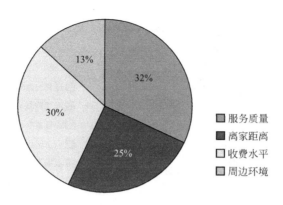

图 6-13　户籍老人对养老服务的主要诉求

资料来源：江桥镇和华泾镇居民问卷调查

6.2.4　人口流动使公共服务资源供需的规模矛盾日益显现

改革开放40多年来，我国经济保持了快速增长，包括农民工在内的劳动者的收入也持续提高。在此背景下，人们对基本公共服务的需求必然不断增长，并从数量的满足转向了对质量的追求。

然而，在我国的政府分权体制下，地方政府间形成了以经济竞争为核心和基于上级政府评价的"自上而下的标尺竞争"。在有限财政能力的硬约束下，政绩考核导向和"经济人"本性使得地方政府过于追求经济增长，在公共服务投入方面则较为缺乏内在动力。尽管中央政府不断强调政府职能应从"促进经济发展"回归到"公共服务管理"（理所当然应致力于不断增加基本公共产品有效供给），但地方政府作为基本公共服务的供给主体，在经济发展的竞争激烈和公共服务投入激励不足的情况下，财政支出结构中的公共服务投入增长相对缓慢，从而抑制了基本公共服务供给规模的增长与品质的提升。同时由于我国公共服务市场化制度建设尚不完善，土地、人员、资金等方面存在的制约使民办公共服务发展举步维艰。目前，我国公共服务市场化供给尚不能起到弥补政府公共服务供给不足的作用。在当前的财政体制与公共服务市场化制度下，公共服务供给增长乏力，难以满足人们对于公共服务规模和品质的要求。在某些地区和领域，基本公共服务供给投入与公共服务需求增长的差距还在不断扩大。

6.3　人口流动导致资源供需的空间分布矛盾

6.3.1　基本公共服务供给：供给主体地方化、转移支付以户籍人口为基础

从公共服务供给统筹层次来看，在流出地案例中，县级财政统筹负责所属乡镇

公共服务供给，乡镇财政则负责公共服务设施的维护。在流入地案例中，长期以来乡镇级财政承担了较多的各类公共服务设施建设和运营的资金责任；虽然近年来财政统筹层次逐步提高，但主要局限于区县财政范围内——不对应于大量人口的跨区域流动。相对较低的公共服务供给统筹层次意味着公共服务供给水平在大区域间难以实现平衡，尤其是当辖区常住人口规模发生较大变化时，容易受到冲击和影响。

在公共服务供给"以县为主"，而地区之间、城乡之间又存在着较大的财政能力差异的情况下，转移支付是均衡公共服务水平的重要措施。在我国现行的财政体制下，实行单一的纵向转移支付模式。从全国层面财政总量分析来看，中央财政向地方财政的转移支付力度不断增加，重点投入中西部经济发展相对滞后地区，对欠发达地区的基本公共服务供给形成了重要支撑。但转移支付制度的设计是以假定人口不流动为前提，以辖区的户籍人口为基础（刘尚希，2012），在目前的中央对地方的财政转移过程中，由于缺乏考虑市场化带来的人口流动及其对公共服务供给责任变化造成的影响，所以实际调节和均衡作用尚存在不足。

从本书的流出／流入地案例分析中，也可以发现在地方政府内部的转移支付确实存在一定问题。例如流入地案例所在的上海市对于区县的转移支付主要采取税收返还、增量返还、体制补助和结算补助等形式，在转移支付的制度设计中并没有对各区县间城乡人口流动和跨省市外来人口规模进行充分考虑，而是酌情以专项转移支付的形式进行一定补助。可以推断，当区县人口结构发生较大变化时，现行的转移支付对区县间公共服务的调节和均衡效应难以达到所需要的程度。

6.3.2 人口流动导致基本公共服务需求大规模、跨区域流动

根据第六次人口普查统计数据，北京、上海、福建、浙江、江苏、广东六省市的省外流入人口占全国跨省流动人口总数的71.07%（表6-1）。这些省市均位于经济较为发达的东部沿海地区，就业机会多、公共服务质量高。在务工地区获得相应的公共服务，显然是跨省流动人口家庭决策的重要考量因素。

2010年各省市跨省外来流动人口情况（流入口径） 表6-1

地区	跨省流入人口（人）	比例
广东省	21497787	25.03%
浙江省	11823977	13.77%
上海市	8977000	10.45%
江苏省	7379253	8.59%

续表

地区	跨省流入人口（人）	比例
北京市	7044533	8.20%
福建省	4313602	5.02%
全国	85876337	100%

资料来源：第六次人口普查统计数据

陈晨对1987-2010年全国人口流动分布状况分析后，指出流动人口在流入地省份并非均匀分布，主要向城区人口在"300万以上"的城市集中，而且在城市内部也并非均衡分布，而是集聚在城市的特定区域。本文流入地案例的研究也证明了这一点，如上海市郊区（除金山区外）的外来人口比例普遍超过中心城区，经济相对发达的近郊区（松江区、嘉定区、青浦区、闵行区等）成为外来常住人口居住最为集中的地区；而中心城区由于区位、历史发展原因、基础设施条件等因素，部分区域外来人口比例显著高于周边地区。人口流动的空间集中化，使得公共服务需求存在向流入省份的大城市及城市中特定区域聚集的特征。

根据第六次人口普查统计数据，安徽、四川、河南、湖南、湖北、江西六省的跨省流出人口占全国跨省流动人口总数的53.63%（表6-2）。对比五普和六普人口统计数据可以发现，这些省市均呈现城镇人口增加，而乡村人口减少的趋势（表6-3）。从人口流出地案例研究中，可以进一步看出中心城区、临近城区且自身有一定工业基础的乡镇的流出人口相对较少；而类似于芦村镇这样的传统农业乡镇的人口外流比重则非常高。

2010年各省市跨省外来流动人口情况（流出口径） 表6-2

地区	跨省流出人口（人）	比例
安徽	9622010	11.20%
四川	8896560	10.36%
河南	8633000	10.05%
湖南	7228800	8.42%
湖北	5892210	6.86%
江西	5790480	6.74%
全国	85876337	100%

资料来源：第六次人口普查统计数据

第6章 基本公共服务资源配置的供需矛盾与成因解释

2000年和2010年主要人口流出省份城镇人口和乡村人口情况 表6-3

地区	2000年		2010年	
	城镇人口（万人）	乡村人口（万人）	城镇人口（万人）	乡村人口（万人）
四川	2197.88	6036.95	3234.44	4807.31
江西	1117.80	2921.96	1950.00	2506.78
安徽	1640.79	4259.21	2557.71	3392.34
河南	2116.70	7006.99	3621.97	5781.02
湖北	2393.45	3557.44	2844.51	2879.26
湖南	1882.41	4445.01	2845.31	3724.77

资料来源：第五、六次人口普查数据

在我国城乡二元结构的背景下，市场化改革伴随着城乡间的大规模人口流动，尤其是人口主要流入省份的大城市、特大城市，以及城市中的某些地域的常住人口急剧膨胀；而人口流出省份的广大农村地区则是人口大量流出，"空心化"现象极为严重。由于人口流动的流入地和流出地空间分布很不均衡，使得公共服务需求和供给的空间失衡不断加剧，重新匹配的难度极大。

6.3.3 供需的空间错位产生服务盲区与政策性限制

1. 供需空间错位产生公共服务的盲区

如上文所述，我国大规模的人口流动带来了公共需求的空间迁移，并且这种迁移具有显著的集中化趋势。但我国公共服务财政统筹与转移支付体制客观上是以人口不流动为假设前提，两者的空间错位便产生了公共服务的盲区。主要表现为以下3类矛盾：

其一为"两不管"。例如研究案例中来自农村地区的外来务工人员，可参加的医疗保险包括流出地的新农村合作医疗和流入地的城镇职工医疗保险。但对于日常最频繁使用的门、急诊而言，前者不能实行异地就医，而后者则仅限于个人医疗账户中的金额（每月缴费基数的1%），每月平均约30元，保障程度非常有限，主要依靠自费。由此可见，流动人口的医疗服务面临着"两不管"的尴尬境地。

其二为"管而力有不足"。在流入地案例中，根据义务教育阶段"以流入地政府为主，以公办学校为主"的政策，城镇学校接纳了大量外来务工人员随迁子女入学。在教育设施建设和运营资金的筹措中，长期以来镇级财政承担了较多的责任，近年财政统筹层次逐步提高，但仍主要局限于区县财政范围统筹负责，市财政统筹仅限于"纳民"学校的财政补贴。以上海市江桥镇为代表的外来人口聚集区域，所属区县的公共服务供给的财政压力剧增。此外调查还发现，在市郊江桥镇的外来人口中，相当比例是在本镇居住，在中心城区的普陀区、闸北区和宝山区就业。由于这部分人口所创造的税收主要缴纳给就业地的区县，而公共服务需求则转向居住地的区县，税收与公共服务需求的空间分离造成了区县间财政收入和供给的不平衡。

其三为"双重需求，两边都要管"。在研究案例中可以发现流动人口呈现"候鸟式"的生活方式，因此，对于他们的基本公共服务需求，流出地政府要考虑，流入地政府也要考虑。从我国当前社会经济发展来看，"人口流动"和"打工经济"将长期存在（赵民 等，2013），即使有的农村居民全家进城多年，但仍有随时返乡的可能性。在此情形下，既不能随意剥夺他们在农村的权益和公共服务福利，流入地政府对于他们在城市的基本公共服务也不能撒手不管。人口流动的长期存在和市民化进程的缓慢，客观上导致了公共服务的双重需求，从流出地—流入地的全过程来看，造成了公共服务设施建设的一定重复，增加了公共服务供给的整体压力，同时也给政府间公共服务供给责任的划分带来了难题。

2. 供需空间错位导致地方政府出台甄别性、限制性政策

在我国目前的财政体制下，县级政府是统筹公共服务供给的主体，但在转移支付制度的设计中，并没有对跨省市外来人口流动和各区县间城乡人口流动进行充分考虑，而仅根据政策导向以专项转移支付的形式进行一定补助。对于主要人口流入地的地方政府而言，公共服务供给资金基本来源于地方税收。

从市级层面而言，大规模的人口流入同时带来了地方政府公共服务供给成本增加和税收增加的双重效应。在联邦主义的财政体制下，地方政府存在控制人口流入带来的拥挤负效应和减少地区公共服务供给压力的动机。同时，也存在设法吸引富裕人口和高禀赋的人口，借以扩大税基的倾向。本书人口流入地案例所属的上海市，在2015年前实行A、B、C三类居住证，前两类为国内及留学人员的人才引进类居住证，第三类为普通外来从业人员居住证。前两类可享受的公共服务内容远多于第三类。2015年开始实行统一的居住证积分制，根据不同积分获得梯度化的公共服务。积分指标包括年龄、教育背景、专业技术职称和技能等级、工作及缴纳社会保险年限等指标，获得120分的标准值即可以获得上海市居住证。居住证直接与可享受的公共服务挂钩。例如徐汇区中小学的入学政策规定，在对口学校人户一致收满的情况下，人户分离的和有居住证120分的就近统筹，积分120分以下满足条件的全区统筹。居住证实际被作为一类甄别性工具，地方政府通过控制一定的禀赋水平指标而希冀吸引高禀赋人口，同时也就"排斥"了低禀赋人口。

而从区县层面而言，由于存在外来人口就业和居住分属不同区县的现象，外来人口聚居的区县需要负责为他们提供一定的公共服务供给，但并不能获得他们务工产生的税收。税收与公共服务需求的空间分离，使外来人口高度聚集的区县公共服务财政压力剧增，该类地区公共服务水平有下滑的潜在趋势。为了控制这种外部性和人口流入带来的拥挤负效应，区县政府倾向于设置一定的政策门槛——既限制流动人口对公共服务的享有，同时维护本地居民的利益。在我国没有直接税的情况下，户籍政策（如是否为本地户籍）往往决定了在常住地可享受的公共服务范围；人口控制政策、产业发展政策、城市更新政策等虽然并没有对流动人口享有平等的公共服务设置进行直接限制，但通过对流动人口规模、就业机会和居住成本的限制，客观上也会起到鼓励与控制外来人口流入的作用，从而起到对外来人口分享本政区公共服务及公共财政的调节作用。

6.4 人口流动形成了供需的稳定性矛盾

6.4.1 基本公共服务设施的建设方式和配建标准：刚性的设施供给

公共服务设施作为固定资产投资其本身具有较强的刚性特征，公共服务设施建设的选址和规模等规划条件是在控制性详细规划阶段依据规划人口规模等因素确定的。因此，在建成区域尤其在外来人口聚集区域，虽然人口密度不断增加，但若想增建公共服务设施，难度会很大。理论上可以通过修改控规来增加公共服务设施用地，但实际上如果没有预留土地，通过拆迁置换往往成本高昂而难以实施。因此，公共服务设施大多以新建住宅区域配套公建的方式建设。

6.4.2 人口流动的周期性与非正规的居住方式：非稳定性的公共服务需求

由于受经济收入水平和户籍制度等的影响，对于大多数流动人口而言，他们既没有获得商品房的能力，也没有获得福利性住房的权利，因此，租住私房是他们的主要选择。根据《中国流动人口发展报告2014》，流动人口在现居住地租住私房的占67.3%，居住在政府提供的廉租房和公租房的比例分别占0.1%和0.2%。农业户口和非农业户口流动人口在现居住地购房的比例分别为6.0%和25.9%。对流入地案例深入调研后发现，大部分流动人口选择了低成本、"非正规的"的居住方式。

以上海市郊江桥镇为例，大部分外来农民工选择居住在本地的村庄。根据第六次人口普查数据，共计11.5万人遍布全镇16个行政村，占全镇外来人口（16.6万人）的69.3%（表6-4）。低廉的价格是农民工选择居住在农村地区的最主要因素。根据实地调查，江桥镇的农村住宅一般为"三上三下"格局（共计两层，每层3个房间），通过屋内隔断或者在自家的晒谷场搭建简易小屋的方式，每户可分隔出8~9间房。有的整体租给一个企业，分隔成员工宿舍；大部分是分散租给外来农民工，每间房租150~200元左右。有的租户还破墙开店，做起了小生意。低廉租金伴随的是恶劣环境下的"非正规"居住方式。改建、扩建而成的出租房大部分空间狭小、环境简陋、通风日照条件差。据访谈，农民工租住以前一个村才十几户人，现在有七八十户，大部分多余房屋都出租给了外来人口。村庄常住人口激增，使得高峰期水压严重不足、供电容量不够等问题不断爆发（图6-14）。

2010年上海市江桥镇所辖各村人口状况　　　　　表6-4

村庄	六普常住人口（人）	六普户籍人口（人）	六普外来人口（人）	外来人口占常住人口比重
封浜村	9977	1700	9056	90.77%
高潮村	5190	956	4308	83.01%
红光村	10706	2759	6233	58.22%
华庄村	2960	1220	1796	60.68%
火线村	4867	1824	4311	88.58%
建华村	11434	1128	11104	97.11%
年丰村	1955	703	1761	90.08%
沙河村	10498	1901	8716	83.03%
太平村	5288	1323	4815	91.06%
五四村	9487	994	8664	91.32%
先农村	9207	1156	8247	89.57%
新华村	8465	1663	7918	93.54%
新江村	7170	2421	6048	84.35%
星火村	10028	1511	9742	97.15%
幸福村	19865	2100	18762	94.45%
增建村	3814	1608	3459	90.69%

资料来源：上海市第六次人口普查统计数据

除了村庄农宅外，租住城镇的老公房或者动迁房则是外来流动人口另一主要居住途径。例如上海市中心区的华泾绿苑，因为是徐汇区早期旧改建设配套项目，对比周边商品房，房屋相对老旧，环境不佳，因而房租相对较低。但相比农房，一房一厅的房租每月仍高达1000~1500元，因此，调查中发现外来人口大部分是采取合租

第6章 基本公共服务资源配置的供需矛盾与成因解释

图6-14 上海江桥镇内农村出租房景象

资料来源：作者自摄

甚至群租形式。通过对上海房产租赁常用网站"赶集网"的信息分析，徐汇区500元以下合租房源最集中的就是华泾绿苑，每个房间的价格为450~500元左右。此外在居民访谈中还了解到，在华泾镇的一些老旧小区，三房两厅的房子被隔成7~8间，住上十几个人。尽管一再整治，群租现象仍普遍存在。

无论是租住农村私宅还是城镇地区老旧小区房屋，"非正规"的居住方式下外来人口聚集地的人口密度远高于传统城乡社区，并且呈现高流动性的特征。正如有关研究指出的，外来人口选择"非正规"的居住方式，其主要原因是流动人口循环流动的特征和过客的心理，因此，不愿意为了更好的居住条件花费自己原本不多的工资收入（林李月 等，2008）。而伴随"非正规"居住方式的是外来人口"非稳定"性的公共服务需求；在城市某些地区，由农房"改扩建"与老旧小区"合租群租"支撑下快速增长的外来人口规模形成了爆发式的公共服务需求。同时，外来人口的高流动性特征，也使得公共服务需求的预测变得极为困难。

6.4.3 供需的稳定性矛盾导致设施规划指标难以落地

由于公共服务设施的配置是根据规划预测的居住人口规模等确定的，用地指标和建筑指标一旦得以落实就具有"刚性"。但由于人口流动的高密度、高流动性特征和"非正规"居住方式，难免会导致对基本公共服务设施的需求具有较强不确定性。

从人口流入地区案例的分析来看，"非正规"的居住方式造成了大量"非稳定性"的公共服务需求。在上海的江桥镇和华泾镇等外来人口聚集区域，农房"改扩建"或老旧小区"合租群租"的现象极为普遍，住区实际常住人口规模可能高达规划预测人口的6~7倍，从而导致现有公共服务设施严重不足。

小结

我国新时期城乡基本公共服务供需矛盾是由"自上而下"的供给决策和"自下

而上"的选择导致的需求转变而产生的。现行基本公共服务供给延续了计划经济条件下"自上而下"的政府主导型路径以及"统一标准"的设施配置,这一模式适用于均质化程度较高的社会。然而,随着人口频繁流动和收入水平的不断增长及阶层分化,人们对于基本公共服务有了更多差异化的选择诉求;虽然存在"制度门槛"和"流动成本",但"自下而上"的选择已经极大地改变了基本公共服务的需求状况。因此,正视需求的变化,转变供给决策模式,让不同群体的公共服务需求和意愿进入政策制定系统已是势在必行。

本章聚焦供需矛盾中最为突出的3个方面,即规模及品质、空间分布和供需弹性,并对其成因进行了解释。

首先,随着城乡居民的收入增加和频繁流动,在基本公共服务需求规模扩大的同时,对于服务品质的诉求不断提升。然而,政府间的经济竞争限制了公共服务财政供给投入的增长。同时,市场化供给因受用地、人员、经费等多方面制约而发展滞后,无法起到充分弥补政府公共服务供给不足的作用。由于基本公共服务供给增速远远落后于基本公共服务需求的增长,造成了基本公共服务供需在规模以及品质上的巨大落差。

其次,大规模的人口流动具有集中化趋势,主要从流出地省份的传统农业乡镇流出,向流入地省份的大城市及城市中某些区域聚集,从而造成基本公共服务供需的空间失衡,并且不断加剧。尽管应对措施不断在出台,但目前的基本公共服务供给统筹层次尚较低,并且转移支付政策的设计对市场化带来的人口流动及其对公共服务供给责任变化造成的影响考虑不足。目前,在地区之间、区县之间的公共服务调节和均衡上还难以达到所需要的程度。基本公共服务供需空间分布的矛盾,一方面造成了基本公共服务供给中的盲区;另一方面导致了地方政府为控制外来人口分享本地公共服务资源而出台甄别性、限制性政策。

最后,大部分流动人口在流入地租住私房,并且选择了低成本、"非正规"的居住方式;在案例地区表现为农房"改扩建"与老旧小区"合租群租"现象。在"非正规"的居住方式下,外来人口聚集地的人口密度远高于传统城乡社区,基本公共服务需求爆发式增长。然而,基本公共服务设施的配置作为固定资产投资具有较强的刚性特征;同时,在建成区域增建基本公共服务设施的难度也很大。而且基本公共服务设施配置是根据规划预测的居住人口规模等确定的,外来人口的高流动性特征,也使得公共服务需求的预测变得极为困难。这些因素都会导致外来人口聚居区域的基本公共服务设施严重不足。

第 7 章 政策指引与地方探索

作为新型城镇化的重要组成部分，公共服务领域从中央各职能领域的宏观政策到地方实践探索不断涌现，目前正处于新旧制度交替的动态发展中，各种政策调整与变革、地方试点与探索为研究的政策建议提供了鲜活的实践论证。

7.1 中央层面的专项基本公共服务政策

7.1.1 2001年《国务院关于基础教育改革与发展的决定》

第十三条要求地方政府"因地制宜调整农村义务教育学校布局"，表示要"按照小学就近入学、初中相对集中、优化教育资源配置的原则，合理规划和调整学校布局。农村小学和教学点要在方便学生就近入学的前提下适当合并，在交通不便的地区仍需保留必要的教学点，防止因布局调整造成学生辍学。学校布局调整要与危房改造、规范学制、城镇化发展、移民搬迁等统筹规划。调整后的校舍等资产要保证用于发展教育事业。在有需要又有条件的地方，可举办寄宿制学校。"这一政策的初衷是将有限的教育资源集中起来，这对于提高农村整体教育水平具有显著作用。但在实施过程中这一条款被某些地方政府断章取义的引用，指标式、计划式的村校撤并在地方政策实践中逐步兴起，从而在我国农村地区掀起了大规模"撤点并校"。在竞赛式的村小撤并过程中一些孩子不得不背井离乡求学，家长也要被迫陪读，而2011年末的几次重大校车事故，受到了舆论的广泛争议。2012年国务院办公厅下发《国务院办公厅关于规范农村义务教育学校布局调整的意见》，明确提出"坚决制止盲目撤并农村义务教育学校，暂停农村义务教育学校撤并"。

简要评述：

教育设施的适度集中在城镇化农村人口不断收缩的前提下，有利于教育资源配置的优化，但2000-2012年教育设施布局调整中，大规模"撤点并校"的弊病在于缺乏科学论证、盲目过度的撤并。归纳其经验教训可以发现，适度的集中应该基于3个原则，首先是对学生上学距离的充分考虑，基于本地区的通勤条件和配套措施（如学校提供校车服务）产生的时空距离制定可达性指标的底线。其次是设施的撤并应基于居民意愿，建立有效的意愿表达机制，使公众意愿纳入决策的制定过程，并对政策实施过程形成监管机制。最后是必须坚持因地制宜的原则，撤点并校舆论争议最大的就是撤校后到中心校存在特别艰险的路段，导致学生失学或者通勤事故。因此，设施的撤并调整必须基于对实地的深入调查，避免"一刀切"的指标和方案。

7.1.2　2016年《国务院关于统筹推进县域内城乡义务教育一体化改革发展的若干意见》

政策：指导思想的核心是"统筹城乡教育资源配置，向乡村和城乡接合部倾斜，大力提高乡村教育质量，适度稳定乡村生源，增加城镇义务教育学位和乡镇学校寄宿床位，推进城镇义务教育公共服务常住人口全覆盖"。

针对城乡教育设施"乡村弱"和"城镇挤"的问题，一方面根据城镇化规划和常住人口规模同步建设城镇学校。地方政府要实施"交钥匙"工程，确保配套学校建设与住宅建设首期项目同步规划、同步建设、同步交付使用。省级人民政府制定消除大班额专项计划，到2018年基本消除66人以上超大班额，到2020年基本消除56人以上大班额。另一方面要求乡村地区切实提高教育资源使用效益，提升乡村教育质量，避免出现"边建设、边闲置"的现象；同时吸取了2001-2012年"撤点并校"的教训，强调办好必要的乡村小规模学校，避免学生因学校距离过远而失学。

《意见》要求建立义务教育学校标准化建设台账，完善寄宿制学校、乡村小规模学校办学标准。推进教师"县管校聘"改革，统筹调配编内教师资源，解决乡村教师结构性缺员和城镇师资不足的问题。

简要评述：

这一轮义务教育改革意见中明确提出增加城镇义务教育学位和提升乡村教育质量的要求，体现了结合城镇化过程提高义务教育设施配置效率的总体思路。同时，吸取上一轮农村教育设施布局调整的经验教训，强调了消除城镇大班额和保障乡村教育设施底线的要求。但从《意见》中我们也可以看到，目前，义务教育尚处于县域统筹的层次，与全国范围的统筹还有较大的差距。

7.1.3 2015年《国务院办公厅关于印发全国医疗卫生服务体系规划纲要（2015-2020年）的通知》

《纲要》主要针对当前我国医疗卫生设施中公立医院规模过快扩张提出了公立医院的设置原则。在县级区域依据常住人口数原则上设置1个县办综合医院和1个县办中医类医院。在地市级区域依据常住人口数，每100万～200万人设置1～2个地市办综合性医院（含中医类医院）。在省级区域划分片区，按需求每1000万人规划设置1～2个省办综合性医院。基层医疗卫生机构方面，政府在每个乡镇办好1所标准化建设的乡镇卫生院，在每个街道办事处范围或3万～10万居民规划设置1所社区卫生服务中心。每个行政村设置1个村卫生室。

同时为严格控制公立医院单体（单个执业点）床位规模的不合理增长，对各级公立医院的床位规模作了明确要求。县办综合性医院床位数一般以500张左右为宜，50万人口以上的县可适当增加，100万人口以上的县原则上不超过1000张。地市办综合性医院床位数一般以800张左右为宜，500万人口以上的地市可适当增加，原则上不超过1200张。省办及以上综合性医院床位数一般以1000张左右为宜，原则上不超过1500张。

《纲要》要求重点平衡政府与市场的关系。按照公立医疗服务体系承担70%服务量来确定公立医疗服务体系与非公立医院之间的资源比例关系，将公立医院床位标准确定为每千人口3.3张，并作为约束性指标进行管理。到2020年，按照每千常住人口不低于1.5张床位为社会办医院预留规划空间。放宽举办主体、服务领域要求，支持社会办医院纳入医保定点范围。

简要评述：

《纲要》主要从行业规范的角度对不同行政层级的医院规模和单体床位数提出明确规定，规定从医疗专业而言具有其科学性。但从研究可以看到当前医院规模快速扩张受到城镇化人口流动、社会医疗保险制度等的影响，有其深刻的社会发展背景，因此，往往难以一限了事。解决目前公立医疗设施规模不合理问题，需要结合城镇化和医疗保险制度城乡一体化进程动态持续推进，需要深入调研地方居民医疗服务需求，制定合理有序的步骤和措施。

7.1.4 2019年《国务院办公厅关于推进养老服务发展的意见》

《意见》在我国老龄化趋势日益凸显的情况下，针对目前地区发展不平衡不充分、有效供给不足、服务质量不高等问题提出了6个方面28条具体措施。主要目的在于破除发展障碍、健全市场机制、完善养老服务体系、优化养老服务供给、扩大养老服务投资、释放养老的消费潜力。

《意见》强调了公办养老院的底线作用，提出"充分发挥公办养老机构及公建民营养老机构兜底保障作用，在满足当前和今后一个时期特困人员集中供养需求的前提下，重点为经济困难失能老年人、计划生育特殊家庭老年人提供无偿或低收费托养服务。坚持公办养老机构公益属性，确定保障范围，其余床位允许向社会开放，研究制定收费指导标准，收益用于支持兜底保障对象的养老服务"。加强对养老服务综合管制，"制定'履职照单免责、失职照单问责'的责任清单，制定加强养老服务综合监管的相关政策文件，建立各司其职、各尽其责的跨部门协同监管机制，完善事中事后监管制度。健全'双随机、一公开'工作机制，加大对违规行为的查处惩戒力度，坚持最严谨的标准、最严格的监管、最严厉的处罚、最严肃的问责"。

《意见》强调了新建住宅小区与配套养老服务设施"四同步"（同步规划、同步建设、同步验收、同步交付），"对存在配套养老服务设施缓建、缩建、停建、不建和建而不交等问题的，在整改到位之前建设单位不得组织竣工验收。按照国家相关标准和规范，将社区居家养老服务设施建设纳入城乡社区配套用房建设范围"。对于民营养老院用地问题，《意见》指出"举办非营利性养老服务机构，可凭登记机关发给的社会服务机构登记证书和其他法定材料申请划拨供地，自然资源、民政部门要积极协调落实划拨用地政策。鼓励各地探索利用集体建设用地发展养老服务设施。存量商业服务用地等其他用地用于养老服务设施建设的，允许按照适老化设计要求调整户均面积、租赁期限车位配比及消防审验等土地和规划要求。"

简要评述：

《意见》重点对于前期养老市场化监管不足、空置率高、公办养老定位不明确等问题进行了调整。《意见》提出要以最严谨的标准、最严格的监管、最严厉的处罚、最严肃的问责，加大对养老服务领域违法违规行为的惩处力度，可见在养老服务领域各部门的监管将更加趋严，这将有利于淘汰不合格的市场主体，促进整个行业的健康发展。此外，《意见》对于民办养老院用地提出了明确意见，对于解决目前养老设施用地困难的问题具有一定的促进作用，但从根本而言，随着城乡老龄化问题不断凸显，应尽快在城乡用地类型中考虑设置养老服务设施独立用地。

7.1.5 2018年国务院《关于建立健全基本公共服务标准体系的指导意见》

《指导意见》的核心在于建立健全基本公共服务标准体系，明确中央与地方提供基本公共服务的质量水平和支出责任，以标准化促进基本公共服务均等化、普惠化、便捷化。主要提出了4个方面任务：一是完善各级各类基本公共服务标准，构建涵盖国家、行业、地方和基层服务机构4个层面的基本公共服务标准体系。二是明确国家

第7章 政策指引与地方探索

基本公共服务质量要求，提出幼有所育、学有所教、劳有所得、病有所医、老有所养、住有所居、弱有所扶以及优军服务保障、文体服务保障等9个方面的具体保障范围和质量要求。三是合理划分基本公共支出责任，明确政府在基本公共服务中的兜底职能，明确中央与地方支出责任划分。四是创新基本公共服务标准实施机制，要求促进标准信息公开共享，开展标准实施监测预警，推动标准水平动态有序调整，加强实施结果反馈利用，推进政府购买公共服务，鼓励开展创新试点示范。

2019年7月，根据《指导意见》的精神，国家基本公共服务标准化试点分为3类：(1)综合试点。围绕全部基本公共服务领域，进行全方位、综合性试点和探索。(2)专项试点。选择一个或者多个基本公共服务领域，或重点针对一个或者多个标准化工作机制，开展专项试点和探索。(3)区域协调联动试点。选择经济社会发展一体化程度较高的区域，探索开展区域性基本公共服务标准体系协作联动，促进标准体系有效衔接。首批试点覆盖21个省、自治区、直辖市，涉及公共教育、劳动就业创业、社会保险、医疗卫生、社会服务、住房保障、公共文化体育、优抚安置、残疾人服务等9个领域。

简要评述：

《指导意见》与试点工作的开展表明这一阶段我国基本公共服务发展的重点将是标准化体系的建立、落实和实施监督。由国家制定最低标准，各地方结合本地实际并进行财政承受能力评估后，制定本地区基本公共服务具体实施标准。指导意见打破了长期以来城乡二元的公共服务设施配置指标和规范，为形成城乡一体化、体现区域统筹和区域公平的公共服务供给体系奠定基础，重点强调了国家标准的底线意义。但如何制定对各地基本公共服务建设具有普适性指导意义的国家标准，如何鼓励并监督各地方政府制定"尽力而为、量力而行"的地方标准具有较大的挑战。

7.2 地方层面公共服务领域的实践探索

7.2.1 成都市

成都市是西部地区重要的中心城市，2007年，成都市作为全国统筹城乡综合配套改革试验区，公共服务制度作为改革实验的关键环节，以"全域成都"为理念进行了探索。

1. 管理体制重构和户籍、产权制度改革

探索对公共服务相关的职能部门进行整合和调整，形成统筹城乡发展的行政管理体制。例如医疗卫生方面，医改方案设计由发改委负责；剥离卫生行政部门与公

立医院的直接隶属关系，成立医院管理局负责全市公立医院管理；农村合作医疗与城镇居民医疗保险经办机构合并，由人力资源社会保障部门统一管理；卫生局负责推进城乡公共卫生服务职能。通过机构重组、职能调整及管理职责向乡村延伸等方式，打破了公共服务管理城乡分割格局，为城乡公共服务一体化创造了有利条件。

通过户籍制度改革和农村产权制度改革，为城乡公共服务均等化打破了制度障碍。2003-2012年，成都市进行了5次户口政策调整，从取消入户指标限制直至本地农民租房入户政策的实行，实现了城乡居民在成都全域范围内的自由迁徙。同时，建立健全农地产权制度，明确农民的财产所有权和收益权，为农村居民享有基本公共服务如参与医疗、养老保险和购置经济适用房等奠定了物质基础。

2. 城乡统一的基本公共服务标准化建设

重视基本公共服务的标准化建设，在公共服务设施、内容、质量、可及性方面确立明确标准。例如在教育方面，成都市制定了标准化的义务教育校级均衡发展监测和评估指标体系，通过教育经费投入、教育资源配置、教育质量3个方面14项主要指标，对全市各区县区域内义务教育校际均衡总体程度逐一测评，促进城乡间义务教育均等化。实施农村中小学标准化建设工程，通过撤销、合并、新建、改扩建的方式，对农村中小学进行标准化建设。在标准化建设中明确不同类型公共服务的责任主体，以及不同层级政府在不同类型公共服务项目中的基本责任，以此作为明确政府公共服务职能、建设规范化服务型政府的基本依据。

3. 推进村级公共服务和社会管理改革

在村级公共服务和社会管理中，将村级公共服务资金纳入财政预算，市、县两级财政每年对每个村安排不少于20万元的专项资金。同时，以市小城投公司作为融资平台，村可以按专项资金标准最多放大7倍向小城投公司融资，用于村一级的基础设施和公共服务设施建设，保障村级公共服务的资金来源，建立农民广泛参与的民主管理机制。专项资金由村民议事会决议如何使用，既畅通了民意表达的渠道，又吸引村民对公共事物的关心和直接参与，使公共服务投资能够符合村民意愿。

7.2.2 惠州市

惠州市是广东省基本公共服务均等化综合改革首个试点市，从2012年起，通过整体性制度安排，探索具有示范效应的基本公共服务均等化制度体系与工作框架，使惠州市成为广东省推进公共服务均等化的典型城市。惠州市基本公共服务均等化改革的亮点在于在有限的财力供给下，实现了对辖区持续有效的公共服务均等化机制构建。

1."底线均等"和"均衡发展"的财政资金与投入测算

惠州市利用财政资金托底保障民生底线，并促进了城乡资源要素流转共享。为保证公平度，在全省率先确定免费义务教育公用经费、城乡居民医保财政补贴标准等30个"底线均等"保障项目，由市级财政优先保障，建立起全市统一合理的基本公共服务标准体系。为提升均衡发展，首创"基本公共服务专项统筹资金"，各县（区）按上年公共财政预算收入的3%安排专项资金上缴到市级统筹，建立财政横向转移支付机制，实现富裕县（区）帮助落后县（区）的功能，促进不同县（区）基本公共服务水平均衡。同时，建立基本公共服务资源共享机制，率先实施巡教、巡医制度，实现了教育、卫生资源在城乡、县区之间充分流动，有效促进了区域均衡发展。

同时，惠州对基本公共服务均等化的资金投入做到了详细的项目资金测算，并详细安排了资金的具体财政供给层次，使得各个基本公共服务均等化的实际项目能够有专门的资金进行保障，而不会出现此消彼长、相互影响的格局。这种机制安排有效避免了实际操作中，某一项目资金增长致使其他项目资金削减而难以完成均等化目标的状况。

2."政府主导"下的多元供给机制

在政府财政主导的基础上，运用财政贴息、补助、奖励、竞争性分配等方式引导和撬动社会资金投入。深化政府购买社会服务改革，加大社会组织培育力度，鼓励和引导社会组织参与提供多层次、多样化社会公益服务。放宽基本公共服务投资的准入限制，创新政府基本公共服务投资体制，通过招标采购、合约出租、特许经营、政府参股等形式，建立基本公共服务多元化供给机制。

3."问需于民"的需求反应机制

积极探索在重大民生政策和项目决策、实施过程中引入征询社会公众意见机制。建立公共服务需求反映平台，广泛征求社会各界的意见和建议。选取部分民生项目进行改革试点，对财政出资、非财政出资、跨行政区域实施等不同性质的民生实事项目实行不同的征询民意方式。加强基层公共服务资源整合，因地制宜建设社区综合公共服务设施，加大共建共享力度。

7.2.3 苏州市

苏州市位于长三角区域，已经处于工业化后期，经济实力处于全国前列。其特点在于县域经济发达，城乡居民收入差距较小，作为江苏省城乡一体化发展综合配套改革试点，2014年，国家发改委批复将苏州城乡发展一体化试点晋升至国家层面。

1. "发展权下移"构建动力机制

为了调动各方面的发展积极性，苏州通过"发展权下移"——将部分发展权、财权、事权授予镇、村两级主体，以使"自上而下"的公共服务一体化政策和"自下而上"的积极性结合起来，乡镇成为"城乡发展一体化项目"的操作主体，具体负责推进各自管辖范围内教育、医疗等公共服务设施项目的建设。与此同时，给予镇政府、村集体一定量的土地指标，施以必要的政策引导，并为各乡镇提供部分财政资金支持和构建统一的政府融资平台。这样的制度建设使得镇、村两级有了自下而上的运作空间和积极性，也有效调动了社会力量和民间资本参与公共服务一体化建设。

同时，通过试点的方式实行了以点带面，循序渐进的推进机制，选择了23个经济基础比较强的乡镇作为城乡公共服务一体化的先导区，然后在试点经验的基础上，形成政策性经验文件予以推广，避免大冒进和大失误。

2. 双管齐下扩充资金来源

由于财政资金和上级转移支付主要用于日常运行和民生开支，而以城乡发展一体化为目标的公共服务设施建设资金占用规模大、周期长，财政投入压力显而易见。苏州市充分利用其资源禀赋进行了资金来源的扩充，一方面，由于苏州市乡村工业化和外向型经济发展较为发达，市域城镇体系发育较为均衡、空间分布均质，因此，靠近城镇中心和工业园区的乡村地区其土地价值较高。苏州通过"三集中""三置换"等政策，在明确土地产权归属的情况下，较大幅度的减去乡村建设用地和城镇建设用地之间的土地极差收益，作为公共服务一体化建设的重要资金来源；另一方面，凭借镇级集体资产公司，在规范监督的基础上获得租赁性收益，并作为融资平台。在两种资金来源扩充的基础上，较好的保障了市域乡村地区的教育设施、医疗和养老设施的投入。

3. 构建城乡公共服务新载体

在如何构建农村公共服务新载体中，苏州市根据不同农村特点，因地制宜采取灵活多样的社区架构模式：对于融入城市化地区较深与城市社区相似的地方建立现代社区型服务中心；对于城镇化地区主要建设对周边地区具有一定辐射作用的区域性社区服务中心；对于农村现代化地区则主要建设配套农业生产的农村社区服务中心。

7.2.4 南京市

南京市为解决现实中居住区公共服务设施配建的矛盾，基于深入调查研究，对城市新建地区制定了配套公共设施规划指引，对公共服务设施配置多个方面进行了积极探索。

1. 简化公共服务设施配置层级

在原有居住区、小区、组团的3级配套模式中居住区、小区都配套了相对完整的一套公共设施，组团还配套了一些便民设施。而实际利用过程中，部分在居住区配套的设施往往与小区级设施重复，如商业、休闲服务。部分小区级设施由于规模不足，难以配置或出现浪费，如小学、菜市场等。同时，复杂的分级配套体系增加了政府实施建设的难度，而且现有的社区配套对社会发展新需求的超前研究不够，如老年公寓和社区医院。因此，南京首先对设施配置层级进行了改革，简化合并了公共设施配置层级，提出居住社区—基层社区两级体系。居住社区是以社区中心为核心，服务半径400~500m，由城市干道或自然地理边界围合的以居住功能为主的片区，人口规模为3万人左右，居住社区作为基本单元提供居民日常生活需要的综合全面服务。基层社区是由城市支路以上道路围合，规划半径200~250m的城市最小社区单元，人口规模为5000~1万人，3~6个基层社区构成居住社区，基层社区提供便民型服务功能设施予以辅助。

2. 根据市场化程度对公共设施进行性质区分

将公共设施按照公益属性和刚性控制要求分为3类。一类为严格保障的公共设施，应移交产权至政府，包括教育、医疗卫生、社会福利保障、行政管理和社区服务等设施；二类为应予保障功能的公共设施，可不必移交产权，包括公共文化、体育设施，以及商业服务设施中的菜市场、邮政等普遍服务营业场所和必备型商业；三类为经营性公共设施，在有条件情况下可以保障，包括各类商业服务设施等。根据不同类型公共设施和市场力量的关系、公共设施建设运营过程中政府作用以及公共设施运营对于空间的要求，设置强制性配置规定和引导要求。强制性配置规定包括内容、规模、用地控制和设置要求等。公益性公共设施的内容和标准设定为刚性指标，不得减少和随意调整；经营性公共设施顺应市场经济要求，在总量和设施内容方面留有一定余地。

3. 设施用地集中布局

在规划指引中强调了公共服务设施用地集中布局,除了占地规模较大且需要独立设置的项目外,其余项目包括社区服务、文化体育、医疗、管理等统一纳入综合中心用地中,突出了同一级别、功能和服务方式类似的公共设施集中布局。形成商业、社区管理和服务、中心绿地合一的社区公共中心的布局模式,改变了以往零星配套带来的用地控制困难、设施遗漏的问题。其优势主要体现在以下两点:(1)集中复合有利于用地性质的区分,营造更富有活力、更具有可识别性的公共空间,使公共设施得以发挥规模效益,实现经营和管理统一化;(2)日常生活中这种布局方式缩短了居民在不同功能设施间辗转的距离,使居民可以在各个地点享受内容齐全且多样化的服务,对公共设施的使用更便捷。

7.2.5 海门市

江苏省海门市在2000~2012年的全国农村学校布局调整中具有典型意义。2012年前农村中小学布局调整已基本完成,市域内农村地区学校完成大规模撤并,曾经设置在村庄的小学和初中全部上收,各乡镇的基础教育设施均集中设置在镇区。撤并后的乡镇小学和中学在教学规模上与城区的学校相差无几,乡镇地区没有规模过小的"麻雀学校"和"麻雀班级"的现象了。

乡镇基础教育设施的集中配置,显著提高了教育资源配置的效率,由于集中了财力,镇区的学校实现了标准化建设,学校的建设规模和管理水平大幅提升,生源充足且稳定。由于课程设置完整,师资配备齐全,归并后的办学质量得到了村民的普遍认可,绝大部分村民(82%)认为没有必要恢复已经被撤并的村小学。

与此同时,由于教育设施集中配置且配套措施尚未完善,给居住分散的农村儿童和家长带来了不便,并增加了部分农村学生上学的空间距离和经济成本。经过大规模的农村学校撤并后,海门市的乡镇小学的服务半径约在3~4km之间,而中学的服务半径达到了4~5km,这对于低龄学生而言是一个过大的距离。目前,乡镇地区的上学通勤主要依靠家长接送或私营校车服务,存在着一定的安全隐患。同时,由于回家的路途较远,大部分农村家庭的学生都选择在校就餐。乡镇域内各个村庄距离镇区的远近差异,导致基础教育设施的集中配置对不同村庄居民的影响也很不同。

7.2.6 深圳市

2015年,《深圳市深化公立医院综合改革实施方案》提出深圳的公立医院将不再实行编制管理,社区医疗服务机构诊疗量占全市医疗服务机构总诊疗量的50%以上,公立医院"药占比"降至30%。2016年,人社部新闻发言人在对事业单位人事制度改革进行下一步工作安排时明确表示,研究制定高校、公立医院不纳入编制管理后的人事管理衔接办法,说明公立医院取消编制工作将在全国广泛推行。取消事业编制是目前事业单位人事制度改革的重点,有利于医疗资源的自由流动,公立医院和民营医院将处在相同的人才资源平台上竞争,这对于民办医疗设施的发展产生很大的促进作用。同时,医生取消编制,将促进医生的多点执业,甚至走向自由执业,也会对目前各级医疗服务设施的就诊格局产生重大影响。

同时,深圳市的试点方案提出公立医院回归公益性质,全部取消药品加成,将公立医院补偿由原来服务收费、药品加成收入和政府补助3个渠道,改为服务收费和政府补助两个渠道,"使公立医院真正实现公益性回归"。深圳市通过财政投入打破"以药养医"的医院逐利模式,并且通过制度设计使得财政投入不再是单纯的投入而是科学的杠杆式撬动。

第8章 新时代城乡基本公共服务制度改革和设施配置探讨

8.1 构建协同互补的多元供给机制

8.1.1 提高高等级政府在公共服务保障上的底线作用

实证研究发现，通过非均等化的基本公共服务压低发展成本尽管在短期内有助于经济和城镇化的快速发展，但从长期而言"重经济、轻民生"使得社会矛盾不断累积。从世界各国的发展历史来看，一些发达国家正是在经济发展和城镇化转型的社会矛盾集中时期逐步完善了国家福利保障和公共服务体系。当前我国的经济实力和政府的财政收入较以往已经有了较大幅度的增长，中央和省级财政通过更多的财政投入提供"最基本公共服务保障"的物质基础条件已经具备。

着眼于"最基本公共服务保障"应该向贫困地区、偏远的农村地区、弱势人群倾斜，保证最需要的地区、最需要的家庭类型在高等级政府的公共服务财政配置中具有优先权。在这里"更多的财政投入"是指提高公共服务财政投入占GDP的比例，同时使基本公共服务财政投入的增长与财政收入的增长之间保持可比性，并且对政府的财政资源进行再配置。政府掌握的公共资源尤其要聚焦人口流动过程中城乡居民最为关注的基础教育、医疗卫生和养老等领域，弥补城镇化快速发展阶段公共服务设施配置的"欠账"，逐步构建完善的国家基本公共服务体系。一方面，政府要提供市场不愿提供或者无法提供的公共服务，以确保社会各阶层，尤其是弱势群体都能获得基本而有保障的公共服务；另一方面，对可以通过市场化提供的公共服务产品，则是要制定规则和加强监管，以一个公平和有效的制度环境确保市场竞争的有效性。

8.1.2 调动地方政府发展积极性

在推进基本公共服务均等化过程中，通过中央和省级财政投入实现公共支出和公共服务数量的均等化是基础性工作，但碍于地区间社会经济状况以及城镇化发展阶段的差异，导致完全均等的公共支出和服务数量的均等化并不现实，也并不一定能取得良好的公共服务均等化效果。因此，在充分考虑地方资源禀赋的基础上，可以实行有区别的发展模式，调动地方发展的积极性。在各地公共服务均等化探索中，已经带有区域差异化发展的精神。例如苏州市利用县域经济发达，城镇化水平高的特征，将发展权下移，在乡镇一级通过土地指标的集中、置换和融资平台的建立调动了镇、村自下而上的发展积极性，有效调动社会力量和民间资本参与公共服务一体化建设。百色市作为国家精准扶贫的重点地区，通过对脱贫攻坚、补齐发展短板的政策倾斜，将城乡公共服务一体化与易地扶贫搬迁结合，通过扶贫安置的公共服务配套促进西部山区向城镇聚集，从而激发了自下而上的发展积极性。

8.1.3 撬动社会资金完善市场化参与

从实证研究中可以看到，在大规模人口流动和人民收入水平不断提高的双重背景下，人们对优质公共服务的需求也日益提升并趋于多样化，单一渠道的政府供应显然已经不能很好地满足公共服务消费需求升级的要求。从国外公共服务供给模式来看，撬动社会资金、引入市场化是扩充公共服务资金来源、满足人们公共服务多样化需求的主要途径，政府引入社会资本、以市场化的竞争机制来增加公共服务多样化和提高供给效率；私营部门则凭借政府的特许和扶持，追求公共项目的预期收益，或是主要出于慈善目的而进行投资和持续运作。然而，从我国目前公共服务供给现实来看，社会资本确实已经逐步进入公共服务供给领域，公共服务领域的市场化从规模来看发展较快，但在实际利用方面还存在着较多问题。基础教育方面，民办教育总体比例尚低，比例较高的区域引发了显著的择校倾向与教育不公平现象；医疗卫生和养老服务方面，认可度差、空置率高，利用效率显著低于公办设施，市场化供给其设想的竞争功效并未得到有效实现。其一，政府供给和市场供给的边界尚未厘清，模糊的公私界限降低了政府对绩效控制的约束，可能诱发市场组织的机会主义行为，最大限度的追求经济利益，从而影响公共服务提供的质量。其二，公共服务市场化模式所需要的充分竞争前提尚未得到有效搭建，在用地、技术人员、经费等方面存在着显著的壁垒，在一个缺乏竞争的条件下，市场化模式发挥效率的先决条件在公共服务实践中不容易实现。

基本公共服务中的义务教育、基本医疗卫生、基本养老服务等是我国公共服务供给的核心，其合理供给是社会公正、公平的保障。从世界各国的经验来看，基本公共服务应由政府负主要责任，包括直接供给、采取政府购买服务，或是特许民间经营。而在基本公共服务标准基础之上，更高品质的公共服务则属于"俱乐部类公共物品"，需确立市场准入规则，稳步扩大市场化范围及采取民营化方式供给。

以民办学校为例，其长期以来无法享受义务教育阶段国家财政经费划拨。2015年，《国务院关于进一步完善城乡义务教育经费保障机制的通知》提出对公办学校、民办学校就读的学生"一视同仁"，均可以享受"两免一补"和生均公用经费补助，民办学校收费高于基准定额部分则由学生家庭负担。基础教育领域的改革，探索了基本公共服务政府负责与通过市场化方式提供多样性选择的有效结合，对于提升医疗卫生服务、养老服务的服务品质和多样化供给具有很好的借鉴作用。

首先，对于市场可进入的公共服务领域，应破除非公资本进入的制度性障碍，通过公平的竞争机制激发私营部门、非营利部门的参与热情，拓宽公共服务供给参与主体和融资渠道。从实证研究来看，基础教育、医疗卫生和机构养老服务设施都具有一定的占地规模要求，需要较大的前期投入，尤其在外来人口聚集的一线城市，高昂的土地价格往往给私人投资方构成了难以逾越的门槛。因此，对于承担公共服务的私营部门、非营利组织来说，在土地、税收方面给予政策优惠是最为关键的制度性支持。其次，公共服务设施是专业人员密集型场所，主要提供的是无形的知识技能性产品，因此，建立统一的专业人员资质审核评聘机制，消除对民办机构的歧视性政策，对于保障民营机构公共服务品质，消除人们选择的顾虑具有重要的决定作用。此外，还应积极探索多种公私合作模式，通过灵活的产权制度激发私营部门的参与热情，依托私营部门的民间资本、运营能力和创业精神提供多样化的公共服务，以更好地满足人们不断提升的对于优质公共服务的需求。

8.2 统筹激励双管齐下，提高供需空间匹配

8.2.1 提高统筹层级、优化转移支付机制

从人口流出/流入地案例分析中可以看出，目前，我国公共服务供给的统筹层次仍相对较低，而快速城镇化过程中大规模、集中化的流动人口使得特定区域的常住人口规模和基本公共服务需求发生了剧烈变化；外来人口聚集区域的公共服务供给及地方财政压力难免会骤增。在我国的持续大规模人口流动的背景下，提高财政统筹层次有利于保障供给能力和供给需求的匹配度，并可避免由于供需空间错位造成的基本公共服务"盲区"，以及财政压力下甄别性、限制性政策的普遍出现。

从国际经验来看，大部分发达国家在城镇化快速发展的进程中均加强了中央或

高层级政府对公共服务的干预，在基本公共服务供给领域提高了统筹层级。通过建立覆盖城乡的社会福利制度，为国民提供了最为基本的公共服务保障，并改变了经济增长与民生的结构性不平衡。这种做法有助于保障经济社会和城镇化的可持续发展。从这一角度看，无论是2016年《国务院关于统筹推进县域内城乡义务教育一体化改革发展的若干意见》，还是成都、苏州等地进行的城乡一体化试点改革，均将提高基本公共服务统筹层次作为重要改革措施。

"提高基本公共服务统筹层次"是我国基本公共服务供给的总体趋势，在全国范围提供均等化的基本公共服务、保障全国城乡居民享受均等化的国民待遇，不仅是一种政治意愿和社会愿景，还需要巨大的财力、物力和人力资源的投入，因此，需要优化转移支付机制提高资源投入的利用效率。在目前人口周期性流动的背景下，公共服务需求既存在大规模、跨区域的转移，又存在"需求盲区"与"需求重叠"的可能，地方政府在财政分权以及行政权力下放的背景下，作为一个相对独立的利益主体，其缺乏改善流动人口公共福利的意愿；同时，在财政压力以及行政分割等方面的约束下，地方政府也缺乏相应的能力统筹和供给。因此，需要中央政府进行顶层设计，对跨省市人口流动进行充分考虑，完善转移支付机制。

首先，结合当地人口、经济发展趋势，对城乡公共服务进行统筹布局、规划，建立以常住人口为依据的动态财政预算体系和转移支付制度，提高公共服务的集约化、高效化和可及性。加大农民工流入地的财政支持力度，人口流出地要与流入地建立双向或多向联系互动机制，促进生产要素有序自由流动，优化调整基本公共服务产品。将因人口流动而对公共服务供给责任造成的影响纳入转移支付测算标准，以使地方政府的财力和提供基本公共服务的事权相匹配。

其次，在地方政府层面，考虑外来人口就业和聚居分离对基层政府财政的影响，逐步提高公共服务财政统筹层次。在人口流动的背景下，人口流入地政府在吸纳外来人口就业过程中享受到人口流出地区公共服务供给的"正外部效应"。对此，一方面可通过实施外出务工人员的"人头社保"进行地区间的转移支付，平衡人口流出地和流入地政府的社会服务责任和供养负担；另一方面应积极推进农民工的"市民化"工作，尽快使符合条件的流入人口转变为城镇居民，享受流入地的公共服务，完成流动人口的市民化转型。

在中央政府统筹流动人口公共服务转移支付的基础上，应加强对于地方政府的监督，通过完善相应的激励监督机制引导地方政府落实各项政策和预算，将保障流动人口公共服务福利的指标量化到地方政府的绩效考评机制中，并建立问责机制，引导建设公共服务型政府。

8.2.2 优化公共服务财政激励，增强供给动力

通过前文分析可以看到，地方政府承担了绝大部分的公共服务供给责任，地方公共服务供给水平和结构对于最终基本公共服务的获得具有关键性作用。目前，由于我国城镇化发展中的公共服务领域投入不足、市场化发展失衡，使得社会矛盾不断累积，究其原因在于地方财政在基本公共服务支出方面的动力不足。

地方财政收入制度决定了地方支出行为，我国地方政府相当比例的自有收入来源于土地出让环节，而非土地和房屋持有环节；而在土地出让环节大部分基本公共服务很难资本化到地价中（汤玉刚，2015）。地方政府在获取土地出让金收入时，热衷于投入城市基础设施，而缺乏在基本公共服务投入的动力，不得不通过自上而下的考核来实现地方公共服务的标准化提供。因此，提高地方政府公共服务供给投入应优化公共服务财政激励，可以通过土地和房地产税等方式，逐步实现财政收入从交易环节向交易和保有环节转变，获得公共服务资本化所产生的资产溢价。这对地方政府增加公共服务投入将产生良性的财政激励，从而提高公共服务供给的投入效率。

同时，优化公共服务财政激励，有利于改善人口流入地区区县间公共服务的调节和均衡效应。正如在实证研究中人口流入大城市案例的江桥镇，相当部分的流动人口属于职住分离，税收主要缴纳给就业地的中心城区，而公共服务需求则转向居住地的郊区，使得类似于江桥镇这样的区县承担了超额的公共服务供给压力。在现行的税收体制下，这样的矛盾难以避免，通过税收制度调整，优化公共服务财政激励则有利于缓解这一矛盾。当财政收入从交易环节转向交易和保有环节时，资产权或者居住权所享有的公共福利可资本化进入财政收入，使得公共服务的财政收入与支出在空间上相匹配，有利于增强地方增加公共服务投入的动力。

8.3 顺应人口流动趋势，重构设施供给体系

8.3.1 人口流入地区：公共服务设施布局引导城市更新与城镇土地开发

流动人口大量进入大城市及特大城市后，基于减少生活成本和提高净收益的考虑，往往在城市中的特定区域聚集。这些区域大部分为城乡接合地区和城市发展更新滞后地区。根据对人口流入地案例的研究，发现这些地区大量流动人口选择了"非正规"的居住方式。在缺乏外部干预的情况下，"改扩建"和"群租、合租"的方式造成了某些区域的人口密度剧增、环境质量迅速恶化以及无序的"半城镇化"现象蔓延扩张。半城镇化现象在快速城镇化发展过程中普遍存在，在当前跨省流动

人口主要集中的上海、北京、深圳等19个特大城市中，流动人口在贡献高城镇化率的同时均伴生着显著的半城镇化现象，这一现象在郊区空间尤为显著。因为外来人口聚集区域的实际常住人口往往远超规划预测的居住人口，从而导致相应的公共服务设施供不应求，普遍呈现出空间绩效不高、生态环境压力大、社会治理难度大等问题。

以北上广为代表的人口流入地区，大部分城镇化率已经很高，且面临着建设用地零增长的压力，其发展重点已从关注增量的扩张转向存量的提升。因此，人口流入地区的基本公共服务设施供给体系的重点应基于城镇化模式的调整，以"人的城镇化"为核心引导城市更新和城镇土地开发，破解半城镇化困境。在当前的制度约束下，流动人口聚居现象将难以在短期内消除，应秉持积极而有序改造的策略。对城市中心区、城区周边矛盾突出、空间破败、安全隐患大的地区应制定相应的近期行动计划，与旧城改造、宅基地置换政策等相结合，释放现有低质聚居区土地向规划有序的城镇住区转变，引导城镇公共服务资源的增量向该类区域配置。同时，将外来人口的住房需求纳入城市政府的公共住房保障体系，通过规划建设城镇公共住房、廉租房或是打工公寓等解决其住房问题，并配置合乎标准的基本公共服务设施。从供需双方入手实现半城镇化地区短期供需均衡问题。对状态尚可的地区重点进行存量空间发展规制和引导，排除可能的安全隐患，创新基本公共服务供给模式，保障流动人口的基本公共服务需求。

对人口流入地区来说，结合城镇化模式转变完善基本公共服务设施配置是总的趋势，但具体的设施规划指标则需要因地制宜、与时俱进地进行考虑。"促进有能力在城镇稳定就业和生活的常住人口有序实现市民化"是新型城镇化的首要任务，也是一个循序渐进的过程。从目前我国流动人口的人口学特征研究来看，"有序实现市民化"的人口结构具有一定的规律性，大体上将遵循"就业年龄段人口—核心家庭—传统家庭的过程"。人口结构的变迁将导致基本公共服务需求的转变，因此，应针对"市民化"过程不同阶段、不同类型住区的人口结构特征，科学评估流动人口实际需求，合理确定各项基本公共服务设施规划指标，并根据不同时期发展需求进行动态调整。

8.3.2 人口流出地区：围绕公共服务平台建设助力乡村振兴

研究表明，人口流出省份尤其是农村地区人口规模呈现长期收缩趋势，若严格按照均衡和就近原则配置基本公共服务设施，在农村地区的现实条件下只能是"低水平"的"高覆盖"，并造成公共财政和公共服务资源的巨大浪费。这样的配置方式与村庄规划的固有方法密切关联。例如，目前村庄规划仍是基于户籍人口，或是假设农村人口保持不变甚至是预测增长；但事实已经证明，这样的增长型规划已经不适应相当部分地区的农村发展。从我国近邻日本、韩国乡村发展经验来看也同样证明了农村长期收缩的趋势。虽然日韩政府和社会组织投入了巨大的财力和精力，施行了种种振兴计划，并有一些成功案例，但整体而言，农村人口减少及老龄化的趋势并没有实质性改变，农村地区人口流失和衰退的趋势难以逆转（赵民，2015）。

完善乡村地区基本公共服务是改善农民生活、促进农村发展的重要基础保障，是推动农业农村发展的动力引擎。《乡村振兴战略规划（2018—2022年）》指出，要"促进公共教育、医疗卫生、社会保障等资源向农村倾斜，逐步建立健全全民覆盖、普惠共享、城乡一体的基本公共服务体系，推进城乡基本公共服务均等化"。2019年"中央一号文件"指出，"加快补齐农村人居环境和公共服务短板""全面提升农村教育、医疗卫生、社会保障、养老、文化体育等公共服务水平，加快推进城乡基本公共服务均等化"。可见乡村地区公共服务设施改善对于乡村振兴战略的实施具有重要意义。面对人口流出省份的农村人口不断减少、基本公共服务需求向城镇集中的总体趋势，基本公共服务供给体系的规划应以"精明收缩"为指向，将基本公共服务建设作为乡村振兴战略落地的重要平台。根据乡村地区实际需求，对基本公共服务设施实施适度归并，从而提高设施的配置效率。同时配合制度上的"松绑"及创新，使得耕地、宅基地及住房能够有效流转，有序引导农村人口的适度集聚，使绝大多数居民可以方便地享受到更高质量的基本公共服务。

我国幅员辽阔，人口流出地区存在巨大的地理差异、文化差异和发展差异，因此，基本公共服务设施的适度归并需要因地制宜，并结合配套措施做出合理安排。例如人口流出地案例所在中部农村地区，地形平坦且大部分村镇间道路设施建设良好，因此，基本公共服务设施的归并力度可大些，并配合改善公共交通条件等方式克服"时空矛盾"。但对于地形环境复杂的山区、交通不便及经济落后地区，公共服务设施的适度归并应重点考虑实际服务范围的可行性。以2000-2012年全国农村义务教育设施布局调整为例，政策的初衷是将有限教育资源集中起来，这对于提高农村整体教育水平具有显著作用。但在实施过程中，有关政策条款被某些地方政府断章取义地引用，从而在我国农村地区掀起了大规模"撤点并校"运动。这种做法及其后果引发了很多争议；而2011年末的几次重大校车事故，则将舆论引向了高潮。2012年，《国务院办公厅关于规范农村义务教育学校布局调整的意见》明确提出"坚决制止盲目撤并农村义务教育学校，暂停农村义务教育学校撤并"（李涛，2015）。

总结以往的经验教训，基础教育设施的适度归并应该基于三个原则：首先是对于学生上学距离的充分考虑，基于本地区的通勤条件和配套措施（如学校提供校车服务）产生的时空距离制定可达性指标的底线；其次是设施的撤并应基于居民意愿，评估公共意愿和可接受性，将公众意愿纳入决策的制定过程，并对政策实施过程形成监管机制；最后是必须坚持因地制宜的原则。舆论对于"撤点并校"争议最大的就是部分地区在撤校后，到中心校存在特别艰险的路段，导致学生失学或者通勤事故，因此，设施的撤并调整必须基于对实地的深入调查，避免"一刀切"的指标和方案。

在实施乡村振兴战略的背景下，应建立并完善农村公共服务自上而下和自下而上相结合的决策机制。充分尊重农民的意愿，考虑并满足农民的重点需求，优先改善农民满意程度最低领域的公共服务质量，重点提升农民最看重领域的公共服务水平，提高农村公共服务供给效率。将人口流出地区基本公共服务设施供给体系的重构作为乡村振兴的重要抓手：一方面应顺应社会诉求，结合城镇化进程中的人口集聚状况适度归并，积极创造条件让居民获得合乎标准的基本公共服务；另一方面应充分考虑地方实际，在充分商榷的基础上进行合理安排，实施差异化的集中策略。

8.4 建立标准化体系，丰富设施配置模式

8.4.1 "城乡一体化"的标准化体系建立

城市与农村公共服务二元分割的制度安排，不仅造成农村公共服务供给不足，城乡差距扩大，也不利于城镇化过程中农业转移人口享受平等国民待遇，阻碍了人口流动过程中"人的城镇化"进程。因此，打破城乡二元分割，推进各项基本公共服务制度对接，建立城乡统一化的基本公共服务标准体系是近年中央战略精神的重要议题。2013年中央城镇化会议、2014年《国家新型城镇化规划（2014—2020年）》、2015年"中央城市工作会议"、2016年《国务院关于深入推进新型城镇化建设的若干意见》以及2018年《关于建立健全基本公共服务标准体系的指导意见》中频频提出各类公共服务制度对接，建立标准化体系的基本要求①。

公共服务供需的城乡结构性差异，其背后是城乡公共服务二元分割体制；传统的计划体制导致了城乡居民在享受公共服务的权利和福利上存在较大差异，同时也决定了在城乡公共服务设施配置上的巨大差异。因此，推进城乡各类基本公共服务

---

① 义务教育要求保障农民工随迁子女义务教育权利，以流入地政府为主，以公办学校为主。[《国家新型城镇化规划（2014—2020年）》《国务院关于进一步做好为农民工服务工作的意见》]

基本医疗要求依法将农民工纳入城镇职工基本医疗保险，允许灵活就业农民工参加当地城镇居民基本医疗保险。(《国家新型城镇化规划（2014-2020年）》；允许在农村参加的养老保险和医疗保险规范接入城镇社保体系，加快建立基本医疗保险异地就医医疗费用结算制度。《国务院关于深入推进新型城镇化建设的若干意见》)

基本养老要求完善职工基本养老保险制度，实现基础养老金全国统筹，鼓励农民工积极参保、连续参保。[《国家新型城镇化规划（2014—2020年）》]

制度的对接，并最终实现城乡一体化的公共服务体系，首先要扫清制度障碍，实现公共服务财政体制、行政管理体制的一体化，同时还要制定城乡统一的基本公共服务设施配置标准。

当前国家基本公共服务标准化的三类试点说明我国基本公共服务标准体系的建设工作已正式启动，其关键在于打破长期以来城乡二元的公共服务设施配置指标和规范。一方面国家制定最低标准，侧重于设施配置的公平性，提供的是底线保障。而另一方面各地方结合本地实际并进行财政承受能力评估后，制定本地区基本公共服务具体实施标准，侧重于设施配置的效率。无论国家标准还是地方标准，随着经济和社会发展，均应经过系统的评估过程进行动态调整和提高。

1. 国家标准保障配置公平

基本公共服务设施配置是政府主导下对于社会资源配置的重要手段，国家标准的制定其首要目的是保障社会的公平，控制社会极化和分离程度。因此，在城乡统一的原则下，国家标准应针对基本公共服务设施的规划指标制定统一的最低限度要求，通过划定基本公共服务设施规划指标的刚性底线确保在城乡居住社区的建设中，这些基本公共服务设施的配置能为城乡居民获得最基本的公共服务保障提供必要的物质载体。对于城乡绝大部分居民的基本需求，在设施配置标准中应予以明确的规定，目的是确保这些最基本的设施配置实现均好性，满足全体居民的基本生活需要。

我国目前城乡基本公共服务设施配置是以常住人口规模为基础，其核心概念是"分级配置""千人指标"，这一方式在均质化的需求条件下可以满足基本公共需求。然而，从实证研究中可以看到，不同地区在人口流动作用下人口结构呈现显著的差异，且人口流动在我国将持续较长时期，因此，将国家标准的最低限度要求中为特定年龄段人口配置的基本公共服务设施（如中小学、养老院）调整为针对"各年龄段人口"的人均指标更能体现设施配置的公平性。

2. 地方标准提高配置效率

从前文研究中可以看到，人口流出地区尤其是流出省份的农村地区，常住人口的数量持续降低，相当部分地区已难以在原有的设施布局模式下达到设施运营的最低规模；而在人口流入地区尤其是特大城市外来人口聚集区域，大量外来人口以非正规、高密度的方式聚居，根据原有模式配置的公共服务设施难以承受巨大的服务需求压力。市场经济发展及其所驱动的人口流动严重冲击了原有设施配置模式的单一模式，不同地区、不同群体显示出越来越显著的差异。

可见，当前基本公共服务供需矛盾的根本在于自上而下的供给策略所产生的单

第8章 新时代城乡基本公共服务制度改革和设施配置探讨

一的标准化供给方式和自下而上的市场化选择所产生的矛盾,因此,在制定国家标准提供底线保障的同时,必须充分满足各地不同城镇化发展阶段和现实的需求。基本公共服务均等化应当从支出均等化、服务均等化向满意度均等化转变。公共服务满意度是居民对政府公共服务的综合评价,反映了其公共服务需求的满足程度,更反映了人民群众在公共服务领域的获得感和满足感。公共服务满意度的均等化更能体现基本公共服务均等化的真实效果。因此,地方政府在推进公共服务均等化过程中,应当更多以提高公共服务满意度为工作目标,考虑不同群体的真实公共服务需求,有针对性地提供居民切实需求的公共服务产品,最大限度地满足差异化群体的公共服务需求,最终实现居民公共服务满意度的大致均等。

因此,地方标准应以国家的配置导则为指导,根据地方不同的人口密度、人口结构、社会经济、地形地貌和财政能力等因素,在科学评估地方实际需求的基础上制定地方标准,从而针对不同群体提供相应的服务。例如对于人口流入地区外来人口聚集区域应适当提高基础教育设施的配建标准;而对于人口流出地区的农村社区则需要重点保障养老服务设施的配套建设。赋予地方规划指标充分的弹性才能使政府对于公共资源的配置符合市场经济下城乡居民的实际需求,才能体现出政府对于居住区开发建设和运营的合理调控作用。

3. 区域统筹体现设施实效

现行的公共服务设施规划指标体系,是基于一定的人口规模配备相应的公共服务设施。有学者提出由于周边的环境不同,城市可提供的设施依托条件不同,这些分级配套的标准往往缺乏合理性,造成实际使用中的浪费抑或不足(赵民,2002)。

在实证研究中可以看到,目前这一问题在城乡均普遍存在。例如在人口流出案例地区的芦村镇,其镇区南面的路洼村(行政村)依据行政区划等级配置的要求配置的路洼小学,由于其临近镇区,步行距离仅25分钟,镇区中心小学教学质量较好,大部分路洼村的儿童选择在镇区入学。实地调研了解到,在人口流出和主动择校的双重冲击下,实际在村小就读的儿童仅为28人,配置的教育设施严重闲置。而在人口流入案例江桥镇,距离中心城区优质医疗资源距离较远,外来人口大量聚集导致现有的医疗卫生设施明显不足。在这种状况下,附近新建居住区的医疗设施就不可避免要为周边地区服务。

可见,在基本公共服务设施的配置中,增强区域统筹观念,不应过分强调居住内部的指标平衡,而应考虑居住社区的周边环境和需求。例如苏州在城乡一体化发展综合配套改革试点中,根据不同农村特点,因地制宜,采取灵活多样的社区架构模式:对于融入城市化地区较深的社区,建立现代社区型服务中心;对于城镇化地区，主要建设对周边地区具有一定辐射作用的区域性社区服务中心；对于农村现代化地区，主要建设配套农业生产的农村社区服务中心。建议在设施规划指标的确定中，要开展深入调研，以充分掌握各个居住社区的周边环境和设施依托条件；要在区域统筹的基础上，确定各个居住社区的基本公共服务设施建设指标和标准。

8.4.2 明确不同地区的公共服务布局层级

传统基本公共服务设施布局的典型特点是"城乡二元"和"分级配置"，其中的"级"就是指设施布局层级。最常见的层级体系是按照行政管理层级确定，城市以市、区、镇/街道为行政等级，乡村以县、镇、村为行政等级，然后在此基础上再细分。进一步的细分过程，城市一般是根据人口规模划分，按照人口规模分级配置是基于设施运营合理规模确定服务人口，前提是人口密度相对较高，居住地与设施的空间距离满足可达性要求。例如上海市公共服务设施设置标准中规定"居住区—居住小区—街坊"三级体系；乡村一般在镇的层面细分为中心镇和一般镇，在村的层面细分为中心村和基层村。从实践来看，与政府行政管理体系相结合的层级划分比较明确，对于政府部门来说权责清晰而且易于操作。

然而，从实证研究中可以看到，大规模、长期性的人口流动使得基本公共服务供需的空间格局发生了巨大变化。部分大城市随着外来人口的持续流入，城市人口规模和密度进一步提高，加之设施经营的规模效应，设施规模与服务人口具有同步扩大的潜在趋势。而部分地区人口不断外流，造成人口密度持续下降，按照现有模式配置已难以满足设施运营的最低规模要求。可见在城镇化进程和人口流动的条件下，布局层级的标准设置必须考虑到城乡人口密度的两极化趋势，兼顾效率与公平。因此，科学评估空间发展的差异化，构建适宜的基本公共服务设施布局层级，才能充分发挥基本公共服务资源配置对于引导城乡空间结构优化的导向性。空间发展差异化的判别主要依据两个方面，一个是外部性因素，如地区发展政策、城乡规划定位、交通区位；另一个是内部性因素，如地形地貌、人口和聚居区域的分布密度等。在层级的划分上必须考虑到实质性的内涵载体以及相应的政策支持，例如很多规划中提及的中心镇的概念，在一些规划实践中调整为重点中心镇，从而与从国家到地方政府文件均有明确界定的重点镇挂钩。

例如在县级及发展较快的镇层面，由于城镇化发展以及公共服务需求的持续增加，已具备按照人口规模分级配置的条件，但受到行政等级影响，呈现出学校超大班额、医院单体床位规模猛增的现象，对于该类地区应参考城市人口规模层级设置，设置居住社区—基层社区两级体系。居住社区作为基本单元提供居民日常生活需要的全面综合服务，基层社区提供便民型服务功能设施予以辅助。

农村地区在市场经济条件下，不同区位的村庄社会经济发展水平导致巨大的差异，在主要人口流出地区，人口结构趋向"老、幼"两极化发展。因此，在建设中应针对不同乡村发展需求和现实状况，提出不同的层级安排。对于优先发展的中心社区，可重点推进农村社区服务中心，适度提高公共服务设施配建标准；而对于人口密度低、地形限制多的自然村落地区，则在层级安排时应重点考虑设施最低运营规模与可达性的平衡，提供最基本的公共服务，以保障社会的基本公平。

8.4.3 明确不同类型设施的发展重点和规模

从实证研究中可以看到，在基本公共服务设施共性特征外，不同类型的设施供需状况还存在显著的差异。基础教育设施方面，其总量规模已基本满足数量需求，目前的供需矛盾主要体现在由于城乡教育质量差异和人口流动的影响，城镇义务教育学位高度紧张、乡村教育不断萎缩的矛盾。2016年，《国务院关于统筹推进县域内城乡义务教育一体化改革发展的若干意见》提出了"增加城镇义务教育学位"和"提升乡村教育质量"的差异性要求，体现了在城镇化进程中提高义务教育设施配置效率的总体思路；而同时强调的消除"城镇大班额"和保障"乡村教育设施底线"的要求，则体现了教育设施配置的公平性。因此，城镇地区基础教育的发展重点在于顺应人口流动趋势增加义务教育学位规模，而乡村地区义务教育的发展重点则在于权衡设施规模与可达性，通过教育技术革新形成"小而优"的设施配置模式。

从医疗卫生设施总量来看已基本满足数量需求，但目前的供需矛盾主要在于高等级医疗设施拥挤和基层医疗设施空置的矛盾，这一矛盾在城乡地区普遍存在。这主要由于不同层级医疗水平的显著差异，人们对于优质医疗资源的追求不断推升了医疗卫生设施的首位度。针对这一矛盾，一方面从医疗设施使用特征来看，可适度集中提高其规模效应，重点提升镇、社区一级医疗卫生设施诊疗能力，分流高等级医疗设施就诊压力；村、社区级医疗卫生设施以公共卫生工作为主。另一方面以加强对民办医院的激励和监督作为提供优质公共服务的重要途径，通过市场化满足差异性需求。

养老服务设施方面，近十年来对养老服务设施数量规模的需求呈现快速增长态势。但从供给端来看，由于发展的起点低，目前尚且缺乏独立的用地安排，政府供给的总体数量规模不足，而市场化供给的收费与老年群体的实际支付能力差距较大。因此，为保障基本养老公共服务需求，为了老人的幸福并顺应家庭结构模式的转变，养老服务设施发展重点应考虑设置独立用地，增加政府投入、扩大公益性的养老设施规模。

同时，在各类设施配置中应考虑不同基本公共服务设施服务规模的差异，例如

2016版《上海市控制性详细规划技术准则》中对于社区级（镇/街道）以下的公共服务设施配置，不是进行统一的细分，而是教育设施根据中学—小学—幼儿园配置的人口规模要求，细分为1万人—2.5万人—5万人三个层级；医疗设施仅增加卫生服务站1.5万人一个层级；养老设施根据社区养老院—日间照料中心—老年活动室配置的人口规模要求，细分为0.5万人—1.5万人—2.5万人三个层级。在设施配置落地环节，充分考虑不同类型设施的实际使用特征，确定发展重点和规模，将显著提高设施利用效率。

8.4.4 明确设施不同性质及管控要求

在基本公共服务领域中引入市场化成分是为了更好地满足人们对公共服务的多样化需求，这是顺应人们对于公共服务需求提升的重要途径。但在传统公共服务设施规划指标中，规划所确定的公共服务设施用地基本通过划拨方式，由政府直接建设和管理运营，而民办公共服务设施用地则处于尴尬境地。如果将经营性的项目都归属为公共管理和公共服务设施范畴，会占用基本公共服务设施的用地指标和建筑指标，而其不菲的收费所形成的"门槛"会造成部分居民排斥，进而导致社会不满情绪；如果将其归属为商业服务业设施用地，那就要走正式的"招拍挂"程序，竞价所形成的高昂土地价格往往会对民间投资构成难以逾越的门槛。这也正是当前民办公共服务设施发展的重大障碍。

完善市场化参与，明确设施的不同性质及管控要求，建立公平有效的制度环境是发挥公共服务领域市场化优势的基础。

由于私人部门的决策要综合考虑其获得的成本补偿金额、盈利水平、私人部门的提供能力大小等因素，因此，只有在私人部门可以获得相当的成本补偿且有一定盈利，能够提供且愿意充分参与提供的情况下，政府才能完全退出该类公共服务的直接提供，转而履行监管付费的义务。对于这类可通过市场化提供的公共服务产品，政府的职能主要是通过改革打破现有的制度壁垒，制定规则和加强监管，以一个公平和有效的制度环境来确保市场竞争的有效性。对于该类设施的用地，规划应提供空间保障，通过创新土地供应方式保障民办公共服务设施的合理、有序发展。

如果私人部门能获得的补偿不足或自身能力有限，补偿越低或者能力越弱，私人部门参与提供的程度越低，则公共部门的参与度就必须越高。对于市场不愿提供或者无法提供的公共服务，政府应作为完全供应者以确保社会各阶层尤其是弱势群体都能获得基本而有保障的公共服务。对于该类设施的用地，其管控措施应加强刚性控制以保障公益性设施的落实。

而对于中间区域，市场和政府参与提供的合作方式在理论上存在多种组合的可能。这种组合并非一定是产品数量上的组合,也可以引申为私人部门与公共部门之间的各种合作关系,比如在组织构架、风险分担、项目资金投入等方面的合作,这些都是政府与社会资本合作的表现形式。例如陈洁、栾峰在山东诸城和江苏溧阳等地的调研发现(表8-1),公益型主导的设施为维持日常运行及满足更广泛的需求,出现了部分市场化的转变或获得了民营性的补充,譬如民办幼儿园、私人诊所、老人日间照料服务站等,这些设施已不再是原来纯粹的公益型设施,也不同于经营性设施,而是处在公益和经营之间的"兼容型"设施(陈洁 等,2015)。

公共服务设施运营分类示意　　　　　　　　　　　　　　　　表 8-1

	公益型设施	经营型设施	兼容型设施
诸城市	社区综合服务、基础教育(小学、社区教育中心)、医疗卫生(卫生室)、文体、基本社会福利(敬老院)、商业金融(邮政网店)、集贸市场、生产设施	社会福利(老年公寓)、商业金融设施	教育(幼儿园、托儿所)、医疗卫生(诊所)
溧阳市	行政管理、基础教育(初中、小学)、医疗卫生(卫生院、卫生室)、文体、基本社会福利(敬老院)、商业服务(邮政网点)、集贸市场、生产设施	商业金融设施	教育(幼儿园、托儿所)、社会福利(老人日间照料服务站)

(资料来源:陈洁,栾峰,2015)

对于该类设施用地,可以考虑在公益性指标的基础上设置具有一定弹性范围的兼容性指标,以顺应市场需求和有利于引入民间投资。

8.5 形成公众参与的科学评估保障

8.5.1 科学评估体系

在计划经济条件下,基本公共服务设施配置建立在同质化的社会基础上,主要是根据计划指令安排公共服务的项目建设和土地使用。而在社会主义市场经济条件下,基本公共服务设施配置逐渐超越了单纯的工程技术领域日益进入城乡的社会、经济等领域。前文研究表明,新时期基本公共服务需求发生了从同质化向异质化转变、从空间均布向空间不均衡转变、从稳定向不稳定转变;随着需求的日益复杂化,这对公共服务设施决策过程提出了更高的要求,使得引入科学评估机制成为可能。

1. 前期评估:设施配置的需求预测

强调公共服务供给方式的优化和效率的提升,通过改善公共服务供需结构,在公共服务供给规模既定的情况下，更加精准地满足个性化的公共服务需求，实现居民间的公共服务均等化。通过设施配置的需求预测能够在不大幅增加财政支出压力的情况下，通过改善公共服务供给绩效的方式，实现基本公共服务均等化的战略。

在传统规划模式中，由于人口结构同质化，可以将人口简单设定为"抽象人"，公共服务设施规划以此为依据进行计算。然而，当前人口结构和需求的多样化趋势显著，规划面对的是由不同类型群体所构成的各不相同的微观环境。因此，设施规划必须回到真实情景中，科学评估不同地区的人口结构以及"具体人"的实际需求，为不同群体提供相应的公共服务。例如城市中老式公房社区和外来务工人员聚居的社区相比，由于人口年龄结构的差异，使其对公共服务设施的需求大相径庭；而城市中"白领"阶层为主体的社区和外来务工人员聚居的社区相比，其公共服务需求差异则主要取决于收入水平和文化价值取向等方面。

2. 过程评估：配置过程的公平与效率

基本公共服务设施配置也是对公共资源的分配过程，对于不同利益主体和不同公共群体具有重要而持续性的影响，如何保持设施配置过程的公平与效率，对决策者和公众均极为重要。因此，在制定具体的设施配置策略时，应对不同配置策略的可行性、经济性以及所产生的综合利益进行评估，以实现有限公共资源的最大化利用。具体操作可以运用规划平衡表（PBS）的方式将不同的规划策略放在一个全面的评估框架中进行分析，不仅包括经济性成本和收益等与效率相关的易于量化的要素，也包括社会效益、社会影响、利益分布等与公平相关的无法量化的要素；要素的比较过程即是对于规划策略效率与公平的权衡过程。

同时，在这一权衡和决策过程中应采用沟通式规划评估方法，引入多元主体参与评估要素的设计，引导政府、评估对象、专家学者、公民等多元主体的参与。多元主体参与机制是汇聚民智、群策群力的有效途径。引入专家学者、公民等体制外的民间力量能发挥民主监督的作用，弥补政府内部公共责任和自我监督欠缺的问题。此外，对话多元协商的方式畅通了各主体表达诉求的渠道，有助于促进各个利益相关者之间相互理解，增强各方主体对评估的认同感。考量公众对于不同公共服务设施规划策略的选择意愿和可接受性；通过决策者和不同利益相关者的互动协商而调整目标，并最终达成相对一致的意见。

3. 后期评估：设施配置的绩效评价

对政府的基本公共服务进行绩效评价，可以利用公共支出水平以及具体公共服务项目数量和覆盖率等客观指标。但由于各地区、各人群对基本公共服务的需求存在差异，各地区提供公共服务的成本和效率也各不相同，因此单从公共支出、公共服务项目数量等供给方面评价公共服绩效难免存在偏误，无法准确刻画各地区和各人群的实际公共服务效果。

从政府提供公共服务的初衷看，满足公众公共服务需求是其最终目标，因此，民众是否满意是评价政府公共服务绩效的更为直接的指标。而利用满意度对各级政府的公共服务绩效进行评价，可以直接从公众获得实际效用和切实感受的角度来相对准确的评价公共服务的实际效果。从以人为本的民生改革方向看，民生满意度应当成为基本公共服务发展的根本出发点和落脚点。

8.5.2 公众参与评估过程

从上文分析可见公众参与渗透在科学评估的全过程中，尤其在当前人口频繁流动过程中，公共服务需求日趋多样化。同一地域的公共服务需求是不同群体的需求总和，而不同群体在不同地域会有不同的公共服务需求。因此需要社会的多元主体参与，建立起公共服务需求有效表达的机制，并以制度化的方式将公众意愿纳入公共服务的决策过程中。制度化的多元参与过程既有利于揭示公共服务需求偏好，从而提高公共服务供给效率，也有利于发扬民主及强化对地方公共财政的监督。

在利益多元化的社会环境中，公共服务需求表达的机制主要包括"用脚投票"和"用手投票"，而两种机制发挥作用的两个重要因素是居民可以自由流动和拥有充分的民主权力。鉴于我国实际的社会环境和经济运行与西方并不一致，对"用脚投票"和"用手投票"机制在我国可实施程度和激励作用尚需要进一步分析。

从"用脚投票"机制来看，我国城乡户籍制度改革正在逐步推进，目前正处于"促进有能力在城镇稳定就业和生活的常住人口有序实现市民化"[①]阶段，对实现"完全的流动性，就业机会公平，所享受的公共服务不受到户籍身份限制"还有不少距离。此外，在人口迁移大幅放开的背景下，基本公共服务供给水平高的地区可吸引更多的人口迁入。"用脚投票"机制的基础是地方财政分权，从案例研究来看，地方政府从财政收支"理性化"角度考虑会采取相关政策限制不能分担公共服务成本的外来人口迁入；在城镇内部的差异化政策下，难免会出现富人和穷人的居住地的分异及公共服务水平的两极分化，这显然与我国基本公共服务均等化的战略要求背道而驰。

从"用手投票"机制来看，我国地方政府干部的连任和晋升与政绩密切相关，上级的考核具有指挥棒的作用。片面的政绩观会导致地方政府的公共财政支出结构

---

① 国务院.国务院关于进一步推进户籍制度改革的意见 2014.

即公共服务设施配置偏离社会的实际需求。在科学发展观的指引下，从利益表达和呼吁机制的建立角度，我国正逐步形成公共服务信息公开和保障公民知情权的制度环境。我国公众参与制度作为社会民主化进程的重要环节正在逐步建立与完善。此外，以社区为单元，增强公共服务供给的社会多元参与的创新机制正在全国各地不断涌现。例如成都提出村级公共服务资金，市、县两级财政每年对每个村安排不少于20万元的专项资金；并且以市小城投公司作为融资平台，村可以按专项资金标准最多放大7倍向小城投公司融资，用于村一级的基础设施和公共服务设施建设（刘礼，2012）。专项资金由村民议事会决议如何使用，既畅通了民意表达的渠道，又吸引了村民对公共事物的关心和直接参与，使公共服务投资能够符合村民意愿。

社会多元参与从长期而言应逐步从公共服务设施配置政策的"知情权"向"参与决策权"迈进，包括创建多层次、多形式的听证制度，拓展公众利益输入的实效和水平（万玲 等，2013）。公众参与作为公共服务设施配置决策的法定程序，引入第三方评估机构，保证公众参与的独立性和专业化（邵琳，2012）。此外，还要积极发展社会非营利组织，使之成为公众参与公共服务的能力培养载体。在基本公共服务制度建构中，社会多元参与不仅仅是简单表达不同的利益诉求，而是鼓励公民参与国家管理，并对政府的设施配置与运营形成有效监管，最终实现公民社会的建构。

参考文献

[1] Austin C M. The evaluation of urban public facility location: an alternative to cost-benefit analysis [J]. Geographical Analysis, 1974, 6.

[2] Audit Commission. Delivering Comprehensive Performance Assessment: Consultation Draft [R]. London, 2002.

[3] Berkman L F. From social integration to health: Durkheim in the new millennium [J]. Social Science and Medicine, 2000, 51.

[4] Bigman D, ReVelle C. An operational approach to welfare considerations in applied publicfacility location models [J]. Environment and Planning, 1979, 11(1).

[5] Coase R H. The Lighthouse in Economics [J]. Jouranl of Law and Economics, 1974, 17(2).

[6] Coase R H. The problem of social cost [J]. Journal of Law and Economics, 1960, 3.

[7] Chan K W. Cities with invisible walls: reinterpreting urbanization in post-1949 China [M]. New York: Oxford University Press, 1994.

[8] Chan K W. Fundamentals of China's Urbanization and Policy [J]. China Review: An Interdisciplinary Journal on Greater China, 2010, 10(1).

[9] Cooper L. Location-allocation problems [J]. Oper Res, 1963, 11(3).

[10] DCLG. Assessing needs and opportunities: a companion guide to PPG17 [R]. London: DCLG, 2006.

[11] Denhardt, Robert B, Janet Vinzant Denhardt. Leadership for Charge: Case Studies in American Local Government [M/OL]. Arlington, VA: The PricewaterhouseCoopers Endowment for the Business of Government, 1999.

http：//www.businessofgovernment.org/sites/default/files/Leadership_for_Change.pdf.

[12] Fan C C.Interprovincial migration, population redistribution, and regional development in china: 1990 and 2000 census comparisons[J].Professional Geographer, 2005, 57(2).

[13] G Hardin. The tragedy of the Commons[J]. Science, 1968, 162.

[14] Joseph Wong. The adaptive developmental state in East Asia[J]. Journal of East Asian Studies, 2004, 4.

[15] Harvey D.Social justice and the city[M].London: Edward Arnold, 1973.

[16] Harold Demsetz. The Private Production of Public Goods[J]. The Journal of Law and Economics, 1970, 13.

[17] Hay A M. Concepts of equity, fairness and justice in geographical studies[J]. Transactions of the Institute of British Geographers, 1995, 20(4).

[18] HM Treasury. Public Service Agreements[R/OL]. 1997. http:// www.hmtreasury.gov.uk/Documents/Publicspending and Services/ Public Service Agreements.

[19] K Morgan. Labour in Power: 1945–1951[M]. London: Clarendon Press, 1986.

[20] Li B. Duda M, An X. Drivers of housing choice among rural-to-urban migrants: evidence from Taiyuan[J]. Journal of Asian Public Policy, 2009, 2(2).

[21] Lucy W. Equity and planning for local services[J]. Journal f the American Planning Association, 1981, 47(4).

[22] Midwinter, McGarvey. Developing best value in Scotland: Concepts and Contradictions[M]. Local Government Studies, 1999.

[23] Pigou, Arthur C. The Economics of Welfare[M]. London: Macmillan and Co, 1920.

[24] Paul A Samuelson. Foundations of Economic Analysis[M]. Boston: Harvard University Press, 1947.

[25] Quigley J M. Urbanization, agglomeration, and economic development[J]. Urbanization and Growth, 2008.

[26] Radke J, Mu L. Spatial decompositions, modeling and mapping service regions to predict access to social programs[J]. Geographic Information Sciences, 2000, 6(2).

[27] R A Musgrave, A T Peacock. Classics in the Theory of Public Finance [M]. New York: MacMillan, 1958.

[28] R. A. Musgrave, A T Peacock. Public Finance in Theory and Practice [M]. Hamburg: McGRAW-HILL book company, 1989.

[29] Rawls J.A Theory of justice [M].Cambridge, MA: Harvard University Press, 1971.

[30] Reschovsky. A Residential Choice and the Local Public Sector: an Alternative Test of the Tiebout Hypothesis [J]. Journal of Urban Economics, 1979, 4.

[31] R Morrill, John Symons. Efficiency and Equality Aspects of Optimum Location [J]. Geographical Analysis, 1977, 5.

[32] Schultz G P. The logic of health care facility planning [J]. Socio-Economic Planning Sciences, 1970, 4 (3).

[33] Teitz M B. Toward a theory of urban public facility location [J]. Papers in Regional Science, 1968, 21 (1).

[34] The Serco Institute. "An Obsession with Delivery": Public Service Reform in the UK [R]. 2006.

[35] Tiebout. A pure theory of local expenditures [J]. The Journal of Political Economy, 1956, 64.

[36] Tyler Cowen. Public Goods and Market Failures: A Critical Examination [M]. Livingston: Transaction Publishers, 1965.

[37] U.S Department of Education. No Child Left Behind Act [R/OL]. 2002. http://www.ed.gov/category/keyword/no-child-left-behind-nclb.

[38] Wildasin D E. Urban Public Finance [M]. Hardwood Academic Publisher, 1986.

[39] Inman R P Markets, Governments, and the "New" Political Economy [J]. Handbook of Public Economics, 1987, 2.

[40] Young D R. Alternative Models of Government-nonprofit Sector Relations: Theoretical and International Perspective [J]. Nonprofit and Voluntary sector quarterly, 2000, 29.

[41] Z Hercowitzand M.Strawczynski, Cyclical Ratcheting in Government Spending: Evidence from the OCED [J]. Review of Economics and Statistics, 2004, 86 (1).

[42] Zhu, Y. China's floating population and their settlement intention in the

cities：Beyond the hukou reform［J］．Habitat International，2007，31（1）．

［43］（美）保罗·A·萨缪尔森．经济学［M］，萧琛，译．北京：人民邮电出版社，2008．

［44］安徽省联合调查组．土地流转超70%是怎样在这里实现的？——安徽省界首市农村土地流转规模经营情况调查［J］．农村工作通讯，2013，23．

［45］北京市规划委员会．北京市居住公共服务设施规划设计指标［S］．2006．

［46］蔡昉．户籍制度改革与城乡社会福利制度统筹［J］．经济学动态，2010（12）．

［47］蔡秀云，李雪，汤寅昊．公共服务与人口城市化发展关系研究［J］．中国人口科学，2012（6）．

［48］曹俊文，罗良清．转移支付的财政均等化效果实证分析［J］．统计研究，2006（1）．

［49］曹现强．当代英国公共服务改革研究［M］．济南：山东人民出版社，2009．

［50］陈昌盛，蔡跃洲．中国政府公共服务：体制变迁与地区综合评估［M］．北京：中国社会科学出版社，2007．

［51］陈晨．我国城镇化发展中的人口流动研究——特征分析与理论阐述［D］．上海：同济大学，2015．

［52］陈晨．我国人口流动作用下主要流入地和流出地城镇体系的特征演变（1987—2010）［J］．小城镇建设，2019，37（09）．

［53］陈晨，方辰昊，陈旭．从城乡统筹到城乡发展一体化：先发地区实践探索［M］．北京：中国建筑工业出版社，2018．

［54］陈洁，栾峰．农村社区建设影响下村庄基本公共服务设施配置［C］//中国城市规划学会．新常态：传承与变革——2015中国城市规划年会论文集．2015．

［55］陈仲常，董东冬．我国人口流动与中央财政转移支付相对力度的区域差异分析［J］．财经研究，2011（03）．

［56］程晗蓓．城市新生代流动人口的回流意愿与区位选择—基于北京、深圳、成都和中山4个城市的实证［J］．热带地理，2020，40（1）．

［57］邓明辉．地方政府公共服务多元化供给中的问题与对策研究［J］．湖北社会科学，2013（9）．

［58］段成荣，吕利丹，邹湘江．当前我国流动人口面临的主要问题和对策—基于2010年第六次全国人口普查数据的分析［J］．人口研究，2013（02）．

［59］段成荣，杨舸．改革开放30年来流动人口的就业状况变动研究［J］．中国青年研究，2009（04）．

［60］段成荣，杨舸，张斐，等．改革开放以来我国流动人口变动的九大趋势

[J].人口研究，2008（06）．

[61] 樊继达.统筹城乡发展中的基本公共服务均等化[M].北京：中国财政经济出版社，2008.

[62] 冯邦彦，段晋苑.移民限制下我国人口城乡迁移轨迹研究[J].暨南学报，2010，32（03）．

[63] 符军，唐学华，洪学英.城市化发展对公共财政支出的影响研究[J].商业时代，2013（08）．

[64]（美）乔治·弗里德里克森.公共行政的精神[M]，张成福，译.北京：中国人民大学出版社，2003.

[65] 傅勇，张晏.中国式分权与财政支出结构的偏向：为增长而竞争的代价[J].管理世界，2007（03）．

[66] 高更和，曾文凤，罗庆，等.国内外农民工空间回流及其区位研究进展[J].人文地理，2019，34（05）．

[67] 高军波，余斌，江海燕.城市公共服务设施空间分布分异调查——以广州市为例[J].城市问题，2011（08）．

[68] 葛丹东，陈弋.开发区公共服务设施体系规划初探——以浙江省杭州湾经济开发区为例[J].浙江大学学报，2009（03）．

[69] 戈文鲁，易琳琳.我国民营医院发展的现实困境及政策建议[J].中国卫生政策研究，2011，4（3）．

[70] 宫晓霞.财政支出结构的优化路径：以改善民生为基调[J].改革，2011（6）．

[71] 官卫华，刘正平.城乡统筹视角下农村公共服务设施的规划探索——《南京市农村地区基本公共服务设施配套标准规划指引（试行）》介绍[J].江苏城市规划，2012（6）．

[72] 官卫华，刘正平，叶菁华.试谈我国农村新型基本公共服务设施体系及配建模式——以南京市为例[C]//中国城市规划学会.多元与包容——2012中国城市规划年会论文集.2012.

[73] 郭斌，文雯.中国人口与经济分布地域差异及格局演变[J].经济地理，2013，33（2）．

[74] 国家质量技术监督局，中华人民共和国建设部.城市公共设施规划规范（GB 50442—2008）[S].北京：中国建筑工业出版社，2008.

[75] 国家质量技术监督局，中华人民共和国建设部.城市规划基本术语标准（GB/T 50280—1998）[S].北京：中国建筑工业出版社，1998.

[76] 国家质量技术监督局，中华人民共和国建设部.城市居住区规划设计规范

（GB 50180-1993）（2002年版）[S]．北京：中国建筑工业出版社，2002.

[77] 中华人民共和国国家质量监督检验检疫总局，中华人民共和国住房和城乡建设部．城市用地分类与规划建设用地标准（GB 50137-2011）[S]．北京：中国建筑工业出版社，2011.

[78] 国家技术监督局，中华人民共和国建设部．镇规划标准（GB 50188-2007）[S]．北京：中国建筑工业出版社，2007.

[79] 国家统计局．2014年国民经济和社会发展统计公报[R/OL]．http://www.stats.gov.cn/tjsj/zxfb/201502/t20150226_685799.html

[80] 国家统计局．2014年全国农民工监测调查报告[R/OL]．http://www.stats.gov.cn/tjsj/zxfb/201504/t20150429_797821.html

[81] 国家统计局．第六次全国人口普查主要数据公报[R/OL]．http://www.stats.gov.cn/tjsj/pcsj/rkpc/6rp/indexch.htm

[82] 国家统计局．第五次全国人口普查主要数据公报[R/OL]．http://www.stats.gov.cn/tjsj/pcsj/rkpc/5rp/index1.htm

[83] 郭金秀．我国公共支出规模增长的驱动与制约[J]．现代管理科学．2010（10）．

[84] 何剑枫．京沪两地居住配套公共服务设施建设方式比较[J]．北京规划建设，2006（3）．

[85] 贺雪峰，罗兴佐．农村公共品供给：税费改革前后的比较与评述[J]．天津行政学院学报，2008，10（5）．

[86] 华泾镇志编委会．华泾镇志1984年—2006年[M]．2009.

[87]（美）华莱士·E·奥兹．财政联邦主义[M]．陆符嘉，译．南京：译林出版社，2012.

[88] 黄丹．农村公共产品供给"多予"机制建设与欠发达地区农民收入问题研究[D]．贵阳：贵州大学，2007.

[89] 黄玟瑜，周素红，林凯旋．转型期中国城市公建配套编制实施问题探析[J]．现代城市研究，2014（12）．

[90] 黄少安，陈言，李睿．福利刚性、公共支出结构与福利陷阱[J]．中国社会科学，2018（01）．

[91] 黄树则，林士笑．当代中国的卫生事业[M]．北京：中国社会科学出版社，1986.

[92] 黄耀志，吕勤，姜淑芬．苏州市流动人口集宿区公共服务设施供需状况调查及对策分析[J]．苏州科技学院学报，2009（04）．

[93]黄忠净.美国政府是如何解决教育公平问题的—教育政策工具的视角[J].教育发展研究,2008(21).

[94]胡畔,谢晖,王兴平.乡村基本公共服务设施均等化内涵与方法——以南京市江宁区江宁街道为例[J].城市规划,2010,34(07).

[95]胡畔,张建召.基本公共服务设施研究进展与理论框架初构——基于主体视角与复杂科学范式的递进审视[J].城市规划,2012,36(12).

[96](英)约翰·梅纳德·凯恩斯.就业、利息和货币通论[M].北京:商务印书馆,1999.

[97](德)克里斯塔勒.德国南部中心地原理[M].北京:商务印书馆,2010.

[98]栗潮阳,常春,纪颖,等.青年流动人口对公共卫生服务的利用与满意程度调查[J].中国健康教育,2012(06).

[99]李发戈,袁佳.城乡统筹视角下的成都市农村基本公共服务体系建设[J].成都行政学院学报,2015(5).

[100]李宏,姚梅新.广东省流动人口民生满意度及其影响因素研究——基于"中国民生入户调查"的实证分析[J].广东财经大学学报,2019,34(05).

[101]李华红.转型期欠发达地区农村家庭养老问题研究——基于人口流动的视角[J].经济与管理,2008,22(10).

[102]李家深.中国区域财政公共服务支出地区差距的度量及分解:1995~2010[J].新疆社会科学,2012(4).

[103]李涛.撤点并校如何在执行中走样[N].中国青年报,2015-9-14.

[104]李文军,李家深.中国财政公共服务支出的总量变化与结构演进(2001-2010)[J].中共天津市委党校学报.2012(4).

[105]李雄斌.我国农村公共产品供给模式的历史演变与创新[D].西安:西北大学,2004.

[106]李永友.公共服务型政府建设与财政支出结构效率[J].经济社会体制比较,2011(1).

[107]林李月,朱宇.两栖状态下流动人口的居住状态及其制约因素——以福建省为例[J].人口研究,2008(03).

[108]林李月,朱宇,柯文前.新时期典型城镇化地区的人口流动研究——以福建省为例[J].福建师范大学学报,2019,35(06).

[109]林赛南,李志刚,郭炎.流动人口的"临时性"特征与居住满意度研究——以温州市为例[J].现代城市研究,2018(12).

[110]刘大帅,甘行琼.公共服务均等化的转移支付模式选择——基于人口流动

的视角[J].中南财经政法大学学报,2013(04).

[111] 刘德吉.民生类公共服务财政支出规模的影响因素研究——基于中国省级面板数据的分析[J].华东理工大学学报,2011(6).

[112] 刘方.市场经济体制下城市居住区公共服务设施发展及对策探析[D].重庆:重庆大学,2004.

[113] 刘静.流动人口基本公共服务均等化研究[D].杭州:浙江大学,2012.

[114] 刘礼.村级公共服务成都试验[J].新理财:政府理财,2012(8).

[115] 刘尚希.我国城镇化对财政体制的"五大挑战"及对策思路[J].地方财政研究,2012(04).

[116] 刘晓菲,郭明顺,孙科,等.城镇化背景下基于人口流动的农村基础教育供给研究——基于辽宁省的实证研究[J].高等农业教育,2015(02).

[117] 刘颖.北京市流动人口基本公共服务研究[D].长春:吉林大学,2013.

[118] 刘玉博,向明勋,李永珍.上海市闵行区推进流动人口基本公共服务均等化研究[J].上海经济研究,2011(11).

[119] (美)罗尔斯 J.作为公平的正义——正义新论[M].姚大志,译.上海:上海三联书店,2002.

[120] 栾峰,陈洁,臧珊,等.城乡统筹背景下的乡村基本公共服务设施配置研究[J].上海城市规划,2014(3).

[121] (美)珍妮特·V·丹哈特,罗伯特·B·丹哈特.新公共服务:服务而不是掌舵[M],方兴,丁煌译.北京:中国人民大学出版社,2010.

[122] 罗震东,张京祥,韦江绿.城乡统筹的空间路径——基于公共服务设施均等化发展研究[M].南京:东南大学出版社,2012.

[123] (美)曼瑟尔·奥尔森.集体行为的逻辑[M].陈郁,等译.上海:上海人民出版社,1995.

[124] 孟祥林.农村社会保障的制度变迁及其发展思路探索[J].中共浙江省委党校学报,2005(1).

[125] 彭岩富.我国人口流动及公共服务提供机制研究[D].北京:财政部财政科学研究所,2014.

[126] 彭震伟,张立.中国城乡人口流动与和谐城市构建[J].城乡规划,2013(02).

[127] (英)庇古.福利经济学[M].台北:台原出版社,1971.

[128] 齐欢欢.浙江省义务教育财政投入公平性研究[D].杭州:浙江财经大学,2013.

[129] 齐明山, 陈虎. 当代中国公共政策输入机制的制度分析 [J]. 党政干部论坛, 2006 (10).

[130] (英) 琼·罗宾逊. 现代经济学导论 [M]. 陈彪如, 译. 北京: 商务印书馆, 1982.

[131] 任强. 中国省际公共服务水平差异的变化: 运用基尼系数的测度方法 [J]. 中央财经大学学报, 2009 (11).

[132] 阮守武. 公共选择理论及其应用研究 [D]. 合肥: 中国科学技术大学, 2007.

[133] (印度) 阿马蒂亚·森. 以自由看待发展 [M]. 任赜, 等译. 北京: 中国人民大学出版社, 2002.

[134] 上海市城市规划管理局, 上海市城市规划设计研究院. 上海市城市居住区和居住区公共服务设施设置标准 (DGJ 08-55-2006) [S]. 2006.

[135] 上海市城市规划管理局, 上海市城市规划设计研究院. 上海市郊区新市镇与中心村规划编制技术标准 (试行) (DG/TJ 08-2016-2007) [S]. 2007.

[136] 上海市规划与国土资源管理局. 上海市村庄规划编制和管理导则 [S]. 2014.

[137] 国家统计局. 上海市2010年第六次全国人口普查主要数据公报 [R/OL]. http://www.stats.gov.cn/tjsj/tjgb/rkpcgb/dfrkpcgb/201202/t20120228_30403.html

[138] 上海市统计局. 上海统计年鉴2014 [M]. 北京: 中国统计出版社, 2014.

[139] 邵琳. 美国佛罗里达州公共设施同步性政策及借鉴意义 [J]. 国际城市规划, 2016 (1).

[140] 邵琳. 展现民意、促进民生: 公众参与规划评估的范式转变 [C] //2012年国外城市规划学术委员会及《国际城市规划》杂志编委会年会论文集. 2012.

[141] 邵琳. 中部农村地区的基本公共服务设施配置特征、利用状况与政策思考 [C] //第九届中国城市规划年会论文集. 2015.

[142] 邵爽, 王嵬, 路孝琴, 等. 北京市某区外来人口社区卫生服务利用情况和满意度调查 [J]. 中国全科医学, 2012 (02).

[143] 沈荣华. 各级政府公共服务职责划分研究 [J]. 新视野, 2011 (01).

[144] 石培琴. 我国区域基本公共服务均等化研究 [D]. 北京: 财政部财政科学研究所, 2014.

[145] 孙立平. 转型与断裂: 改革以来中国社会结构的变迁 [M]. 北京: 清华大学出版社, 2004.

[146] 孙文杰. 地方政府财政支出结构与公共品供给机制剖析——基于城乡差异

视角的实证研究［J］.当代财经，2008（1）.

［147］陶红，杨东平，李阳.农民工子女义务教育状况分析——基于我国10个城市的调查［J］.教育发展研究，2010（09）.

［148］汤玉刚，陈强，满利苹.资本化、财政激励与地方公共服务提供——基于我国35个大中城市的实证分析［J］.经济学，2016，15（01）.

［149］唐子来，顾姝.上海市中心城区公共绿地分布的社会绩效评价：从地域公平到社会公平［J］.城市规划学刊，2015（02）.

［150］天津市建设管理委员会.天津市居住区公共服务设施配置标准（DB 29-7-2008）［S］.2008.

［151］田旭，张传庆.我国城乡基本公共服务支出差异的经济学解读与思考［J］.广西社会科学，2013（3）.

［152］童欣.日本家庭经济制度变迁与养老方式选择的思考［J］.现代日本经济，2005（1）.

［153］（德）韦伯.韦伯作品集：经济行动与社会团体［M］.康乐，简惠美，译.桂林：广西师范大学出版社，2004.

［154］韦江绿.正义视角下的城乡基本公共服务设施均等化［J］.城市规划，2011（01）.

［155］魏陆.公共财政［M］.上海：上海交通大学出版社，2008.

［156］王春元.我国政府财政支出结构与经济增长关系实证分析［J］.财经研究，2009，35（6）.

［157］汪军.论现代城市规划的评估．［D］.上海：同济大学，2011.

［158］王丽娟.城市公共服务设施的空间公平研究［D］.重庆：重庆大学，2014.

［159］王莉莉，吴子攀.英国社会养老服务建设与管理的经验与借鉴［J］.老龄科学研究，2014，2（7）.

［160］王利伟，冯长春，许顺才.传统农区外出劳动力回流意愿与规划响应——基于河南周口市问卷调查数据［J］.地理科学进展，2014，33（07）.

［161］汪利锬.地方政府公共服务支出均等化测度与改革路径——来自1995-2012年省级面板数据的估计［J］.公共管理学报，2014，11（4）.

［162］王德，顾晶.上海市流动人口的公共设施使用特征——以虹锦社区为例［J］.城市规划学刊，2010（04）.

［163］王明方.市场化进程中的中国财政支出规模和结构变动［D］.南京：南京师范大学，2003.

[164]王书平,王耀羚,黄二丹.中国2020年床位数医疗资源结构分析研究[J].中国卫生资源,2015(3).

[165]王天维.公共需求偏好导向下的地方政府治理变革研究[D].南宁:广西大学,2018.

[166]王兴平,胡畔,沈思思,等.基于社会分异的城市公共服务设施空间布局特征研究[J].规划师,2014(5).

[167]王兴中,王立,等.国外对空间剥夺及其城市社区资源剥夺水平研究的现状与趋势[J].人文地理,2008,23(6).

[168]汪永成."亲流动性要素的服务型政府":形成机理与矫正策略——一种分析和解决当前中国民生问题的新视角[J].学习与探索,2008(3).

[169]王悦荣.财政支出视角广东公共服务均等化研究[J].宏观经济研究,2010(8).

[170]万玲,何华兵.公众参与基本公共服务均等化的制度设计[J].云南行政学院学报,2013(3).

[171]吴缚龙.市场经济转型中的中国城市管治[J].城市规划,2002,26(9).

[172]吴莞姝,杨贵庆.小区居民日常出行特征及配套公共服务设施规划布局研究——基于无锡市小区的对比研究[J].华中建筑,2015(06).

[173]吴开俊,吴宏超.珠三角地区进城务工人员随迁子女义务教育问题研究[J].教育研究,2011(12).

[174]吴庆才.子女教育支出占普通家庭总收入近三分之一[N].消费日报,2006.

[175]吴玉韶,王莉莉.中国养老机构发展研究报告[R].北京:华龄出版社,2015.

[176]武田艳,何芳.城市社区公共服务设施规划标准设置准则探讨[J].城市规划,2011(9).

[177]项继权.基本公共服务均等化:政策目标与制度保障[J].华中师范大学学报,2008,47(1).

[178]向前,王前,邹俐爱,等.我国民营医院发展趋势及对公立医院的影响分析[J].中国卫生经济,2013,32(5).

[179]夏杰长、张晓欣.我国公共服务供给不足的财政因素分析与对策探讨[J].经济研究参考,2007(5).

[180]谢宝富.城市化进程中流动人口随迁子女义务教育问题研究——以北京市城乡接合部城市化改造为例[J].北京社会科学,2013(01).

[181] 熊易寒. 底层、学校与阶级再生产 [J]. 开放时代, 2010 (01).

[182] 许丹虹. 流动人口基本公共服务均等化研究 [D]. 厦门: 厦门大学, 2013.

[183] 杨宝贵. 民营医院发展战略研究 [D]. 南宁: 广西大学, 2006.

[184] 杨贵庆. 新型城镇化面临的城乡社会危机及其规划策略 [J]. 湖南城市学院学报, 2014, 35 (1).

[185] 杨雅琴. 我国政府间事权与支出责任划分再思考——基于对加拿大财政联邦主义制度安排的分析 [J]. 地方财政研究, 2015 (5).

[186] 杨震, 赵民. 论市场经济下居住区公共服务设施的建设方式 [J]. 城市规划, 2002 (5).

[187] 严晓萍. 美国社区养老服务设施建设及启示 [J]. 社会保障研究, 2009 (4).

[188] 杨云彦. 中国人口迁移的规模测算与强度分析 [J]. 中国社会科学, 2003 (6).

[189] 姚静. 中国财政支出增长的实证分析——基于瓦格纳法则的研究 [J]. 经济论坛, 2009 (15).

[190] 叶庆娜. 农村民办中小学发展现状及原因——基于免费业务教育政策实施背景的分析 [J]. 现代教育管理, 2012 (5).

[191] 叶裕民, 陈宇. 惠及流动人口的城市公共卫生服务研究——以北京市为例 [J]. 农村经济, 2012 (2).

[192] 尹恒, 康琳琳, 王丽娟. 政府间转移支付的财力均等化效应——基于中国县级数据的研究 [J]. 管理世界, 2007 (01).

[193] 尹华, 朱明仕. 论我国公共服务供给主体多元化协调机制的构建 [J]. 经济问题探索, 2011 (7).

[194] (英) 约翰·穆勒. 功利主义 [M], 徐大健, 译. 上海: 上海人民出版社, 2008.

[195] (美) 约翰·博德利·罗尔斯. 作为公平的正义——正义新论 [M]. 姚大志, 译. 上海: 上海三联书店, 2002.

[196] (美) 约瑟夫·斯蒂格利茨. 公共财政 [M]. 北京: 中国金融出版社, 2009.

[197] 郁建兴. 中国的公共服务体系: 发展历程、社会政策与体制机制 [J]. 学术月刊, 2011 (3).

[198] 俞雅乖. 基本公共服务城乡差距及均等化的财政机制 [J]. 经济体制改革, 2009 (01).

[199] 张艳芳. 弥补公共服务供求缺口：政府购买公共服务离此目标还有多远？——以基本公共服务为例 [J]. 商业研究, 2016 (5).

[200] 杨之刚, 张德勇. 应对城市化：中国城市公共财政对策 [J]. 财政研究, 2005 (10).

[201] 张海静. 公共产品供给视角下的基本公共服务城乡差距及均等化对策——基于宁波市的经验分析 [J]. 宁波大学学报, 2013, 26 (5).

[202] 张立. 改革开放后我国社会的城市化转型——进程与趋势 [D]. 上海：同济大学, 2010.

[203] 张权, 钟飚. 城市化与城市公共支出关系研究 [J]. 商业研究, 2012 (3).

[204] 仉楠楠, 周利兵. 非正规就业流动人口住房问题及对策研究 [J]. 当代经济管理, 2015 (01).

[205] 张姗姗, 吴春梅. 反贫困视角下贵州省农村公共服务研究 [J]. 农业经济, 2014 (07).

[206] 张永生. 政府间事权与财权如何划分？[J]. 经济社会体制比较, 2008 (2).

[207] 赵剑云, 白朝阳. 民办养老院：求生与乱象 [J]. 中国经济周刊, 2012 (27).

[208] 赵民. 韩国、日本乡村发展考察——城乡关系、困境和政策应对及其对中国的启示 [J]. 小城镇建设, 2018 (4).

[209] 赵民, 陈晨, 郁海文. "人口流动"视角的城镇化及政策议题 [J]. 城市规划学刊, 2013 (2).

[210] 赵民, 林华. 居住区公共服务设施配建指标体系研究 [J]. 城市规划, 2002, 26 (12).

[211] 赵民, 邵琳, 黎威. 我国农村基础教育设施配置模式比较及规划策略——基于中部和东部地区案例的研究 [J]. 城市规划, 2014 (12).

[212] 郑晓燕. 论中国公共服务型政府制度构建 [D]. 上海：华东师范大学, 2006.

[213] 中国老龄科学研究中心. 中国养老机构发展研究报告 [R]. 2016.

[214] 中国（海南）改革发展研究院. 实现人的全面发展—人类发展与基本公共服务观点综述 [M] // 基本公共服务与中国人类发展. 北京：中国经济出版社, 2008.

[215] 中共中央马克思恩格斯列宁斯大林著作编译局. 马克思恩格斯选集 [M]. 北京：人民出版社, 1995.

[216] 仲花. 我国中小学学区划分的问题与法律治理 [D]. 杭州：浙江工商大学, 2014.

[217] 钟裕民, 刘哈兰. 公共决策失误的原因及矫正——一种从公共选择理论视

角的考察［J］.沧桑，2005（6）.

［218］周波.人口流动背景下农村基本公共服务供给的困境研究［D］.长沙：中南大学，2010.

［219］周飞舟.从汲取型政权到"悬浮型"政权—税费改革对国家与农民关系之影响［J］.社会学研究，2006（3）.

［220］周岚，叶斌，徐明尧.探索住区公共设施配套规划新思路——《南京城市新建地区配套公共设施规划指引》介绍［J］.城市规划，2006，30（4）.

［221］周燕，梁樑.国外公共物品多元化供给观念的演进及启示［C］//中国科学学与科技政策研究会.首届中国科技政策与管理学术研讨会论文集.2005.

［222］邹晓东.从公共服务的政府垄断到多元化供给［D］.上海：复旦大学，2007.

［223］邹湘江，吴丹.人口流动对农村人口老龄化的影响研究——基于"五普"和"六普"数据分析［J］.人口学刊，2013（04）.

后记

在新型城镇化发展中，以人民为中心的发展取向决定了基本公共服务不仅关乎基本民生保障，而且是满足城乡居民对美好生活的需要和推动全体人民走向共同富裕的重大制度安排。"二元社会结构"的背景条件与"以市场为导向"的快速经济发展引发了跨区域的人口流动大潮，大规模的人口流动改变了基本公共服务对象的空间分布，也成为我国基本公共服务供需矛盾的焦点。因此，基于人口流动视角研究城乡基本公共服务供需问题具有重要的理论价值和现实意义。

人口流动和基本公共服务供需关系是笔者在规划研究和实践中不断求索的一个问题。博士期间及毕业后，笔者对该课题进行了持续深入的研究，结合规划研究课题开展实地调研、问卷调查、深度访谈、部门访谈、专家咨询等，扎实的调研工作为本书的写作奠定了坚实的基础。

本书在人口流动和基本公共服务领域研究的过程中，得到了导师赵民教授的悉心指导，先生渊博深厚的理论学识、严谨的治学态度深深影响了笔者的学习和研究，在此表示最诚挚的谢意。感谢复旦大学俞忠英教授、上海交通大学王郁教授、上海社会科学院万勇主任、同济大学杨贵庆教授、黄怡教授给予研究的指导意见。感谢美国约翰霍普金斯大学的王锐教授、同济城市规划设计研究院张捷高工、同济大学赵蔚副教授、张立副教授、陈晨副教授、程遥副教授以及华东师范大学的何丹副教授、姜允芳副教授，还有华南理工大学的赵渺希教授、中国城市规划设计研究院张高攀副处长等对于研究的关心和支持。特别感谢浙江省龙游县、安徽省界首市、广西壮族自治区百色市、上海市嘉定区江桥镇、徐汇区华泾镇等有关政府部门以及普通居民对于调研的配合和支持。此外，还要感谢同门兄弟姐妹游猎、黎威、徐素等的支持和帮助，以及学生张博珺、朱淑鸣等协助完成调研基础工作。本书的出版也得到了中国建筑工业出版社的热情帮助，在此一并表示衷心的感谢。

感谢同济大学建筑与城市规划学院，给予了笔者学术成长的平台。感谢上海师范大学环境与地理科学学院，给笔者一个有归属感和互动交流的平台。最后，深深地感谢无私爱我、支持笔者的家人。

在我国新型城镇化建设不断推进中，人口流动的态势和基本公共服务供需关系在不断变化和发展中，理论研究和实践案例总结还在不断探索。由于笔者学识和经验所限，本书还存在很多不足之处，敬请广大读者批评指正。